Hildegarda de Bingen
Una vida entre la genialidad y la fe

Christian Feldmann

Hildegarda de Bingen

Una vida entre la genialidad y la fe

Traducción:
José Antonio Molina Gómez

herder

Título original: Hildegard von Bingen, Nonne und Genie
Traducción: José Antonio Molina Gómez
Diseño de la cubierta: Claudio Bado

© 2008, Verlag Herder, Friburgo de Brisgovia
© 2009, Herder Editorial, S.L., Barcelona

2.ª edición, 2024

ISBN: 978-84-254-5042-6

Imprenta: Ulzama digital
Depósito legal: B-32.4020-2009
Printed in Spain – Impreso en España

herder

ÍNDICE

1.

INTRODUCCIÓN:
UNA OCTOGENARIA SE NIEGA
A PRESTAR OBEDIENCIA

En el año 1178 una ya no muy vigorosa anciana benedictina se había puesto manos a la obra en el cementerio de la abadía de Rupertsberg del Rin: con su báculo de abadesa allanó una tumba reciente y se ocupó con sumo cuidado de que los contornos de la misma fueran tan irreconocibles, que ya no pudo saberse cuál había sido el lugar del enterramiento. Acto seguido emprendió trabajosamente el camino de regreso a su monasterio y se sometió al castigo de la autoridad episcopal.

El extraño comportamiento seguido en el cementerio del monasterio había sido ciertamente una ofensa abierta a la autoridad eclesiástica; con toda claridad se trataba de un acto de desobediencia. Pero ¿qué había sucedido para llegar a esto? Un joven noble, que había cometido un grave pecado, había muerto bajo pena de excomunión y, puesto que antes de morir se había arrepentido y había sido absuelto por un sacerdote, había sido enterrado por expreso deseo suyo allí mismo, en el cementerio del monasterio. El obispado de Maguncia argumentaba que al joven no se le había levantado la excomunión públicamente, sino sólo en el ámbito íntimo de la confesión, y que por lo tanto no se le podía conceder un funeral religioso. Se ordenó entonces al monasterio de Rupertsberg que exhumara inexcusablemente el cuerpo para enterrarlo en suelo profano. En caso de negarse a obedecer incurriría en el castigo eclesiástico: la prohibición de celebrar el servicio religioso, la comunión y el canto de los salmos.

La abadesa Hildegarda valoraba el arrepentimiento del joven y su muerte en paz con Dios mucho más que la sentencia jurídica emitida por los prelados de Maguncia. Así que decidió escuchar su conciencia e imposibilitó por completo la exhumación del cadáver, renunciando consecuentemente junto con todo el monasterio a los servicios religiosos. Sólo con una conmovedora apelación al arzobispo, que se encontraba en Roma, consiguió meses después que se levantara el castigo.

¡Un comportamiento inaudito para una anciana abadesa de ochenta años en el siglo xii! Como inaudito fue, ciertamente, todo cuanto Hildegarda escribió e hizo. Mantuvo correspondencia con papas, príncipes y obispos, con la pareja real inglesa y con esposas necesitadas de consejo. Cuando el emperador Federico Barbarroja se enemistó con Roma, Hildegarda apeló a la conciencia del monarca en enérgicas cartas:

> Cuídate de que el más alto monarca no te arroje al suelo a causa de la ceguera de tus ojos, que no te dejan ver bien cómo debes ostentar tu cetro para reinar con justicia.

Predicaba en los mercados delante de la masa entusiasmada, una actividad arriesgada, pues antiguamente era algo que hacían sobre todo los herejes. Formuló apasionadas protestas contra las apetencias de los clérigos por el poder y el amor de muchos dirigentes eclesiásticos por el dinero. Amonestó a los «prelados perezosos», reprochó al obispo de Speyer su «naturaleza obesa», sin pararse a pensar en la generosa simpatía que éste mostraba hacia el monasterio; calificó al obispo de Colonia de «azor de rapiña» y atacó a sus sacerdotes públicamente de esta manera:

Vosotros sois como la noche que exhala oscuridad, y como un pueblo que no trabaja y que por indolencia no camina bajo la luz [...] ningún sustento para la Iglesia [...] y a causa de vuestra repugnante riqueza y avaricia así como por otras vanidades no podéis enseñar nada a vuestros fieles [...].

No menos inauditas fueron también las penalidades que afrontó en sus viajes de peregrinación por barco o a caballo, emprendidos ya a una edad avanzada; además durante toda la vida su salud fue débil. Inaudita fue su valiente actuación frente a los monjes benedictinos que intentaron ponerse al frente de su recién fundado monasterio: en lugar de pedir ayuda pusilánimemente a cualquier obispo biempensante, se presentó sin aviso ante los monjes y les habló justamente airada, de manera que no volvió a su monasterio sino cuando le fue garantizada su independencia por escrito.

Este libro cuenta la agitada vida de una mujer fascinante tratando de luchar también contra un cliché, que hasta hoy día ha impedido estudiar más de cerca la figura de Hildegarda de Bingen: la imagen de la mujer perteneciente a una orden religiosa, tan entusiastamente exaltada como se suele pensar de las místicas religiosas; la imagen de una exótica visionaria, que en su huertecito del monasterio encontrara casualmente un par aceptable de hierbas medicinales y cuyas recetas de cocina puedan poseer cierto encanto para un moderno arte culinario alternativo.

¡Cuán difícil es reflejar de forma completamente fiel una personalidad tan poderosa, una mezcla tan enérgica de fuerza y dinámica, una personalidad tan segura de sí misma, independiente y autocrítica por igual, perspicaz, incondicionalmente honesta, una llamativa mezcla de sobrio sentido común y férrea pasión! Hildegarda de Bingen desempeñó una media docena de profesiones: era poetisa, teóloga, científica, boticaria; dirigía dos abadías simultáneamente y fue autora de uno de los epistolarios más largos de la Edad Media. Se le considera la primera naturalista alemana y autora de obras de medicina.

Sus visiones son imágenes cósmicas de tremenda fuerza poética, plasticidad y colorido. Escribió y compuso voluntariosamente cantos y piezas musicales para las hermanas de su comunidad. Nobles, sabios, obispos y campesinos peregrinaban a orillas del Rin para recabar el consejo de Hildegarda. Los monasterios alemanes, flamencos y burgundios estaban hambrientos de las copias de sus obras, al igual que hoy día ocurre con los representantes de la más moderna teología. Su enardecida defensa de una medicina integral así como sus profundos conocimientos de medicina natural se han revalorizado y puesto en práctica de nuevo en nuestra época.

Ciertamente, aquel que desee descubrir a Hildegarda, debe atreverse a adentrarse en un mundo completamente extraño, en un siglo confuso y rico en acontecimientos. No han nacido aún Francisco de Asís ni Tomás de Aquino; el gótico comienza a alborear. En los escritos sobre ciencias naturales y medicina de Hildegarda chocamos con los abstrusos pensamientos de su época, y su llamativo lenguaje visual aparece, incluso para la literatura de su tiempo, como un cuerpo extraño. Y sin embargo esta monja medieval conoce ya nuestros anhelos. Hildegarda anticipa el emotivo intento de Teilhard de Chardin de reconciliar el amor al cielo y la fidelidad a la tierra.

«¡Vela por la vida hasta el máximo!», escribió una vez. Templada, disciplinada, pero muy alejada de destructoras formas de ascesis, invita a los hombres a convivir amorosamente con ellos mismos, con su prójimo y con la naturaleza. «El hombre abraza el mundo entero con amor enternecedor», escribe, poniendo de esta manera punto y final a una de sus visiones de la Creación. El cosmos y el ser humano son interdependientes, todo se encuadra dentro de la naturaleza, tanto el firmamento como el gusano:

Por tanto, cuanto se encuentra bajo el orden de Dios se corresponde mutuamente.

En suma: los vanos deseos de grandeza humana impiden el equilibrio ecológico. Para Hildegarda no puede existir nada que sea impuro dentro de la Creación. Ella contempla como algo igualmente razonable tanto los órganos de reproducción como el cerebro humanos. En ella no hay ni rastro de la mala conciencia de muchos autores eclesiásticos masculinos, cuando contempla «la fuerza de la eternidad» en el acto de la reproducción carnal (y no por ejemplo al lujurioso Satán) y cuando quiere ver incluso en la atracción sexual entre hombre y mujer una imagen de vida intradivina de la Trinidad.

El poderoso Dios, Señor del planeta, protagonista de sus visiones, que con su voz mueve el mundo y anima toda la Creación, no es ningún juez despiadado, que echa cuentas de los pecados de los hombres. En el centro de la teología cósmica de Hildegarda, increíblemente moderna en algunos puntos, se encuentra el apasionado amor del Creador por su criatura. Para ella «a Dios le gustó mucho el hombre, cuando le miró a la cara».

Frente al miedo al diablo propio de su época, proponía la buena nueva de un Dios incondicionalmente bondadoso, que desea salvar al hombre y que permanece activo en él, para completar su Creación: «Es por ello por lo que nosotros también vivimos en Él. Pues somos su obra», escribió, y también dijo que Dios «llevaba al hombre sobre sus hombros hacia el cielo».

Un Dios vengador de corazón duro no habla así:

Mi boca besó a mi propia obra por mí requerida, a la imagen que Yo hice del barro de la tierra. He abrazado amorosamente de manera singular esta obra. Y de esta manera la he trasformado mediante el ardiente espíritu en un cuerpo. Y le di el mundo entero para que le sirviera. Después de que yo hubiera descansado y luego que hubiera sabido cómo el hombre fue seducido por el consejo de la serpiente, me manifesté lleno de pasión. En el regazo de la Virgen, inflamándolo, descansé.

La teología de Hildegarda, que a menudo se puede leer como si fuera una carta de amor, tiene en común mucho más con las visiones del Cristo cósmico de Teilhard de Chardin que sólo el lenguaje poderosamente poético. Según Hildegarda también el Verbo hecho hombre santifica y trasforma el mundo mediante aquellos que creen en Cristo. «Cuando el mundo acabe su curso, entonces los elegidos de Cristo serán como sus miembros», idea que se podría encontrar literalmente en Teilhard. De esta genial mujer de la Edad Media aprendemos tanto el amor a la Creación y a Dios, leal a su obra e incondicionalmente fiel al hombre, como la nueva conciencia de la unidad de todas las criaturas.

Y también, quizá aprendemos una parte de realista humildad frente al Creador. Pues la gran santa Hildegarda, que todos los días tenía trato con una «ardiente luz del cielo» y cuyos consejos eran requeridos por todo el mundo como si se tratara de un oráculo, esta admirada y alabada Hildegarda, se denominaba a sí misma en su divino lenguaje musical «un débil sonido de trombón», y no más que una plumita sujetada por Dios:

> Pero al rey le gustó tocar una pequeña pluma, para que se levantara maravillosamente. Y un fuerte viento la llevó, para que no cayera.

I

EL SIGLO XII:
REVOLUCIÓN CULTURAL
EN LA EDAD MEDIA

2

MISERIA Y ESPÍRITU MERCANTIL

Una gran hambruna ha caído sobre la tierra.

Bernardo de Claraval

El mes que murió la abadesa Hildegarda, en septiembre de 1179, un monje renano anotaba en su crónica lo que había observado angustiado en el cielo:

La luna llena se había bañado en sangre, de manera que también irradiaba una roja y aterradora luminosidad durante toda la noche.

El escritor monástico nunca habría aceptado nuestras tranquilizadoras explicaciones científicas. Los signos en el cielo, anticipatorios de catástrofes, concordaban demasiado bien con la atmósfera de aquel agitado siglo XII en que los hombres eran más supersticiosos, temerosos y quizá más piadosos que hoy día, pero también más voluptuosos, ingenuos y simples. Oscilaban entre una desenfrenada, apasionada, vitalista y para nosotros inimaginable alegría por la comida, la bebida y el baile y una austera y temerosa piedad frente a la ira de Dios. Eran bárbaramente crueles en el campo de batalla y en los lugares públicos elegidos para las ejecuciones, pero al mismo tiempo tiernos amantes de los animales, serviciales y dispuestos a ayudar a los innumerables mutilados de guerra y mendigos infantiles.

El hombre medieval llevaba en sí mismo tanto el drama como la comedia, cualquiera era, de alguna manera, rey y bufón al mismo tiempo, tanto filósofo de semblante sombrío ante el dolor del mundo como farsante con una fuerte alegría de vivir. Al contrario que nos ocurre a nosotros, al hombre medieval le era efectivamente posible por norma general unir en su pecho los extremos más dispares. Si alguien sufría una crisis de identidad, no pedía entonces ninguna cita con el psicoterapeuta, sino que encendía una vela en la iglesia y rogaba a Dios que se apiadara de su alma.

La época que vio nacer a Hildegarda fue un tiempo convulsionado por los cambios, en que reinaba el miedo y la esperanza. Cuando ella vino al mundo, en el año 1098, un ejército cruzado asediaba Antioquía, en Asia Menor. La ciudad, fortificada con 450 torres, cayó a los ocho meses, y las tropas perpetraron un baño de sangre contra los musulmanes. El papa Urbano II había animado a los cruzados a que liberaran los Santos Lugares arengándoles con las palabras: «¡Los perros han entrado en el santuario!». Un año después los cruzados conquistaron Jerusalén. Un cronista recuerda que los cristianos habían derramado la sangre de sus enemigos hasta que les llegó a los tobillos.

> Entonces llegaron todos llenos de entusiasmo y llorando de alegría ruidosamente en la tumba de nuestro Salvador Jesús; rezaban y consagraron su vida al Señor.

Aparte de estos recuerdos, los piadosos aventureros se trajeron también a casa la caña de azúcar y la lepra.

Cuando Hildegarda murió en 1179, el III Concilio Laterano había promulgado detalladas disposiciones sobre la «paz de Dios», prohibido luchas y guerras en determinados días, y dispuesto que se hicieran más seguros los caminos para los campesinos y peregrinos. El Concilio animaba también a la lucha contra la heterodoxia, prohibía las predicaciones de los valdenses[1] –despúes de que sus representantes hubieran sido humillados en interrogatorios de alambicada teología–, condenaba la usura y obligaba al cuidado de los leprosos. Entre los trescientos obispos participantes de Francia, Burgundia, Alemania, Inglaterra, España, Dinamarca, Hungría e incluso de los Estados Cruzados, había algunos que mantenían correspondencia epistolar con Hildegarda.

El período que va de 1098 a 1179 representa para las condiciones de la Edad Media un espacio extraordinariamente largo de tiempo. En este arco temporal encontramos las primeras corporaciones en Alemania, la guerra civil inglesa por la herencia normanda, un nuevo impulso del reino de Francia, el asentamiento de colonos al este de Alemania, las continuos viajes a Roma de los emperadores alemanes, la trágica historia de amor entre el teólogo parisino Abelardo y su discípula Eloísa, el florecimiento de la poesía trovadoresca, que idealizaba la vida palaciega y el amor cortés, las conflictivas epopeyas de Chrétien de Troyes, que trataban sobre cuestiones de honor y fidelidad, la transición del románico arraigado a la tierra, de arquitectura semejante a una fortaleza, con sus pesados muros y sus pequeñas ventanas hacia la ascendente y luminosa ciudad celestial del gótico: gráciles contrafuertes, vaporosos arcos apuntados, rica tracería como de filigrana, grandiosas ventanas con vidrieras de colores.

Cuando Hildegarda nació, se estaba construyendo todavía el imponente transepto de la abadía de María Laach –románico genuino– y se trabajaba en la magnífica bóveda de aristas de la catedral de Vézelay. Cuando murió, habían comenzado los trabajos de las catedrales de Laon, Worms, Lúbeck y Braunschweig, se había levantado la nueva construcción de Canterbury y la maravilla de Notre

---

[1] Movimiento religioso del siglo XII fundado por Pedro Valdo, comerciante de Lyon. (N. del T.).

Dame en París. Se trata de documentos permanentes de la exaltación religiosa, y también un osado gusto por el riesgo económico, pues aun cuando legiones de hombres piadosos se entregaban a los trabajos de construcción sólo por amor a Dios durante meses y años enteros, también había que pagar las gigantescas cantidades de piedras, madera para la construcción, herramientas y grúas, vidrierías y animales de tiro.

En época de Hildegarda, hacía ya tiempo que la soberbia riqueza de antaño había saltado hecha pedazos. El emperador en todo su esplendor no gobernaba sobre un Estado firmemente organizado, sino sobre una inestable alianza de señores territoriales que luchaban por sus propios intereses. Por su parte el Papa en Roma se sentía fuerte, pese a todas las circunstancias cambiantes de la política, y se convirtió, de manera cada vez más clara, en el auténtico dirigente de la cristiandad occidental y en garante de su unidad. «Pero ¿quién ha erigido a los alemanes en los jueces de las naciones?», se preguntaba el filósofo leal a Roma Juan de Salisbury, con su irritada mirada puesta sobre los deseos de intervención en los asuntos europeos que demostraba Federico Barbarroja.

> ¿Quién ha dado el poder suficiente a este pueblo estúpido y violento para ejercerlo sobre la cabeza de todos los hombres al antojo de sus señores?

Durante los siglos XI y XII nació aquella Europa cuya huella aún es palpable en nosotros, tanto si se ve en ella una valiosa idea como si se la considera un pesado lastre. Los historiadores han querido comparar esta época de resurgimiento y apertura después de un período largo, cerrado en sí mismo y casi arcaico, con el desarrollo de la modernidad a partir de 1750, e incluso con la revolución industrial.

En el curso de un vigoroso crecimiento de la población —en la región del Mosela y del Rin el número de habitantes fue multiplicándose por diez desde el siglo XI hasta la mortandad masiva ocasionada por la peste el año 1349– las ciudades se convirtieron en centros económicos, una burguesía consciente de su papel ganaba en peso político, la comunidad se emancipaba del poder eclesiástico. Incluso en 1115 los ciudadanos de Laon inauguraron la primera «comuna» de la historia, mataron a su pastor, que se había escondido en un barril, incendiaron la catedral y asaltaron las viviendas de la nobleza.

Normalmente el ascenso de la burguesía tenía lugar pacíficamente, mediante la destreza mercantil y el poder económico. Sobre todo en Flandes y en las tierras del Rin empezó a palpitar el espíritu del capitalismo. Artesanos y mercaderes aprovecharon el recién ganado poderío occidental sobre el Mediterráneo para poner en marcha un pujante comercio a larga distancia, adquirir capital y ampliar la producción. En las ferias internacionales de año en año se reunían comerciantes de los Países Bajos y de la Provenza, del Rin y del norte de África.

Sin embargo, y como casi siempre ocurre en la historia, en primer lugar se beneficiaron de este florecimiento económico las minorías. La hambrienta existencia de los siervos campesinos y de los miserablemente retribuidos jornaleros constituye un impresionante contraste frente a la opulenta vida de los grandes propietarios de tierras y la cultivada magnificencia de las clases superiores urbanas. «Son ellos quienes sustentan la vida de los demás, los que los alimentan y aseguran su prosperidad», atestigua el cantor y escritor francés Benoit de Saint-More en el siglo XII refiriéndose a los campesinos dependientes:

Y sin embargo, deben soportar las penalidades más grandes. Padecen las nevadas, las lluvias y las inclemencias del tiempo y abren la tierra con sus propias manos. Llevan la vida dura y miserable del mendigo. Y por cierto que no sé cómo habrían de vivir todos los demás sin estos hombres.

Los grandes propietarios esperaban de sus propiedades vivientes no sólo prestaciones permanentes en trabajo, una buena cantidad de impuestos, rentas, sino también las primicias del ganado y frutos del campo, y por lo menos en la noche de bodas los delicados favores de las hijas de los campesinos. Estos siervos tenían que contar siempre con la eventualidad de que una partida de caza sin la menor consideración les pisoteara los campos, o que de repente se presentara una mesnada procedente de un castillo cercano y que les confiscara el ganado para a continuación dejar sus miserables cabañas en llamas.

Campesinos desplazados engrosaban las filas del ejército de pobres y desarraigados que pululaban por las calles del medievo, artesanos sin trabajo, caballeros empobrecidos, soldados desmovilizados, monjes prófugos, prostitutas y vagabundos, leprosos y lisiados, e incluso hijos segundones de la nobleza que habían salido con las manos vacías en el reparto de la herencia. En el monasterio de Cluny algunos años comían hasta 17.000 de estos indigentes. «De un campesino vienen siempre cien pobres», decía un novelista francés, después de que en el siglo de Hildegarda una serie devastadora de hambrunas hubieran atormentado a los hombres y llevado a la formación de numerosas bandas de mendigos.

Era una época salvaje, caracterizada por los hechos violentos y por el derecho del más fuerte: por angustiosas estrecheces en sombrías viviendas, catastróficas condiciones higiénicas, pésimos cuidados médicos; la luz y el combustible eran algo escaso incluso en los castillos de los grandes señores; apenas había protección legal para los débiles, rudeza y brutalidad hasta en los aspectos más íntimos de la vida, las mujeres eran poco más que objetos sexuales y trabajadoras baratas para las tareas del hogar y la corte. Cuando un siglo más tarde, en Beauvais, los hombres fueron obligados por ley a «golpear sólo con moderación y causa justificada» a sus esposas, aquello supuso ya un significativo progreso.

3.

AÑORANZA DEL HERMANO JESÚS

Y sin embargo, este mundo bronco, impulsivo, agresivo del siglo XII fue capaz del resurgimiento espiritual y social más brillante conocido en la historia de la humanidad. En una auténtica revolución cultural, en cuyo centro se sitúa la región del Rin –patria de Hildegarda–, fueron cuestionadas por primera vez en un amplio frente todas las tradiciones transmitidas y las convicciones inamovibles, así como las tan perfectamente organizadas estructuras sociales y de pensamiento.

El desarrollo social había desposeído hacía tiempo de su encanto a la sagrada monarquía y sus reivindicaciones universales, y ahora además hacían su aparición teólogos que fundamentaban convincentemente cómo el máximo regente del reino, pese a la unción regia con aceite sagrado, seguía siendo un simple laico. Los vagantes cantaban irrespetuosamente por las calles que la verdadera nobleza se alcanzaba sólo por méritos personales, y no por una afortunada casualidad en el nacimiento. Las clases sociales comenzaron a hacerse permeables, cada vez más población dependiente ascendía a administradores, guardas, funcionarios, comerciantes, convirtiéndose en personal imprescindible.

Sería demasiado simple atribuir sólo a la experiencia de las Cruzadas la intranquilidad espiritual de la época y la apertura de la sociedad. Ciertamente las victorias en Asia Menor abrieron enormemente las rutas comerciales, estimularon la actividad económica, la demanda de alimentos, la movilidad de los grandes propietarios así como las nuevas libertades burguesas de las ciudades. Pero el mayor horizonte de la conciencia, el cuestionamiento crítico de la propia tradición occidental, el redescubrimiento de la cultura de la Antigüedad, todo ello no se debe tanto a los enfrentamientos bélicos contra los musulmanes, sino al tranquilo y continuado papel de intermediación llevado a cabo por Sicilia y España. Desde aquí se introdujeron en la vida cotidiana europea el torno de alfarero, además de la pólvora y la brújula, la cultura del baño, los trabajos del vidrio, así como una buena cantidad de arabismos.

En cualquier caso, también por este camino se llevaba siempre nuevo material científico a Occidente. El encuentro con la Antigüedad tardía se estaba preparando. La reelaboración creativa de los materiales tradicionales, su fructífero empleo en las cuestiones nuevas que se iban planteando, lograron que se huyera de la mera transmisión dócil y repetitiva. La reflexión conducida por la razón hizo su aparición junto a la experiencia meditativa, el propio entendimiento se abrió camino en lugar de la simple confianza en la autoridad: fue el alba de la Escolástica.

Anselmo de Canterbury, de noble ascendencia en Italia, monje benedictino en Francia y finalmente arzobispo en Inglaterra, logró formular en una insuperable mezcla de humilde oración y deseo de saber consciente de sí mismo, qué era aquello que animaba a estos teólogos:

No intento, Señor, penetrar en Tu grandeza, pues de ninguna manera puedo equiparar ésta con mi entendimiento; pero deseo en alguna medida poder contemplar tu verdad, en la que mi corazón cree y a la que ama. No intento contemplar para creer, sino que creo para poder contemplar. Pues también creo esto: si no creo, tampoco podré ver.

Y Anselmo añade que ningún cristiano debe dudar de lo que cree la Iglesia. Pero en tanto el cristiano ama su fe, «éste puede preguntarse por la razón de que ello sea así, tanto como sea posible».

Ahora comenzaban a extraerse consecuencias prácticas del convencimiento expresado por Agustín de que toda verdad participa de Dios. Creció la confianza en la propia razón; ¿es que Dios no la había creado para posibilitar al hombre el recto entendimiento de sus misterios? Pocos se atrevieron a ir tan lejos como el sospechoso de herejía Pedro Abelardo, célebre profesor de dialéctica en París, que afirmaba que no se puede creer en nada que no se haya entendido primero. Bernardo de Claraval, el ardiente tradicionalista, que definitivamente confiaba más en la experiencia mística que en la especulación basada en la razón, persiguió por ello al «hereje» por media Europa:

> Éste sobrepasa su propia medida. [...] Afirma que puede comprender a Dios solamente con su razón.

Bernardo no reparó en que también Abelardo ponía límites a la razón humana. Según Abelardo, el hombre sólo puede hablar de Dios sirviéndose de imágenes y comparaciones. El teólogo no puede nunca entender por completo lo absoluto; pero debe intentar de buena fe, poder interpretarlo de manera comprensible.

Las escuelas eruditas, en las que tales ideas eran discutidas, conquistaron una importancia social inaudita para aquel entonces. En consecuencia, la cultura ciudadana imperante comenzó a invertir la tendencia en la educación, que pasó de las escuelas monásticas a las escuelas catedralicias, las cuales atraían a multitud de jóvenes, y al contrario que ocurría con el antiguo ideal de tradición monástica, cultivaban un tipo de educación más intelectual y científica. Las disciplinas científicas particulares se independizaron, nació el académico como tipo profesional, y algunas décadas después surgieron las primeras universidades europeas.

El influjo árabe desempeñó un papel que no debe ser subestimado en el racionalismo creyente de la nueva teología: en contacto con los árabes, los occidentales aprendieron a valorar la observación y la experiencia en la actividad científica. Eso no significa que ya no se apelara más a la tradición dogmática. Pero ya nadie se contentaba únicamente con proteger y esconder esta riqueza; ahora había que ir también a la busca de tesoros. Y entonces se descubrió lo valioso en las culturas foráneas.

Federico Barbarroja envió a Gerardo de Cremona, dedicado a la investigación científica, a Toledo, donde debía traducir al astrónomo griego Ptolomeo al latín a partir de los manuscritos árabes disponibles. El abad Pedro el Venerable de Cluny encargó una traducción del Corán. ¿Es que Abelardo no había visto en los filósofos griegos, que ahora eran conocidos en Alemania, a hombres también inspirados por Dios?

El ambiente de cambio se respiraba asimismo en la religiosidad de las gentes humildes. «Una gran hambruna ha caído sobre la tierra», constataba Bernardo. Se trataba de un hambre por la presencia de Dios, una nostalgia por la sencillez evangélica y por la Iglesia de los pobres. En la Alta Edad Media se había proclamado con predilección al rey celestial como al severo Dios de la venganza; los coloridos frescos de las iglesias románicas todavía nos provocan escalofríos, cuando contemplamos −como los hombres de antaño− los tormentos infernales representados allí de manera tan realista. Aún en el siglo de Hildegarda el monje Tundal imaginó minuciosamente cómo un especializado equipo de demonios atormentaba a los condenados del infierno a cada uno según la naturaleza de sus pecados, colgándolos de la lengua, golpeándolos contra un yunque, sumergiéndolos alternativamente en fuego o agua helada o aplastándolos con una criba.

Sin embargo, el Cristo majestuoso, armado como un conductor de ejércitos, se había convertido ahora en el hermano de la humanidad. El majestuoso rey se digna ahora bajarse de la cruz que le sirve de trono, para abrir su corazón a los creyentes. Todavía el *Juicio Final de Hamburgo*, fechado en torno a 1150, anuncia la llegada del juez divino, ¡pero de qué manera! «Los judíos lo tomaron, y lo colgaron en la cruz, sudó sangre, fue atado, fue golpeado.» Dios Padre mandará a su Hijo para que sea juzgado, eso lo sabe también Bernardo de Claraval, pero no porque sea su Hijo, sino porque es el Hijo del Hombre. «¡Oh Padre piadoso!, quiere salvar al hombre mediante otro hombre.» Y acuña para el Salvador esta atrevida fórmula: «Él es tu hermano y tu sangre».

En busca de este hermano Jesús miles se deshicieron de los lazos que hasta ahora les ataban y se lanzaron a las soledades como eremitas a través de Europa o entraron a formar parte de grupos extáticos. Incluso los sentimientos religiosos de los cruzados se pueden encuadrar aquí, pese a la elevada injerencia en asuntos terrenales. Efectivamente, el encuentro de los lugares en que el Señor había vivido y padecido provocó el piadoso sentimiento de la contemplación directa de la vida de Jesús. Este sentimiento era todavía claramente palpable en Francisco de Asís cuando inventó el belén.

«¿Quién me dará a Ti como mi hermano?», rogaba un abad cisterciense, el inglés Gilberto de Hoyland, contemporáneo de Hildegarda, con cierto tono de reproche:

> Agoto mis fuerzas por completo buscándote, y tú, mi esposo y hermano, ¿me dejas abandonado? [...] Olvida un poco tu grandeza y piensa mejor en tu compasión.

Semejante piedad monástica conmovió profundamente el ambiente social de la época. Los laicos ya no querían que únicamente fueran los monjes, celosos en la oración, quienes les representaran ante Dios, sino que adoptaron sus ideales y compartieron su estilo de vida un paso más allá.

Los eremitas comenzaron a difundir el contenido de su fe como predicadores itinerantes, y por su parte los laicos empezaron a asentarse en los alrededores de los eremitorios. Laicos ilustrados asumieron la liturgia monástica de las horas. Comerciantes y artesanos se adhirieron a hermandades con estrechas obligaciones religiosas, asociaciones hospitalarias organizaron el servicio laico para ancianos y enfermos. «Jueces, soldados, recaudadores de impuestos, comerciantes y campesinos siguen la regla apostólica», se admiraba el reformador Gerhoh de Reichersberg.

Se fundaron nuevas órdenes religiosas bajo el ideal de la *vita apostolica*, de la pobreza evangélica. En 1098, año del nacimiento de Hildegarda, el septuagenario Roberto de Molesme, desencantado como estaba de la laxitud del entorno monástico que hasta entonces lo rodeaba, construyó una nueva abadía en la región despoblada de Citeaux en Burgundia, que había de ser el embrión de la orden cisterciense. Los fundamentos sobre los que se constituyó: independencia de todas las autoridades temporales o eclesiásticas, pobreza extrema, servicios religiosos sencillos, agricultura autárquica sin arrendatarios. Algunos años después llegó allí Bernardo; cuando éste murió, había ya 350 monasterios cistercienses, prueba evidente del poder de atracción que ejercía el ideal de la *vita apostolica* en aquel tiempo.

El regreso a los orígenes, la aproximación a la verdadera vida de Jesús, era también algo característico de la religiosidad de las gentes sencillas del siglo XII. Entonces se extendió la devoción por el corazón de Jesús, por las cinco heridas sagradas, por la infancia de Jesús, así como una piedad mariana personal y una veneración más íntima de los santos del cielo con sus miles de intercesores y patrones.

Los laicos, que en muchos lugares elegían a sus párrocos y ejercían el derecho de control sobre los bienes eclesiásticos, empezaron a asegurarse de manera creciente su papel dentro de la Iglesia. El «pueblo», hasta el momento guiado sin convicción por un clero mayoritariamente inculto e indiferente, expresaba ahora su necesidad de asistencia espiritual. Entonces y en adelante asumieron la cura de almas las órdenes mendicantes, las cuales podían moverse, estaban mejor preparadas y sobre todo tenían una conducta más fiable.

Todo ello tenía como trasfondo una época de agitada política eclesiástica, en la que los emperadores y papas se habían enfrentado por el ejercicio del poder y la capacidad de representación. En 1122 la «querella de las investiduras» llegó a su final; obispos y abades ya no habían de ser nombrados por los poderes políticos, la Iglesia había conquistado un pedazo de libertad frente a las injerencias del poder temporal, pero sólo un pedazo: los derechos sobre la caza, los bosques y la moneda, otorgados por reyes y emperadores ligaban a la Iglesia muy estrechamente con los poderes estatales de forma indirecta a través de su bienes, y además la elección de obispos estaba controlada por la nobleza.

No debe sorprender en aquella época de excitación general que estallaran las críticas contra una Iglesia movida por el deseo de adquirir propiedades e influencia. Entre los condenados a los infiernos lamentando que eran arrastrados por un demonio en la puerta de Cristo en la catedral de Reims, se podía ver también a un obispo con su mitra. Una poetisa contemporánea de Hildegarda, Herrada de Landsberg, confinó en lo más profundo del infierno a un monje que guardaba celosamente su pequeña olla de monedas. Y el ya citado Gerhoh de Reichersberg, un muy respetable canónigo regular agustino, puso como ejemplo del dominio del Anticristo a la curia romana.

El clero –que en manera alguna era un bloque monolítico, sino más bien una pirámide social estratificada y diferenciada con enormes diferencias de renta y formación, que iba desde los humildes párrocos hasta los prelados más ilustres– se estaba volviendo cada vez más receptivo al conmovedor mensaje de los «pobres de Cristo». Difícilmente se podía tratar de una herejía erudita de corte intelectual, sino de un auténtico movimiento popular, que se apoyaba en el descubrimiento de los orígenes bíblicos y estaba inspirado en el encuentro con Jesús, el hermano de los pobres. «Comparte tu pan con tu amigo que pasa hambre y miseria», se animaban los monjes entre sí. «Tu pan: es Cristo. Tu pan: el amor.»

¿Pretendían estas simples admoniciones piadosas ocultar la clamorosa injusticia social? No hay que subestimar el miedo que en aquella época se tenía a los pobres, los cuales encarnaban el Juicio Final. Todavía no había lucha de clases, pero sí se dieron verdaderos levantamientos sangrientos en Inglaterra y Francia. El obispo Raimundo de Piacenza, luego declarado santo, condujo a los asociales y desarraigados en procesión por la ciudad; en el transcurso de la misma gritaron los desgraciados a coro:

> ¡Ayudadnos, malos cristianos, pues morimos de hambre mientras vosotros vivís en la abundancia!

Ésta fue la época que vivió Hildegarda. No sabemos si era feliz o no por haber venido al mundo en un tiempo como aquél tan miserable como lleno de esperanzas; apenas ha dejado escrito nada sobre sus sentimientos personales. Lo máximo que tenemos es esta alusión, que el monje Teodorico de Echternach añadió a la biografía de Hildegarda:

> Pues en el año 1100 después de la encarnación de Cristo, comenzó a debilitarse y a titubear la doctrina del Apóstol y la brillante justicia, que él había fundamentado para los cristianos y los religiosos. Por aquel entonces nací yo, y mis padres me consagraron a Dios entre llantos.

Una valoración ciertamente pesimista. Nos resistimos a creer que sea por completo de Hildegarda, pues participaba tan intensamente en las esperanzas e impulsos de su época, amaba tanto esta tierra, que veía su destino en manos de Dios a cada momento.

II

LA PROFETISA HILDEGARDA
O LA SALVACIÓN DEL MISTERIO

EL PAPA SE INTERESA
POR UNA SENCILLA MONJA

Pero Él, que es grande sin menoscabo, ha tocado una humilde tienda, para que contemple maravillas.

Hildegarda al Papa

Las visitas del Papa a Alemania también eran raras en la Edad Media. Razón por la cual ningún miembro de la elite imperial quería faltar cuando Eugenio III entró en Tréveris el 29 de noviembre de 1147 con toda la pompa que le correspondía. Dieciocho cardenales y numerosos obispos de Alemania, Francia, Bélgica, Inglaterra, Lombardía y Toscana participaron en el sínodo reformador, que el Papa cisterciense celebró allí hasta febrero de 1148, si bien no del todo voluntariamente, pues una rebelión popular lo había alejado de Roma. Los romanos, que ya había sustituido en su ciudad al poder nobiliario por un senado democrático, no querían por el momento saber nada más ni de las intrigas ni de los opulentos negocios de la curia.

Así que Eugenio llegó a Alemania, reunió a los obispos en Tréveris y acto seguido consagró la basílica de los santos Eucario y Matías. Ya habían sido tratadas una buena cantidad de cuestiones teológicas y política eclesiástica, cuando el canciller mayor del Imperio, el arzobispo Enrique de Maguncia, puso por sorpresa en el orden del día del sínodo las efusiones literarias de una monja completamente

desconocida procedente de un cercano monasterio benedictino.

El abad de aquel monasterio ya no sabía qué hacer,
pues una las monjas a su cargo, la rectora del monasterio
femenino de la abadía, no paraba de contarle una serie de
misteriosas visiones que había tenido. Y ahora incluso llevaba en sus manos un voluminoso manuscrito con aquellas confusas imágenes, dictadas por la monja, y que al final
le estaban resultando muy inquietantes, pese a que al principio había alentado a dicha monja para que pusiera por
escrito sus visiones.

La hermana Hildegarda había denominado a este libro
aún inacabado *Scivias*, «Conoce los caminos». Un título tan
prometedor y oscuro como el contenido mismo: un mundo
enigmático, fascinante y también aterrador, un colorido panorama de la Creación y de la Historia Sagrada, poblado
por coros de ángeles y demonios, una especie de compendio de la fe cristiana en imágenes, escenas dramáticas y
símbolos. La autora, tan perpleja como lo estaba su abad,
se había dirigido al célebre Bernardo de Claraval para
pedirle consejo, pero sólo había obtenido respuestas evasi-
vas. Ahora era requerida la ayuda del Papa, representante
de Dios en la tierra: ¿la capacidad de experimentar visiones que tenía esta mujer era un don de Dios o un ardid del
diablo?

Eugenio, un monje asceta, el último de una serie de
papas reformadores, muy capaz también de enviar un ejército mercenario contra Roma y de organizar una Cruzada
—frustrada— hacia Damasco, precisamente este Papa se
tomó muy en serio «el caso Hildegarda». Quizá advirtiera
a Bernardo, en virtud de su conocimiento intuitivo de los
hombres, que no viera en Hildegarda simplemente a una
iluminada exaltada, como muchas de las que había y que
aseguraban que tenían un trato familiar con visitantes del
cielo. En cualquier caso, Eugenio III envió a una comisión
de obispos, con el encargo de comprobar puntualmente

sus visiones y la fortaleza de su fe; además se sumergió en la lectura de los escritos de la monja.

Según se cuenta en la *Vita* de Hildegarda, ésta respondió a los enviados papales lisa y llanamente en todo. De lo que luego ocurrió en Tréveris, una vez la comisión papal hubo realizado su informe, nos da cumplida cuenta el libro sobre la vida de la santa:

> Después de que el Papa se hubiera informado de esto, mandó que le hicieran llegar los escritos de santa Hildegarda, que le trajeron del mencionado monasterio. Los sostuvo con sus propias manos y sustituyó él mismo al lector, los estuvo recitando públicamente al arzobispo, los cardenales y todos los clérigos allí presentes. Y cuando hubo escuchado la respuesta que le trajeron los hombres que había mandado a investigar, animó a todos los corazones a que alabaran al Señor y a regocijarse juntos. También estaba allí presente el abad Bernardo, de bienaventurada memoria. Éste tomó la palabra, y con la aprobación de todos, exhortó al Papa para que no permitiera que semejante rayo de luz [Hildegarda] fuera cubierto por el silencio; es más, debía confirmar con su autoridad este don que Dios había hecho manifestarse en su tiempo. Entonces el venerable padre de padres, tan bondadoso como sabio, dio su consentimiento y dirigió a la beata doncella un honorable escrito, en que él en nombre de Cristo y de san Pedro le daba permiso para que manifestara libremente todo cuanto conociera por el Espíritu Santo y la animó a escribirlo.

Debió de existir posteriormente una larga correspondencia entre el Papa cisterciense y la monja benedictina; nos han llegado cuatro cartas de Hildegarda a Eugenio, pero también un escrito del Papa a Hildegarda. En éste, el Papa la felicitaba por sus dones, pero asimismo le recordaba «que la antigua serpiente trata de hacer que los grandes caigan».

De un solo golpe la monja Hildegarda se había convertido en una figura célebre. Enseguida se conoció su nombre en Occidente entero. Pese a todo, lo que ella deseaba era llevar la oculta vida de una simple anacoreta. Con esa intención, había hecho los votos de su orden alrededor de tres décadas antes de los sucesos de Tréveris.

5.

EMPAREDADA CON OCHO AÑOS

En realidad todo había sido idea de sus padres. La autoridad paterna sobre el destino de los hijos fue incuestionable durante siglos; santa Isabel llegó con cuatro años desde Hungría a Turingia para ser educada como la futura esposa del pequeño landgrave Luis. De igual manera que se concertaba el matrimonio, también se determinaba la inclusión en la vida monástica, se hacía muy tempranamente. Todavía en edad de escolarización obligatoria –para expresarlo con nuestros propios términos–, entraban estos niños como «oblatos» en los monasterios; sus derechos sobre herencias o dotes eran transferidos a la abadía, y ya con quince años podían formular los votos vinculantes.

Esta institución a primera vista tan extraña se entenderá mejor si se consideran las estrechas relaciones históricas entre las casas nobles y el entorno monástico. Los monasterios medievales tenían bastante poco que ver con la idílica existencia anacorética en las cumbres montañosas. Eran emplazamientos religiosos de acción y responsabilidad sobre la vida civil, centros superiores de cultura, focos activos de la vida social en torno a la que gira una religiosidad eminentemente política. En la temprana Edad Media, cuando duques y reyes levantaban aquí sus palacios, los monasterios servían a menudo como puntos militares de apoyo y fiables suministradores de tropas.

Es cierto que siempre había existido una activa tradición eremítica de huida del mundo, de una vida común en oración, pero la mayoría de los monasterios todavía en el siglo XII eran fundados por la nobleza, como lugares para establecer sus mausoleos, de apoyo religioso y de oración, como cantera de funcionarios y como factor económico (a los monasterios dedicados a la roturación de terrenos les debemos nuestro paisaje cultural y la introducción de métodos racionales de cultivo), y visto de manera realista, también como una institución capaz de satisfacer las necesidades básicas de la siguiente generación.

Cuantos más hijos tuviera una familia noble, tanto más difícil le resultaría garantizarles las condiciones de vida y alimentación propias de su rango social. La propiedad no debía fragmentarse a capricho. El problema lo constituían sobre todo las muchachas: los candidatos a maridos que reunieran los requisitos necesarios eran raros, las numerosas luchas y guerras habían convertido a muchas en viudas, nada más haber vestido la cofia nupcial, y la dote era cara. La entrada en un monasterio que no fuera muy riguroso suponía para viudas y solteronas una solución más aceptable que permanecer sin hacer nada en un aposento helado de un castillo, siendo alimentada por una parentela hostil.

La biografía del célebre abad Hugo de Cluny explica de manera muy noble la función de una de estas instituciones medievales para mujeres:

Un lugar en que las mujeres mayores, que se han cansado de las cadenas del matrimonio, pueden poner fin aquí a sus antiguos errores y se hacen merecedoras del abrazo de Cristo. Mujeres ilustres, que se han liberado del matrimonio, eligieron este lugar y se resignaron tanto más pacientemente a la pérdida de las alegrías conyugales, cuanto antes descubrían qué cortas y dolorosas eran esas alegrías.

La cuidada descripción contiene dos argumentos adicionales que podrían hacer que una mujer deseara ingresar en un monasterio: en primer lugar, la escasa consideración de que era merecedora la sexualidad, y en segundo lugar, estaba la amarga realidad de la vida conyugal de aquel entonces. Sirva el testimonio de una tal Cristina de Pisan, la cual, siendo una joven viuda, declaró que de ningún modo quisiera volver a casarse, puesto que el destino de una mujer casada era más grave que la suerte sufrida por los cautivos de los musulmanes. Ocurría a menudo que las jóvenes doncellas huían del prometido al que no amaban y de un matrimonio concertado por los padres mediante el ingreso en un monasterio, o que las damas nobles que conseguían la disolución legal de su matrimonio entraban igualmente a formar parte de órdenes monásticas. La vida monástica como primer acto de emancipación.

De nuevo no concuerda la imagen popular de la Edad Media que muestran las películas de caballeros, las novelas *kitsch* y las pinturas al estilo Biedermeier.[2] El humilde monje que lleva una vida tranquila y contemplativa entre la bodega de cerveza y el huerto era en realidad de noble origen y estaba acostumbrado a proclamar sus deseos. Las hijas de los campesinos y los hijos de los mercaderes apenas tenían oportunidad de ser admitidos en aquellas abadías financiadas y habitadas por miembros de la nobleza, y estas órdenes monásticas que se extendían por la superficie de la tierra no sólo servían para alabar a Dios, sino también para justificar y estabilizar en grado sumo las estructuras terrenales de poder y dominio.

No sabemos cuán rica e influyente era aquella estirpe de Bermersheim, lugar del que procedía Hildegarda. Se trataba sin duda de una familia noble largo tiempo asentada en el lugar, que allí tenía su hogar desde hacía siglos, en las cercanías de Alzey de Nahegau. Cuando Hildegarda nació el 1098 en Bermersheim, estas nobles estirpes de

[2] Estilo artístico de gusto burgués desarrollado en Europa central durante la primera mitad del siglo XIX. *(N. del T.)*

rica tradición todavía participaban decisivamente en la dirección del Imperio. Una brillante historia, que aún había de durar largo tiempo, se dejaba sentir por todas partes en la zona entre la región del Maas, el Mosela y el Rin, donde se reunían la tradición germana, romana y cristiana y que ya había sido el centro político de la Europa carolingia.

De la propiedad noble en Bermersheim no queda nada que lleve hoy día el nombre de la familia; tan sólo los restos de un par de bóvedas acá y allá que perviven entre los muros de las casas en la aldea. Tampoco ha quedado mucho de la historia familiar. Sabemos que el padre de Hildegarda se llamaba Hildeberto y que su madre, Matilde, procedía quizá del cercano burgo de Marxheim. Hildegarda fue la décima y última de los hijos que tuvieron. Su hermano Hugo aparece en los documentos antiguos como cantor de la catedral de Maguncia y como maestro en la escuela catedralicia de la misma ciudad; el obispo Radulfo de Lüttich había sido uno de sus discípulos. Una función semejante en la corte de los principales dirigentes espirituales del Imperio y primados de Alemania tuvo que proporcionar a la familia las mejores relaciones. Otro hermano, Rorico, era canónico en Tholey del Sarre. A Clemencia, hermana de Hildegarda, la volvemos a encontrar más tarde como monja en el monasterio de Rupertsberg, dirigido por su hermana.

Hildegarda debía de ser una niña delicada y frágil, pero muy despierta y con una evidente luz interior. Y «apenas fue capaz de balbucear sus primeras sonidos, enseguida dio a entender por palabras y gestos que tenía visiones secretas que ella percibía gracias a un extraordinario don de percepción, sin que nadie más las viera». Esto parece algo más que el patrón habitual de una leyenda hagiográfica. Pues Hildegarda, que por otra parte apenas revela nada más de su religiosidad personal, cuenta en numerosas noticias autobiográficas que desde la infancia había sentido «la fuerza y el misterio de ocultas y maravillosas visiones».

Si eso es efectivamente así, debió de estar de acuerdo con la decisión paterna de entregar a su décimo hijo al servicio de Dios y de ponerlo bajo la protección de una anacoreta, cuando la niña tenía ocho años. La «reclusa» Jutta pertenecía a una noble familia amiga, cuyo castillo de Sponheim se encontraba en las cercanías, en Kreuznach; por esta razón debía de parecer una educadora digna de confianza. Jutta había levantado su celda en el monasterio benedictino de Disibodenberg, junto al coro de los monjes, sobre una elevación que daba al valle del Nahe. La primera abadía habría sido fundada allí en los lejanos tiempos del obispo Disibodo, que había sido expulsado de Irlanda; posteriormente Hildegarda puso por escrito una vida muy legendaria del obispo. A finales del siglo x una comunidad religiosa procedente de Maguncia habitó de nuevo la montaña, y al parecer ya entonces se erigió una ermita para monjas dentro de la fundación masculina.

Estas ermitas proliferaron como setas por todas partes durante el siglo XII. Sobre todo mujeres, procedentes de círculos escogidos, se sentían fascinadas por la tradición eremítica y se encerraban en celdas durante toda la vida, bajo la protección de un monasterio masculino, vestidas como monjes. Muchas veces estas reclusas vivían en las celdas vecinas bajo la tutela de una maestra. De esta forma, con ocho años, Hildegarda se marchó a vivir a una de estas sobrias viviendas, junto con otra muchacha, de la que tan sólo conocemos su nombre: Jutta, como la maestra.

El día de Todos los Santos del año 1106, las tres se hicieron emparedar en Disibodenberg. Para el gran público debió de ser un acontecimiento tan extraordinario como conmovedor cuando Jutta, hija de un conde, entró en la iglesia del monasterio con sus dos protegidas mientras los monjes cantaban: «He aquí mi descanso para la eternidad, ésta es la morada que he elegido».

El padre de Hildegarda pronunció la fórmula prescrita:

No me parece demasiado caro dar una parte de nuestros frutos al Creador. Es por ello por lo que quiero entregar a nuestra hija, de nombre Hildegarda, portadora de la ofrenda y de la petición de aceptación, y cuya mano está ahora sobre el lienzo que cubre el altar, en nombre de los santos cuyas reliquias se custodian aquí y en presencia del abad ante testigos, para que permanezca aquí y viva según la regla monástica. De ahora en adelante no podrá levantar de sus espaldas el yugo de la regla...

Treinta y cinco años pasó Hidelgarda en Disibodenberg. Es la parte de su vida tranquila y oculta de la cual sabemos muy poco, aunque sí que la extrema clausura se vio algo relajada, con la continua llegada de muchachas que se ponían bajo la protección de la venerada maestra Jutta, y la pequeña celda acabó convirtiéndose en un pequeño pero completo monasterio femenino. Pero ya antes, la pequeña Hildegarda habría aprendido más sobre el mundo a través del ventanuco de su celda y por los maestros del monasterio que otras muchachas de su edad, las que vivían fuera del monasterio en los castillos y casas señoriales de la Renania.

No obstante, no debemos sobreestimar la calidad ni las posibilidades de la educación impartida a las monjas y las mujeres en aquel entonces. Era habitual que las muchachas nobles aprendieran a leer y escribir; sin embargo, los conocimientos de latín que se tenían debían bastar únicamente para aprender de memoria los salmos, himnos y textos litúrgicos. La educación superior –y como es sabido luego la universidad– era un terreno al que las mujeres no tenían acceso. La graciosa historia que nos transmite Cesario de Heisterbach en torno a 1220 sobre una monja del obispado de Tréveris, es maliciosa, aunque significativa:

Sin embargo, para las cosas del mundo era todavía la niña más inocente, de manera que apenas sabía distinguir a un hombre de un animal [...] Un día ocurrió que un macho cabrío se subió al muro del huerto que tenía el monasterio. Cuando nuestra monja lo vio, no sabía decir qué cosa era aquella, entonces se dirigió a una de las hermanas que había junto a ella y le pregunto: «¿Qué es eso?». La hermana, que conocía su simplicidad, contestó a la sorprendida monja: «¡Es una mujer del mundo de ahí fuera!». Y añadió: «Cuando las mujeres del mundo se hacen viejas, les crecen cuernos y barba». Ella lo creyó, y se sintió muy feliz de haber aprendido algo nuevo.

Hildegarda no recibió ninguna formación científica en sentido estricto; sin embargo, cuando años después se calificaba a sí misma de *indocta*, no se trataba sino de una humildad exagerada, pues en Disibodenberg, Hildegarda no sólo aprendió a leer y escribir, a salmodiar y desempeñar trabajos manuales, sino que también adquirió un sólido conocimiento de la Biblia, de los Padres de la Iglesia y de los teólogos más importantes de su tiempo. Esto lo demuestran las numerosas referencias cultas de sus obras. Su maestro fue el monje Volmario, que después le sirvió como secretario y le ayudó a corregir su latín, que era verdaderamente malo.

En algún momento entre 1112 y 1115, es decir, antes de cumplir los diecisiete años, Hildegarda decidió hacer suya la decisión de sus padres y aceptar voluntariamente la regla de san Benito. Tenía que haber pronunciado los votos ante el arzobispo de Maguncia, Adalberto, que estaba prisionero del Imperio por mantener su fidelidad al Papa, por eso acabó haciéndolo ante su obispo, el también santo, Otón de Bamberg.

No sabemos nada sobre los detalles en torno a la historia del monasterio en las décadas siguientes, y ni mucho menos sobre la vida de la joven benedictina Hildegarda, aparte del hecho de que allí hubo durante cuarenta años un verdadero *boom* de la construcción. La nueva iglesia del monasterio fue consagrada probablemente en 1143. Estas magníficas construcciones se alejaban de la teoría del movimiento contemporáneo de la *vita apostolica* y su nostalgia de la Iglesia de los pobres. Bernardo de Claraval, cuya orden cisterciense había desarrollado conscientemente un estilo constructivo alternativo y sobrio, expresó duras críticas el año 1124 en una carta al abad de Cluny por «la desproporcionada grandeza», «los costosos ornamentos» y «las pinturas que excitaban las miradas» en la nueva construcción eclesiástica de Cluny. Efectivamente, con una longitud de 171 metros y siete torres monumentales, éste era el templo más grande de la cristiandad.

De Hildegarda sabemos muy poco en aquel tiempo, sólo que era muy enfermiza y que se había convertido en la discípula favorita de Jutta. Había hecho grandes progresos y avanzaba de virtud en virtud; en la *Vita* se cuenta:

> Dispensaba alegría y reconocimiento a su honorable madre ya mencionada, y percibía con plena admiración cómo de discípula se iba convirtiendo en maestra, y en precursora de más altos caminos. En su corazón bullía un dulce amor, que no excluía a nadie de su grandeza [...]. La tranquilidad de su corazón se manifestaba en los tiernos silencios y el comedimiento de sus palabras.

El 22 de diciembre de 1136 murió Jutta de Sponheim. Entonces, y de manera unánime, las monjas de Disibodenberg eligieron como sucesora a Hildegarda, que entonces contaba con treinta y ocho años. Como se resistió a aceptar un puesto de tanta responsabilidad, sólo la intervención del abad Kuno pudo convencerla.

Pero acto seguido vuelven a callar las fuentes acerca de la superiora Hildegarda. Cuando volvemos a encontrarnos con ella once años después, en el sínodo de Tréveris, ya ha

tenido lugar el acontecimiento central de su vida: la irresistible experiencia de un mandato divino, el de registrar
sus visiones universales. Desde entonces Hildegarda, temerosa de que pudiera haber empezado algo superior a sus
fuerzas, atormentada por las dudas, a veces incluso desprovista de todo valor, pero siempre obedientemente, escribía
su libro *Scivias*. Tan sólo el abad Kuno estaba enterado del
mandato de Dios.

6.

PANORAMA DEL MUNDO
EN IMÁGENES: *SCIVIAS*

Miré – y entonces vi algo como una gran montaña de color
gris acerado. Sobre ella sentado en un trono una regia figura
llena de luz, cuya grandeza cegaba mis ojos. De los hombros
del soberano salía una oscura sombra, semejante a alas de
admirable longitud y anchura. Ante él, a los pies de la montaña, había un ser cubierto por completo de ojos, tanto que
a causa de los ojos ni siquiera podía reconocer su figura
humana. Delante de este ser, había otro, de edad infantil, con
un manto oscuro y zapatos blancos. Sobre su cabeza, el que
estaba sentado en la montaña, derramaba tal abundancia de
luz, que yo no lograba ver su rostro de niña. Del que estaba
sentado en la montaña salían también centellas vivas que
envolvían amorosamente a aquellas figuras con un fuego
apacible. La montaña misma tenía numerosas pequeñas ventanas, en las que se veían muchas cabezas de personas, unas
pálidas, otras blancas. Y mira, he aquí que quien estaba sentado en la montaña dijo con voz fuerte y penetrante: «Frágil
ser humano, polvo del polvo de la tierra, ceniza de ceniza,
anuncia y cuenta cómo se llega a la salvación que todo lo
restaura, para que sean aleccionados aquellos que, aunque
conocen el sentido profundo de las Escrituras, no quieren
proclamarlas ni anunciarlas».

Así comienza la primera gran visión con que se inaugura
el libro *Scivias*, «Conoce los caminos»: con una representa-

ción majestuosa del Creador del mundo, como lo está al comienzo de todas las grandes obras de Hildegarda. Aunque las visiones aquí recogidas no son muy crípticas y para los hombres de hoy en día –en comparación con otros escritos de Hildegarda– son relativamente accesibles, ya se presenta con claridad el dilema con que ha de enfrentarse el lector moderno de Hildegarda: por un lado, le fascina la fuerza elemental del lenguaje en ese mundo de imágenes, pero por otro, al mismo tiempo, se alzan nuevas barreras que imposibilitan el entendimiento. La forma típicamente medieval de representación alegórica aparece como algo demasiado extraño, el tapiz de imágenes, citas bíblicas, alusiones oscuras, referencias indirectas crea expresiva confusión, de manera que parece comprensible sólo para los iniciados.

Sin embargo, merece la pena el esfuerzo para penetrar en el particular mundo de Hildegarda y sus pensamientos. No es necesario entender cada minúsculo punto de color en esta teología impresionista, para poder captar lo esencial de su mensaje. Y por fortuna, la propia Hildegarda explica con regularidad en sus libros cómo hay que entender lo que ella ve cuando contempla la luz de Dios.

La montaña de hierro, por ejemplo, simboliza la poderosa firmeza del reino de Dios. Sobre aquélla tiene su trono el Señor del universo, de cuyos hombros sale una sombra tenue de forma alada: «Representa la solícita fidelidad, amorosa protección, que envuelve tiernamente a las criaturas [...]». El ser cubierto por completo de ojos simboliza el temor de Dios, que vigilante y solícito cuida de su reino; la figura infantil representa la pobreza de espíritu, que sigue las huellas de Cristo. Los poderes de Dios –las centellas vivas– protegen y fortalecen a los hombres, en su camino hacia Dios. Y las cabezas humanas que se asoman por las ventanas de la montaña aluden a que Dios es omnisciente, conoce todas las acciones humanas y es plenamente consciente de quién desfallece en sus actos (las miradas pálidas) y quién fuerte y despierto «sigue por el camino de la verdad» (las luminosas cabezas blancas).

Diez largos años, de 1141 a 1151, estuvo trabajando Hildegarda en esta magna comunicación de la fe, con la que pretende mostrar el camino hacia la verdadera felicidad y la eterna historia entre Dios y el hombre. Las 26 visiones que hay en el *Scivias* tratan a lo largo de cientos de páginas sobre un único gran tema: sobre el hombre, que necesita dolorosamente la salvación, pero que es incapaz de salvarse a sí mismo.

Entre el hombre y la Creación se abre un abismo, innumerables tentaciones lo atormentan y lo obligan a luchar una y otra vez:

> ¡Dolor, dolor! Por eso estoy atrapado, robados los ojos y la alegría del conocimiento. Mi manto está rasgado. He sido expulsado de mi heredad. [...] Soy un extraño, sin consuelo ni ayuda.

La Sinagoga (la alianza entre Dios y el pueblo de Israel), que para Hildegarda sólo se encuentra en tinieblas, únicamente pudo preparar la liberación. Ni siquiera los ángeles pueden salvar, tan sólo ayudar y fortalecer.

Solamente Cristo puede llevar al hombre hasta el amor de Dios.

> Cuando el costado del Señor empezó a sangrar, nació la salvación del alma.

Sólo Cristo puede vencer «la maldad pasada, en la que ya no se podía reconocer a Dios» y elevar la mísera tierra al regazo de la divinidad. Hildegarda une la historia completa de la salvación en una magnífica contemplación de la Trinidad, que anticipa la visión de la Trinidad en la *Divina comedia* de Dante:

Entonces vi una luz cegadora y dentro de ella una figura azul zafiro, que poco a poco comenzó a arder en una afable llama roja chispeante. La brillante luz envolvió por completo la llama chispeante y la llama chispeante la luz brillante. Y la luz brillante y la llama chispeante envolvieron la figura humana, como haciéndose una luz de una sola fuerza y poder [...] esto significa que no existe el Padre, la más justa justicia, sin el Hijo ni el Espíritu Santo, que el Espíritu Santo, que enciende los corazones, no existe sin el Padre ni el Hijo, y que el Hijo, plenitud de toda fertilidad, no existe sin el padre ni el Espíritu Santo.

Dios mismo explica la finalidad de esta magnífica visión: el hombre debe aprender a amarle ardientemente, debe aprender que Dios ha entregado a su propio Hijo por amor:

[...] pues entonces dirigió su amor el Padre celestial, a nosotros, criaturas díscolas en peligro [...] Pues por la palabra, ella misma fuente de vida, nos llegó el abrazo del amor maternal de Dios. Éste nos nutrió de vida. Está con nosotros en los momentos de peligro. Es la piedad más profunda y apacible que nos muestra el camino de regreso. [...] Así la salvación del amor no ha salido de nosotros, ya que nosotros somos incapaces y desconocemos cómo amar a Dios para nuestra salvación. Él, sin embargo, el Creador y Señor de todas las cosas, ha amado tanto a su pueblo, que nos mandó a su propio hijo, cabeza y salvador de todos los creyentes. Éste lavó y secó nuestras heridas.

Cuando el papa Luciani [Juan Pablo I] planteaba en sus sobrias y profundas catequesis que Dios no era sólo nuestro Padre, sino que también era nuestra Madre, acabó causando sensación, y fue o bien saludado entusiastamente o bien rechazado como irrupción del pensamiento feminista en la Iglesia católica. Pues bien, una simple monja con la perspectiva que le daba su gran corazón llegó a las mismas conclusiones en la celda de su monasterio hace ochocientos años, al regocijarse en el «abrazo maternal del amor de Dios».

Según Hildegarda la Iglesia es portadora de la salvación; la Iglesia, unida en matrimonio con Cristo crucificado, alimenta a sus hijos con la carne y la sangre del Señor y les otorga la fuerza del espíritu. Al contrario que a la Sinagoga, Hildegarda contempla a la Iglesia llena de luz, pero por cierto todavía inacabada, sin huesos ni pies, puesto que aún no ha podido conseguir «la plenitud de su existencia». Pero llena de confianza envuelve el altar junto al que se alzaba la Sinagoga de brazos cruzados inútilmente. Una enorme cantidad de gente acude al regazo de la Madre Iglesia, que crece y va construyendo el cuerpo de Cristo, hasta que llegue el día de su regreso. Como Hildegarda lo ve, la Iglesia debe consagrar el mundo, vivir, sufrir y luchar con los hombres, para que éstos encuentren el camino a Dios.

Hildegarda completa la historia del reino de Dios y de su pueblo peregrino mediante la visión de un fantasioso edificio construido con columnas, torres y muros, que se encaja formando una imagen unitaria como si fuera un rompecabezas de sentido y significado teológico. De esta construcción forman parte «la columna de la humanidad del Salvador», la «torre de la Iglesia» y «el muro luminoso». También este pasaje clave del *Scivias* comienza de nuevo con una visión de Dios: sobre su trono se sienta «el que vive» en toda su gloria y esplendor; en su corazón tiene como una pella de barro.

La explicación que da Hildegarda es a la vez sutil y apasionante.

Éste es el hombre, el frágil barro, miserable y débil. Dios le lleva en su corazón por amor a su Hijo hecho hombre [...] Pero el Hijo es humano. Mediante la inocencia del bautismo

Él reúne a las inocentes ovejas dispersas por el pecado de Adán [...] Las eleva hasta el cielo para transformarlas en parte de sus miembros.

Los «poderosos trabajadores de Dios», las vigorosas virtudes, construyen este edificio de salvación, ayudan al hombre en su lucha para completar el cuerpo de Cristo. Posteriormente Hildegarda representará la sempiterna lucha del hombre y la función de las virtudes de Dios en su drama místico *Ordo virtutum* («El drama de las virtudes»). Allí aparecen desde el principio las *virtutes*:

La palabra de Dios brilla en la figura humana. Como nosotros constituimos los miembros de su hermoso cuerpo, nosotros brillamos en Él.

No obstante, el número de estos miembros de Cristo no está completo aún. Satán ha sido derrotado sin duda, pero la humanidad no se halla todavía a salvo de sus agresiones. Éste alaba sus vicios en el mercado de la vida «como un comerciante sus mercancías». Cuando «el mundo pierda su fuerza», entonces se alzará una vez más el infierno: en el Anticristo. Entonces aparecerá el Hijo del Hombre, «con el mismo rostro que tuvo en el mundo, con las heridas abiertas», entronizado sobre una llama que brillará con luz cegadora sin consumirse, acompañado de un coro de ángeles. El juicio se sucederá en un abrir y cerrar de ojos, pues las obras de los hombres, tanto las buenas como las malas, saldrán todas a la luz del día. Entonces todos los elementos brillarán tan clara y luminosamente, «como si se acabaran de desprender de una oscura piel». La tierra ya no conoce fragilidad alguna.

No había ya noche. Sólo día. Había llegado el final.

Los amigos de Dios ascienden a los goces del cielo, los caídos descienden a los castigos eternos del infierno. «Conoce los caminos» celebra con un canto de júbilo la misericordia en que la Iglesia se sabe a salvo a pesar de todas las tribulaciones. Las *virtutes* ensalzan a todos los santos y —cosa importante— a los caídos que han sido rescatados.

Así es el *Scivias* de Hildegarda, una de las más impresionantes imágenes del mundo medieval, «visto por una humilde persona», como suele firmar la siempre comedida autora de las visiones. Ésta es su obra mejor documentada. Se conservan diez manuscritos repartidos entre Bruselas, Oxford, Heidelberg, Fulda y la Biblioteca Vaticana, seis de los cuales son del siglo xii.

En la biblioteca regional de Hesse se conservaba antiguamente un magnífico manuscrito, el códice de Rupertsberg, realizado en 1165 en el monasterio de Hildegarda y que estaba ilustrado con 35 valiosas miniaturas a color. Para proteger esta obra maestra de los bombardeos, alguien se la llevó durante la Segunda Guerra Mundial a fin de ponerla a salvo en algún lugar del este de Alemania. Grave error, pues el manuscrito desapareció sin dejar rastro después de la contienda. Por suerte, los benedictinos de la abadía de Santa Hildegarda en Eibingen realizaron precisas reproducciones facsímiles en pergamino a tamaño natural entre 1927 y 1933.

7.

LA DIMENSIÓN PROFUNDA DE LA REALIDAD

Podemos fechar exactamente el momento en que una «fulgurante luz del cielo» cambió para siempre la vida de la benedictina. En el prólogo a su *Scivias* se puede fijar el momento a partir de dos noticias relacionadas entre sí:

> ¡Pues mira! En el trigésimo cuarto año de mi vida contemplé un rostro celestial. Mi espíritu se estremeció y sufrió gran temor. Vi un gran resplandor. De dentro clamaba una voz que decía: «¡Frágil criatura, ceniza de ceniza, putrefacción de putrefacción, cuenta y escribe, cuanto veas y oigas! Pero como eres tímida para hablar, demasiado simple e inexperimentada para poder explicar aquello que veas, no lo cuentes ni lo describas según la forma de hablar de los hombres, ni según el conocimiento inventado por los hombres, ni la forma humana de escribir, sino según el don que te ha sido concedido en la contemplación del cielo: como lo veas y oigas en la maravilla de Dios. Así pues, refiere esto igual que un alumno repite las palabras que escucha del maestro como éste se las enseña y prescribe [...]». Y de nuevo oí la voz del cielo que decía: «¡Cuenta por tanto esta maravilla! Y escríbela, enseña y di: En el año 1141 de la encarnación de Jesucristo, Hijo de Dios, cuando contaba yo cuarenta y dos años con siete meses, vino a mí una luz centelleante como llama. Penetró por mi cerebro e inflamó mi corazón y mi pecho igual que una llama [...]. Entonces se reveló para mí el sentido de las Escrituras [...]».

Una arrebatadora experiencia interior como aquélla no le resultaba completamente extraña a Hildegarda; al contrario, se apresuró a decir que desde su infancia había experimentado «la fuerza y el misterio de una presencia oculta y maravillosa», pero que sólo se lo había contado a unos pocos miembros de la orden. «Lo mantuve todo en silencio hasta el momento en que Dios tuvo la piedad de manifestarse.» Sin embargo, no nos es lícito pensar que aquello fue como si Hildegarda hubiera recibido un, digámoslo así, encargo oficial del cielo y hubiera echado a correr para presentarse ante su abad y que le hubiera permitido ponerse a escribir sus visiones. En lo que concierne a su propio don, la gran Hildegarda nunca estuvo demasiado segura.

Muy al contrario, las visiones que la invadían le causaban temor. Así, cuando siendo una doncella crecida, se veía embargada completamente por una de esas visiones –recordaba ella– entonces hablaba a borbotones causando la extrañeza de cuantos la escuchaban. «Pero cuando el efecto de la visión había pasado un poco, como consecuencia del cual me había comportado más como una niña que como una persona acorde con la edad que tenía, entonces me avergonzaba muchísimo y lloraba sin parar, y pensaba que de haber sido posible, mejor hubiera guardado silencio.» Desesperada, escribió a Bernardo de Claraval que desde su infancia nunca había vivido segura, «ni siquiera una hora».

Su desamparo parece verosímil. En Hildegarda no encontramos ninguna de las orgullosas alabanzas propias de una persona que se hubiera considerado elegida por Dios. ¡Precisamente por esta correspondencia epistolar, tan característica de ella, con Bernardo de Claraval, el bondadoso místico predicador de las Cruzadas y misógino! Éste, el fogoso y virulento asceta, cuyo sugestivo carisma sedujo a todo un siglo, no la ayudó en nada. Fundó setenta monasterios –sin contar aquellos muchos monasterios de la orden reformados de cuño más antiguo–, el pueblo le veneró como taumaturgo, los papas le confiaron tareas especiales, era capaz de forzar a los antipapas a retirarse y de conjurar guerras civiles; era considerado el afable teólogo del amor al prójimo y un rabioso perseguidor de las herejías. A los lectores de sus innumerables tratados, les aconsejaba encontrar el corazón del prójimo en el suyo propio para elevarlo al cielo, mientras a propósito de la terrible Cruzada contra los eslavos del Elba pronunció las palabras: «¡Conversión o aniquilación!». La explosiva efusión de sus pensamientos no podía reducirse siempre a un común denominador.

También Hildegarda debió de sentirse fascinada por la fama internacional de esta leyenda viva. Se dirige al taumaturgo tan tímidamente como una colegiala enamorada:

> Yo te vi hace más de dos años con ese aspecto propio del hombre que no teme mirar al sol, sino que es valiente. Y he llorado, porque me ruborizo mucho y soy cobarde. Buen padre, piadoso, me entrego a tu alma para que con tus palabras me desveles, si así lo deseas, si he de hablar abiertamente de todo esto o callarlo.

Sin embargo, el «águila que mira al sol» (en palabras de Hildegarda) no quiso comprometerse. Se regocijó con ella por la misericordia de Dios, le escribió amistosamente, pero no desea decirle nada significativo.

> Por lo demás, ¿qué podemos enseñar o a qué podemos exhortar, donde ya existe una enseñanza interior y la unción ya nos lo muestra todo?

Ciertamente, como vimos, Bernardo habló a favor de Hildegarda ante el Papa en el sínodo de Tréveris. Sólo cuando la más alta autoridad temporal de la cristiandad asumió la responsabilidad por su actividad literaria, Hildegarda empezó a sentirse algo segura de sí. Todavía con setenta y siete años confiesa a su piadoso admirador y posterior secretario Wiberto de Gembloux (en la carta más personal que nos ha llegado de ella):

> Estoy constantemente atenazada por el temor. Pues no reconozco en mí la certeza de ningún talento.

Es la primera vez que revela tanto sobre su interior. Y quizá nunca lo hubiera hecho, de no haber sido Wiberto tan insistente. Éste, un monje valón muy culto y de numerosas inquietudes, se había contagiado de la admiración general sentida hacia Hildegarda en Brabante y los Países Bajos, y le preguntó en una carta repleta de alabanzas si efectivamente olvidaba sus visiones después de haberlas dictado —según se decía—, si dictaba en alemán o en latín, o si había conseguido tan buen domino de la Biblia «por el celo de la lectura o simplemente como consecuencia de la unción divina».

La abadesa no solía contestar a preguntas tan indiscretas. Pero Wiberto no cejó en su empeño. Entregó una segunda carta a un caballero con quien tenía amistad y que precisamente iba de camino al monasterio, y esta vez por alguna razón Hildegarda se dignó darle una respuesta exhaustiva. Poco antes de abandonar este mundo, contaba por primera y única vez la naturaleza de su don divino a un monje completamente desconocido.

La anciana lo explicaba así:

> Pero no veo estas cosas con los ojos ni oigo con los oídos del exterior, ni los percibo con los pensamientos de mi corazón ni por mediación de cualquiera de mis cinco sentidos. Tan sólo las veo en mi alma, con mis ojos carnales abiertos, de manera que nunca he sufrido la pérdida de conocimiento que es propia del éxtasis, sino que lo veo todo estando consciente, de día y de noche. La luz que percibo no viene de ningún lugar concreto. Es mucho, mucho más clara que una

nube que albergara consigo al sol. [...] Se me dio a conocer como la «sombra de la luz viva». Y de igual manera que el sol, la luna y las estrellas se reflejan en el agua, así en ella resplandecen para mí los escritos, las palabras, las virtudes y ciertas obras de los hombres.

Wiberto se da cuenta de que las visiones de Hildegarda son experiencias intensas en todos los sentidos:

Veo, oigo y sé al mismo tiempo, y en un instante aprendo cuanto sé. Pero lo que no veo, no lo sé, pues soy ignorante y tan sólo me han enseñado a leer sencillamente unas letras. Y lo que escribo, lo veo y oigo en la visión, y no añado más palabras que las que oigo y pongo como las oigo las llanas palabras latinas. Pues en la visión no se me enseña a escribir como un filósofo.

Su visión es, por tanto, intuición, pura experiencia interior «con los ojos abiertos» sin fenómenos exteriores de naturaleza extática. Hildegarda logra al mismo tiempo tanto salir de sí como adentrarse en sí por igual. Se trata de visiones muy concretas, donde se une el ver, el oír y el sentir. La visionaria Hildegarda descubre la verdad de Dios en la realidad visible, percibe la profundidad de la realidad, un sentido en las cosas, y en él ve la huella de Dios. A veces, en algunos pocos momentos de felicidad, le es dado avanzar hacia aquella «sombra de luz»; ocurre de manera conmovedora, como lo describe la anciana de setenta y siete años:

A veces, no muy a menudo, veo otra luz dentro de la luz, que me es conocida como «la luz viva». No sabría decir ni cuándo ni cómo la veo. Pero en tanto la veo, desaparecen de mí todo miedo y tristeza, de forma que me siento como si fuera una joven doncella y no una anciana [...].

Wiberto conservó la carta como si se tratara de una valiosa reliquia. La llevó a la iglesia más cercana, la colocó sobre le altar y rogó al Espíritu Santo que la concediera un corazón receptivo. Sólo entonces se atrevió a leer la carta hasta dos y tres veces en la iglesia. Al día siguiente estaba leyendo la carta para un círculo de clérigos y laicos, entre los que se encontraba el entonces abad Ruperto de Königstal, que sentado guardaba silencio largo tiempo. Y de repente exclamó entusiasmado:

> Los agudos maestros de Francia no son capaces de escribir algo así. [...] Con sus corazones secos y sus gruesos mofletes sólo son capaces de emitir un griterío de dialéctica para perderse en cuestiones y disputas [...] En cambio esta bienaventurada mujer se centra sólo en lo esencial: es capaz de crear a partir de su riqueza interior y la difunde para calmar la sed del sediento.

Podemos entender perfectamente a Ruperto.

Probablemente estaba tan impresionado por la enjundia y seriedad de esta cadena de visiones como muchos de sus contemporáneos. Hildegarda apenas se ocupó de la interpretación espectacular de cualquier acontecimiento preocupante, y aunque le fueron atribuidas facultades de vidente, siempre se opuso con vehemencia a todos los intentos de convertirla en un oráculo interesante. Cuando los monjes de Villers le mandaron a través de su amigo Wiberto un paquete de llamativas cuestiones teológicas (entre otras cosas querían saber qué idioma hablaba Dios en el paraíso y qué figura corporal tenían los ángeles, a quienes Abrahán había ofrecido carne de ternera, pan blanco y leche), Hildegarda se excusó primero pretextando enfermedad y exceso de trabajo, y luego ante los insistentes requerimientos de los monjes, contestó tan sólo a un par de preguntas y les envió una copia de su *Libro de los méritos de la vida*, que los afortunados monjes emplearon para la lectura de la acción de gracias. De esta forma tan diplomática supo formular Hildegarda sus reproches. Los monjes habrán entendido el mensaje: hay cosas más importantes que vuestras alambicadas cuestiones.

En manera alguna quería jugar a ser adivina. Por norma general las visiones de Hildegarda tenían un exigente contenido teológico central (las cuestiones preferidas de su tiempo, como los coros de ángeles y la naturaleza del infierno, sólo las trató marginalmente) y un declarado objetivo catequético. «Los hombres deben aprender a reconocer a su Creador», con estas palabras expresa la misma voz que aparece en la visión la intención de la misma. A sus contemporáneos, que parecen haberse olvidado de Dios, les quiere enseñar «cómo se entra en la salvación».

Esta experiencia, la de no ser el individuo mismo el que actúa sino ser propiamente un portavoz de Dios, es un rasgo característico de la mística. ¿Era Hildegarda una mística?

Con seguridad no fue la primera –pese a que en el siglo XII las visiones eran algo casi exclusivamente propio de hombres– ni la antecesora de otras «amantes místicas» tan emocionalmente características como Matilde de Magdeburgo o Gertrudis de Helfta. Pero Hildegarda era bien diferente, más sobria, más sustancial y objetiva incluso en sus estudios celestiales más elevados. Ya en la misma forma de expresión se abre un abismo. Hildegarda prefería el estilo sobrio y poderoso de los profetas del Antiguo Testamento, en lugar de imitar un estilo poético lírico y sentimental.

También el contenido es distinto. En pocas palabras, Hildegarda trata más la información que el sentimiento. No sueña con una unión mística con el novio celestial, sino que intenta reconocer a Dios por medio de su Creación. No quiere mantener ninguna confiada conversación privada con el amigo de su alma, sino por la contemplación del rey celestial en la Creación y a través de la providencia en la totalidad de las cosas. Pretende comprender las leyes de la historia de la salvación (Hildegarda sentía un respeto sagrado por la razón divina y la capacidad humana de conocimiento), en lugar de deleitarse con los goces del paraíso.

Al margen de todas las tendencias individualistas de su tiempo –desde el aislamiento del altar en el edificio de la iglesia, hasta la convergencia de las epopeyas caballerescas en un héroe único hecho a sí mismo, pasando por los retratos de la escultura gótica–, Hildegarda logró ocultar consecuentemente su propio yo en cada una de las visiones. «Podemos ir página por página. No encontraremos a la persona que fue Hildegarda», se lamenta una excelente conocedora de su obra.

> Cada visión comienza con un «yo». Pero ese «yo» es como una puerta, por la que entra otro. Cuando Él aparece, ya no se ve más la puerta.

«Dios y alma», semejante expresión vaporosa resulta ajena a Hildegarda. Ella trata de una interpretación religiosa del universo, de una vida cristiana en el mundo, cuya miseria y belleza ve de manera muy realista, siempre como modo de llegar a Dios.

Muy diferente, un siglo más tarde, era la cisterciense Gertrudis de Helfta, cuyo confiado trato con el divino novio culminaba cuando recibía los estigmas del Señor y ambos compartían místicamente sus corazones. Muy a menudo el Señor la arrebata a los cielos permitiéndole disfrutar del aire del paraíso. Allí, entre sus interlocutores favoritos, se encontraban el apóstol Juan y santos como Agustín, Benito o María Magdalena. Para no ser injusto, hay que decir expresamente que por supuesto santa Gertrudis no se había reservado tales dichas para sí egoístamente; sus escritos enriquecieron la vida espiritual de mucha gente, y lo hicieron justo por el estilo personal y por el poder de convicción propio de una experiencia directa.

Matilde de Magdeburgo, amiga de Gertrudis, logró expresar de un modo clásico la subjetividad de una relación semejante con Dios mediante esta oración:

> Señor, padre celestial, entre Tú y yo corre incesantemente un aliento misterioso, en el cual yo quisiera conocer muchas maravillas y cosas inexplicables.

Estas tendencias intimistas ya se aprecian en la religiosidad de tiempos de Hildegarda, pero ésta se mantiene al margen de algo así, por muy apasionadamente que cante y hable del amor de Dios. Para Hildegarda este amor incumbe a toda la humanidad o a cada uno por separado; pero jamás se le ocurrió hablar de su relación puramente personal con Dios. Cuando escribe una plegaria en sus visiones majestuosas, como si fuera una respuesta, entonces es la Iglesia siempre la que habla, es siempre una oración colectiva. La Iglesia se dirige a Cristo por los títulos que Éste recibe; Hildegarda rara vez utiliza el apelativo más personal de «Jesús», ¡pero con qué ternura se dirigía a la *humilis puella* María, a la «humilde doncella»!

En lo que a Hildegarda se refiere, no podemos pensar en un tipo de amor divino de claras connotaciones eróticas, como puede verse en las místicas posteriores.

> Estando frente a la cruz, me desprendí de mis ropas y me ofrecí a Él. Entonces le prometí que preservaría mi castidad y que nunca le causaría herida por ninguno de los miembros de mi cuerpo.

Semejantes experiencias de Ángela de Foligno jamás las hubiera sentido Hildegarda, ni por supuesto las hubiera puesto por escrito. Y jamás se le hubiera ocurrido besar las enrojecidas heridas de Jesús, como Gertrudis, o recostar a

Dios en un lecho y acomodarle con almohadas, como Matilde.

Es posible que esta mística erótica tuviera su valor como reacción contra la opresora teología misógina de la época, o como aportación favorable a la igualdad de la mujer amada por Cristo. Hildegarda formulaba su consciente cualidad femenina en un plano diferente. Nunca necesitó de revelaciones privadas; le bastaba la Biblia y la tradición eclesiástica, con las que tenía una relación muy particular e intuitiva.

Es preferible, por tanto, no hablar de Hildegarda como de una «mística». Presumiblemente sus contemporáneos la entendieron mejor cuando a esta monja tan admirada le dieron el sobrenombre de *prophetissa teutonica*: profetisa alemana. Ya se la comparó en aquel entonces con la Débora del Antiguo Testamento, y de hecho, su ya mencionada vocación recuerda de manera sorprendente los diálogos de Yahveh con Isaías, Jeremías y con los demás profetas que Dios escogió para su vacilante pueblo, y que al principio reaccionaron de una manera tan titubeante y evasiva como la pequeña monja Hildegarda.

Los místicos añoran la unión con Dios; miran en su interior y allí encuentran a Dios. Los profetas están listos para transmitir un mensaje a los hombres; buscan a quien pueda escucharles. Los profetas no difunden ideas propias, sino que se limitan a referir fielmente lo que Dios les ha encargado. ¿Cómo lo expresa Hildegarda?

El hombre, que ve esto y lo refiere por escrito, ve y, sin embargo, no ve; capta lo terrenal y, sin embargo, no lo capta. No refiere él mismo las maravillas de Dios, sino que es tocado igual que un intérprete toca un instrumento de cuerda, para que no salga el tono de sí mismo, sino que sea otro quien emita la nota.

Un profeta repliega su propia personalidad, se limita a ser el abogado de Dios, su intérprete y portavoz. Hildegarda asumió la misión de ponerse a escribir, «no como lo desea tu corazón, sino como lo quiere mi testimonio». ¿Qué puede haber que sea más característico de una profetisa?

Todos, místicos y profetas, tienen en común no la preocupación por cuestiones teóricas de teología, sino que transmiten la experiencia religiosa e invitan a ella. Por eso son imprescindibles para la Iglesia. Pues el cristianismo no es ningún sistema de pensamientos y normas, en las cuales se deba creer, sino una experiencia de fe, que se convierte en una buena nueva, en la proposición de experimentar una nueva posibilidad de vida.

Profetisas –o si se quiere, místicas– como Hildegarda invitaban a hablar con entusiasmo sobre la fe y a regocijarse en Dios, y no a levantar perfectos y alambicados edificios conceptuales, ni a confundir la teología con malabarismos lógicos. Profetisas o místicas como Hildegarda rescatan el misterio y la inaccesibilidad de Dios de los fanáticos del entendimiento y de una vertiente demasiado intelectualizada de la fe. Profetas y místicos ejercen asimismo una función de crítica institucional; la Iglesia establecida no les ha tenido nunca especial predilección porque su espontaneidad suele causar intranquilidad en el orden establecido y despiertan la peligrosa nostalgia de los orígenes.

Y surge la cuestión que inevitablemente se plantea: ¿fue realmente Dios quien dictó a Hildegarda todas aquellas escenas, cantos de alabanza, exhortaciones y reglas? ¿Fue sólo su fructífera e infinitamente productiva fantasía que se revistió con el ropaje convencional de la inspiración divina? ¿Podría no haberle quedado otra opción a la atrevida monja sino la de ocultarse tras la autoría ajena de la palabra de Dios, porque a una mujer, en tanto mujer, no le estaba permitido en aquel entonces intervenir en discusiones teológicas con su propio nombre sino como la voz de alguien por encima de ella? ¿Despreció su formación literaria de manera tan clara sólo porque una profetisa o una mística parecían más piadosas cuanto menos talento propio exhibieran? ¿Se entendería mejor de esta manera su crítica velada a la teología profesoral de la Escolástica, que ella oculta en la visión de una futura era de paz? En ese caso no serán los *doctores*, sino los profetas quienes eduquen a las naciones.

No podemos responder aquí estas preguntas. Además de que excederíamos los estrechos límites de una breve biografía, propiamente sólo los «aludidos» pueden dar una respuesta. Y no, tampoco es importante la cuestión de si Hildegarda entendió tan bien el cosmos y la historia de Dios con los hombres solamente gracias a su intuición o porque Dios hubiera dirigido su mirada. La cuestión está en aprender de Hildegarda, y en poder ver el mundo a través de su mirada despierta, y no en convertir cada frase de sus escritos en un evangelio.

En cualquier caso, no parece que Hildegarda hubiera sufrido alucinaciones. El único estudio patográfico –completamente crítico– sobre la imagen de su enfermedad y sobre su estado de excitación aporta una total certeza: habría que excluir la presencia de auténticas alucinaciones, porque no puede hablarse en realidad de un proceso de enfermedad psicótica en Hildegarda, puesto que ya en su más tierna infancia habría experimentado estas visiones –cosa que no se puede confundir con un engaño de los sentidos– y porque una alucinada hubiera tenido más dificultades en distinguir sus visiones interiores y las impresiones exteriores causadas por los sentidos. Margarete Hattemer, la autora de este estudio, considera que sus visiones debían de ser un fenómeno eidético, es decir, hay que entenderlas como la forma de una representación del mundo extraordinariamente vívida: los sujetos eidéticos no sólo pueden representarse su imaginario interior de manera extraordinariamente viva, sino que literalmente ven, oyen y tocan. También Hildegarda ve y oye al mismo tiempo.

Pero aquí nos encontramos de nuevo con esa cuestionable sabiduría de los *doctores*, los cuales no han tenido mucho que decir en los últimos tiempos.

EL MAL LATÍN DEL ESPÍRITU SANTO

En comparación con el mundo masculino de la sabiduría medieval, Hildegarda se caracteriza por no haber estado rodeada de un equipo de teólogos, ni siquiera cuando ya era una figura célebre, y obispos y abades rivalizaban entre sí por el honor de recibir un escrito suyo. Prefería entregarse a su propia inspiración, aunque sin llegar a trabajar con la soledad propia del eremita. Las visiones del *Scivias* las dictaba primero a su correligionaria Ricarda, hija de la margravina de Stade, a la cual elogia en el prólogo como «doncella noble de buenas costumbres» y que luego habría de ocasionarle grandes disgustos.

El siguiente secretario de Hildegarda fue Volmario, un monje muy inteligente de Disibodenberg, preboste del monasterio de monjas de clausura y su antiguo maestro. En una adición a la última visión, contenida en el llamado *Riesenkodex* («códice gigante») de la biblioteca regional de Hesse en Wiesbaden, Hildegarda dejó un delicioso testimonio sobre Volmario:

> En aquel tiempo, trabajaba poniendo por escrito en un libro la verdadera visión, con la ayuda de un monje temeroso de Dios que vivía bajo la regla de los benedictinos. Entonces la tristeza atravesó mi alma y mi cuerpo, porque yo, compungida por la muerte fatal de este hombre, me quedé como una huérfana en este mundo. Pues aquél, al servicio de Dios, había recogido todas las palabras de esta visión, de manera

muy atenta y con un esfuerzo ininterrumpido, encargándose de la corrección. Y siempre me animaba a no abandonarla por cualquier debilidad corporal que pudiera tener, y a trabajar en ella de noche y de día, y a escribir todo cuando me hubiera sido mostrado en aquella visión.

Después vinieron todavía Wezelino, preboste del monasterio de San Andrés de Colonia, sobrino de Hildegarda, y naturalmente el ya mencionado Wiberto, último secretario de la monja hasta su muerte. Y por último las monjas de Rupertsberg, que se encargaron de copiar sus obras en el *scriptorium* del monasterio. Hildegarda ruega en el epílogo que Dios les haya concedido a todos ellos, que estuvieron a su lado y la consolaron, la felicidad eterna en la Jerusalén celestial. Pese a tantas muestras de agradecimiento no hay que perder de vista los límites claros impuestos a sus colaboradores, que tan sólo podían corregirle los errores gramaticales.

Lo corrobora con toda claridad el monje Teodorico de Echternach en su biografía de Hildegarda:

> También esto es algo grande y digno de admiración: el hecho de que todo cuanto veía y oía en espíritu, lo ponía por escrito con el mismo significado y con las mismas palabras con prudencia y puro corazón por su propia mano; le bastaba una sola persona de confianza que fuera confidente de los secretos. Este confidente suyo tenía la sola misión de controlar la gramática que ella no dominaba lo bastante bien, poniendo correctamente los casos, los tiempos y el género de las palabras. Sin embargo, lo que no podía hacer era añadir o quitar algo relacionado con el sentido o la comprensión del texto.

La misma Hildegarda corrobora esta información en una carta al papa Anastasio IV, sucesor de Eugenio, con su peculiar mezcla inimitable de humildad y seguridad en sí misma:

Pero Él, que es grande sin menoscabo, ha tocado ahora una humilde tienda, para que contemple maravillas, forme letras desconocidas y las haga pronunciar una lengua desconocida. Y le fue dicho: «Expresa todo esto en el idioma que te ha sido comunicado desde arriba y no en la forma habitual de expresarse que tienen las personas, pues no te ha sido concedido dominar esta forma; y aquel que tenga la lima, que se aplique a limar bien, hasta que alcance la resonancia que sea adecuada para los hombres».

Al maestro Volmario le permitía corregir la gramática, pero debía abstenerse de modificar el contenido o el estilo. Eso fue lo que intentó Wiberto de Gembloux, que convenció a la anciana monja para que le autorizara a modificar sus visiones con un elegante latín. Pero esta injerencia no mejoró el resultado. Por suerte tan sólo pasaron por manos de Wiberto las breves noticias de Hildegarda sobre la vida de san Martín, que quedaron escritas en un idioma artificioso lleno de hermosas formas vacías, más agudo quizá, pero sustancialmente más pobre que su estilo, que habitualmente era más sencillo, e incluso tosco.

Esto podemos reconocerlo tranquilamente sin temor a menoscabar el genio de Hildegarda: no siempre la lectura de sus visiones resulta cómoda. Ese latín torpe y desmañado tropieza pesadamente. Pero después vibra de nuevo la representación, la visionaria parece no saber dónde albergar tales pensamientos y alegorías, va siempre errante de tema en tema, se enreda en vericuetos laberínticos, de los que siempre consigue encontrar milagrosamente y de repente la salida. No pocas veces se pierde en un estilo prolijo lleno de repeticiones.

No sorprende, por tanto, que los cultos filósofos se quejaran por este tipo de lenguaje. Rozaba la blasfemia atribuir semejante estilo al Espíritu Santo, se espantó uno de ellos en 1716. Resultaba inimaginable que aquellas obras hubieran sido escritas precisamente entonces, en la época en que el latín medieval, flexible, conciso y expresivo, experimentó un último florecimiento. Sus críticos no alcanzaban a comprender que Hildegarda no hubiera hecho ningún estudio de retórica en su monasterio como sus colegas escritores en las escuelas catedralicias, así como que hubiera elegido deliberadamente su estilo mediocre para distinguirse del elegante y complaciente de la poesía de su tiempo. Ascetismo riguroso también en el estilo literario. Los lectores no deben deleitarse en sus libros, sino dejar que Dios les enseñe cosas que son decisivas para sus vidas.

Pero ¡de cuánta fuerza poética es capaz esta monja pese a no poseer ningún talento retórico! ¡A qué alturas se eleva en los mejores pasajes de sus libros desde las profundidades de innumerables y agotadoras enumeraciones retóricas! Sus visiones de Dios pueden seguir cautivando al lector contemporáneo:

> Yo, que soy el Yo sin origen, y en que todas las cosas tienen su comienzo y que soy Yo el Anciano de los Días,[3] digo: Yo soy el día de mí mismo, un día cuyo brillo no viene del sol, sino que él causa su brillo al sol. Yo soy la razón, que no se hace perceptible por obra de otro, sino que es de quien respira todo ser. De esta forma he hecho un espejo de mi imagen, en que contemplar el milagro de mi Creación, que no terminará nunca. Me he preparado esta suerte de espejo para mí, en que se escuchen cantos de alabanza, pues Yo tengo una voz que es como el sonido de un trueno, con la cual Yo mantengo en movimiento el tono vital de todas las criaturas. Esto es lo que he hecho yo, el Anciano de los Días.

Una verdadera catedral de palabras, masiva, como levantada sobre los bloques de piedra de una catedral gótica. O también su descripción de la encarnación de Cristo, que nació en el corazón del Padre:

---

[3] Anciano de los Días: es como se denomina a Dios en la Biblia (Daniel 7,9). *(N. del T.)*

La vida yacía oculta en el interior del Todopoderoso y permanecía en silencio hasta que brilló la blanca, resplandeciente nube, hasta entonces tan oscura. Entonces irrumpió la aurora y bañó al sol. Éste irradió sus rayos y construyó una magnífica ciudad. Erigió doce luces y en la tercera parte del sueño hizo que despertaran aquellos que más profundamente dormían. Y enrojecieron todas las águilas, que poblaban la brillante nube blanca [...] Y así en medio del fuego, apareció el mundo nuevo que fluía de las aguas. Colinas y montañas quedaron empapadas. Y el cosmos todo cantó el canto de los ángeles.

¡Qué diferencia con la almibarada sensibilidad de muchas canciones navideñas hasta el día de hoy! Degustemos todavía un poco más: la visión de Hildegarda sobre la caída de Lucifer, procedente de su *Libro de las obras divinas*:

El enjambre innumerable de chispas, que se abrazó al primer ángel caído, brilló nuevamente con la belleza de todo su esplendor, para iluminar así el mundo. Pero aquél, que tenía que saber que pese a todos sus ornamentos sólo había de servir a Dios, se separó de Su amor y se hundió en las tinieblas, cuando se atrevió a decir: «¡Qué cosa tan maravillosa sería si pudiera obrar por mi propia voluntad y hacer obras que sólo he visto hacer a Dios!». Todo su séquito le siguió [...] Entonces se inflamaron los ojos de la única eternidad. Ésta se encrespó en un violento tumulto y derribó al primer trasgresor junto a los ángeles que eran sus servidores [...], como si fuera un trozo de plomo lo derribó.

Es un auténtico fenómeno: el mísero latín, con el que ella escribe y dicta, claramente apenas puede contener el poder expresivo de esta monja. Maneja soberanamente las imágenes, emplea de forma certera las comparaciones y sabe imponer plasticidad y color. Se burla de los hombres que ladran como perros y que intentan cantar de noche como gallinas, pero que apenas son capaces de soltar un estúpido cacareo. Advierte contra la soberbia, que ya se afana por trepar aún antes de haber visto la escala, y exhorta a una abadesa a guardar sus buenas obras en el interior de su corazón. En cierta ocasión comparó el alma humana con el largo vuelo de un pájaro; al igual que el pájaro no podría ascender sin el aire que lo impulsa, tampoco el cuerpo humano sería capaz de ponerse en movimiento por sí solo, sino gracias al alma.

Con su potente lenguaje de imágenes, su teología «pictórica», elude Hildegarda los conceptos abstractos de los teólogos escolásticos, característicos entonces de los monasterios. Entre monjes y monjas, la forma de expresión claramente ilustrativa de la Biblia y de los Padres de la Iglesia era mucho más popular que el aparato conceptual de afilada formulación dialéctica propio de la nueva teología.

Bernardo, con su repugnancia hacia un «conocimiento que ensoberbece», había aconsejado ir al estudio recordando la Biblia con su lenguaje de comparaciones sencillas.

Comportémonos como la Sagrada Escritura, la cual nos refiere el misterio de la oculta sabiduría con palabras que son las nuestras propias; cuando nos habla de Dios, lo representa con ayuda de nuestros mismos sentimientos y percepciones. La invisible y oculta realidad de Dios, que es de tanto valor, las Escrituras la hacen accesible para el espíritu humano como en recipientes de menor valor, en comparaciones, que han sido tomadas del sentido de cosas que conocemos. También nosotros queremos servirnos de este casto lenguaje.

Con un «recipiente de menor valor» Hildegarda se habría sentido identificada de inmediato. Pues no quería ser más que una «débil sonido de trombón de la luz viva».

Pero Él, que es grande sin menoscabo, ha tocado una humilde tienda, para que contemple maravillas...

III

FUERZA Y DEBILIDAD DE UNA ABADESA

9.

DISTANCIAMIENTO DE LOS BUENOS MONJES

No temas tanto, pues Dios no está buscando continuamente en
ti nada que sea demasiado celestial.

Hildegarda al abad de Hirsau

En la sala capitular de los benedictinos de Disibodenberg,
por lo general un lugar de discusiones regladas y donde el
abad impartía mesuradamente sus enseñanzas, se escucha
un tumulto inaudito: desde fuera puede oírse una encendida discusión entre el monje de la portería y una mujer
evidentemente airada y descontrolada. De repente esta
mujer se coloca llena de rabia ante la puerta de entrada de
la sala capitular y lanza una lluvia de acusaciones y reproches al aterrorizado monje.

«¡Sois los peores bandidos imaginables!», grita, y acto
seguido echa mano de las imágenes bíblicas para apoyar
sus reproches: «¡Sois semejantes a los hijos de Belial y ha-
béis perdido de vista la justicia de Dios! ¡Por eso seréis
exterminados el Día del Juicio!». Los buenos monjes se
sentirían muy ofendidos al ser comparados con los paganos y enemigos de Dios del Antiguo Testamento: «Pero si
perseveráis contumaces en vuestra resistencia y en rechinar
los dientes contra nosotros», amenaza la enardecida anciana, «entonces, ¡seréis semejantes a los amalecitas y a Antío-
co, de quien está escrito que había robado el templo del
Señor!»

Quizá la enfurecida visitante se atrevió a tratar con tal brutalidad a los monjes, porque había vivido durante cuarenta y cuatro años en Disibodenberg y conocía bastante bien a aquellos a quienes estaba regañando. Por lo demás, Hildegarda, pues naturalmente es de ella de quien estamos hablando, tenía sus buenas razones para estar tan enfadada. Pues a pesar de que el convento de Disibodenberg había autorizado la construcción de un monasterio femenino propio en Rupertsberg y había dado el visto bueno para la salida de las monjas, ahora se ponían todo tipo de obstáculos inimaginables. De lo que se trataba fundamentalmente, pues los monjes son también seres humanos, era de dinero, pero parte del problema era también la prominente Hildegarda, a la que de buena gana se hubiera retenido en Disibodenberg para aprovecharse de ella como objeto de prestigio.

En la *Vita* de Hildegarda se describe con fidelidad la conflictiva historia del traslado como sigue:

> Puesto que el monasterio ya no podía alojar a todas y se pensaba en una ampliación del edificio o en un traslado, en ese momento a Hildegarda le fue señalado por el Espíritu Santo aquel lugar, en que el Nahe se une al Rin, donde se encuentra la colina, que desde antaño debía su nombre al santo confesor Ruperto. [...] La doncella de Dios no había visto con sus ojos mortales el lugar, adonde deseaba trasladarse, sino que lo había reconocido en una visión interior, según le dijo a su abad y a los demás hermanos. Sin embargo, éstos vacilaban en dar autorización a Hildegarda, pues no veían con buenos ojos que se fuera. Pero para que no se le impidiera llevar a cabo el mandato de Dios, Hildegarda, como antes, cayó enferma y guardó cama. Y no pudo levantarse del lecho, hasta que el abad y los demás monjes reconocieron que había sido urgida por un mandato divino, y no podían demorar por más tiempo su autorización, sino animarla como fuera posible a seguir adelante.

El texto representa no sólo ejemplarmente cómo Hildegarda solía resolver sus problemas, pues la resistencia de los demás o su propia falta de capacidad para llevar a cabo sus decisiones le ponían enferma literalmente, y su aparente invalidez remitía cuando su entorno se daba por vencido o ella recuperaba nuevamente las fuerzas. También se aprecian con claridad las necesidades materiales, detrás del «mandato divino», que hacían aconsejable el traslado. Pues la fama de Hildegarda atraía a Disibodenberg continuamente nuevas vocaciones, ya no quedaba sitio. Cuando la venerable Hildegarda abandonó en 1150 el que había sido hasta entonces su domicilio, la siguieron veinte correligionarias.

Pero puede que también desempeñara cierto papel el deseo de eludir la bienintencionada tutela del abad Kuno y sus monjes. Por tanto, un caso habitual de segregación, acentuado por las tendencias de la época que fueron haciendo cada vez más difícil la existencia de monasterios dúplices con dependencias para hombres y mujeres. Demasiado a menudo habían llevado la voz cantante algunas abadesas en aquellos monasterios dúplices, naturalmente para disgusto de la dirección eclesiástica masculina, y por supuesto tampoco podía sorprender que se hubieran producido escándalos, debido a la estrecha cercanía existente.

En cualquier caso, Hildegarda –o la inspiración celestial que recibió, si se quiere– estuvo muy acertada en la elección de Rupertsberg. En lugar de las soledades boscosas recién abandonadas de Disibodenberg, la nueva residencia se situaba en la convergencia de dos importantes rutas comerciales de la Edad Media. No es sólo que aquí confluyeran el Nahe y el Rin, sino que además se encontraban antiquísimas vías romanas, por las que los comerciantes de Tréveris y Colonia se dirigían a Maguncia, donde residía el canciller imperial, y a Ingelheim, a cuya corte solían acudir los emperadores (Hildegarda pudo haberse ganado allí el interés de Federico Barbarroja por su monasterio). Bingen, situada frente a Rupertsberg al otro lado del Rin, era una estación aduanera dentro del importante tráfico naval. La antigua ciudad romana de Bingen [Bingium] unió su nombre al de Hildegarda.

¡Y sin embargo, qué tremendo contraste cuando se subía a Rupertsberg desde estas pujantes rutas comerciales! Las tumbas de san Ruperto, hijo de un duque, y de su madre, antaño meta de piadosas peregrinaciones, se encontraban ahora en una situación desoladora, probablemente la iglesia no era más que una ruina. Por doquier, todo estaba reducido a un estado salvaje, sin caminos ni senderos ni abastecimiento de agua. Cuando los monjes de Disibodenberg, fructífero y repleto de viñedos, se obstinaban en no querer dejar marchar a «sus» monjas hacia aquellas soledades, pudieron esgrimir sus buenas razones. Afirmaban que la visión de Hildegarda había sido engañosa.

Pero la obstinada monja reaccionó con la perseverante testarudez que tan a menudo le había ayudado a imponer su voluntad, y cayó en un estado de enfermedad paralizante:

> Cuando oí esto, mi corazón se nubló, mi carne y mis venas se paralizaron. Y cuando ya llevaba varios días en cama, escuché una poderosa voz que me prohibió escribir o hablar en este lugar nada más acerca de la visión.

Con ello consiguió presumiblemente despertar los remordimientos tanto del abad como quizá de muchas de sus correligionarias, asustadas ante el panorama de penalidades que habrían de afrontar con la fundación del monasterio en aquel páramo. Al mismo tiempo, puso en movimiento un segundo resorte: la leal margravina de Stade, cuya hija era secretaria de Hildegarda, se dirigió a Enrique, arzobispo de Maguncia, sin ni siquiera consultárselo al abad Kuno. Seguramente éste también consideraba una tontería confiar a un puñado de monjas inexpertas la transformación de un páramo en suelo cultivable, pero el decidido tono de la margravina hicieron que tanto el abad como el capítulo catedralicio se encogieran de hombros, dándose por vencidos. «Dijeron que cualquier lugar, por las solas y simples buenas obras, sería un lugar sagrado», señala lacónicamente la *Vita* de Hildegarda.

El arzobispo autorizó el traslado, y los condes de Wenerde, a quienes pertenecía la colina y las ruinas de la iglesia, vendieron el terreno de buena gana, y el abad Kuno llevó la buena nueva y le comunicó a la maestra Hildegarda (quien yacía rígida «como una peña») que en nombre de Dios ya podía marcharse al lugar que el cielo había elegido para ser su morada. Y he aquí que «apenas hubo dicho estas palabras, se levantó a toda prisa como si durante aquel largo tiempo no hubiera sufrido ninguna dolencia».

Tan pronto como se marcharon las veinte monjas, los monjes empezaron una poco elegante política obstruccionista. Mientras que las monjas desbrozaban laboriosamente los asilvestrados campos de Rupertsberg y trabajaban en la construcción de la iglesia, sus antiguos correligionarios se negaron de repente a darles las ganancias de los bienes raíces que pertenecían al monasterio, con lo que la existencia material de la comunidad de monjas se vio amenazada. Por suerte la nobleza prestó su ayuda; la margravina regaló a las atribuladas hermanas una propiedad en Bingen, los hermanos Bermersheim –parientes de Hildegarda– donaron parte de las propiedades familiares y el arzobispo Enrique les posibilitó la compra de un molino.

Por todo esto la vida en Rupertsberg no fue durante algún tiempo ninguna bicoca. Hasta entonces apenas había una humilde iglesia, de la que sabemos que el arzobispo Enrique la había consagrado el primero de mayo de 1152; huertos, viñas y campos se habrían dispuesto sólo tras un arduo trabajo. No sorprende, por tanto, que muchas señoritas nobles añoraran con nostalgia la vida más cómoda de Disibodenberg ni que el entusiasmo inicial se esfumara pronto.

¿Obedecía Hildegarda la regla de manera tan extrema para sumir a sus monjas en el miedo y tenerlas en un puño, ejerciendo así su poder? Varias correligionarias abandonaron Rupertsberg y se trasladaron a monasterios mejor equipados. Cuando se agudizaron los problemas con el monasterio de Disibodenberg, al retener los monjes para sí las propiedades correspondientes a las monjas y al no reaccionar a los requerimientos hechos, la abadesa acabó derrumbándose bajo el peso de los problemas.

«Enfermó casi hasta la muerte», apuntaba la *Vita* con toda brevedad, tales informaciones no eran nada nuevo. Sin embargo, «ese golpe fue una advertencia para ella». Reunió las fuerzas que le quedaban, pese a su debilidad mandó que la pusieran a lomos de un caballo, y es entonces cuando tuvo lugar la escena precedente en la sala capitular. «Apenas había emprendido un breve trecho», dice su biografía, «entonces le volvieron las fuerzas y cabalgó con alegría». Pese al mal recibimiento del que fue objeto —«algunos de entre tus hermanos gritaban como contra un pájaro de mal agüero y un horrible monstruo», le escribió más tarde al abad— consiguió que se le garantizara por escrito la independencia de sus monjas.

Pero sus admoniciones alcanzaron aún al abad: «Las donaciones hechas a ellas no te pertenecen ni a ti ni a tus hermanos. Es más, vuestra propiedad debe ser su lugar de refugio». En el acuerdo concertado con el abad Kuno, ésta cedía la mayor parte de los derechos de propiedad de las monjas, «y además una suma de dinero no pequeña, para que ya no hubiera ninguna razón más para el descontento». El monasterio de Rupertsberg se encontraba ahora únicamente bajo la autoridad del arzobispo y podía elegir libremente a su abadesa; la abadía de Disibodenberg se obligaba al cuidado espiritual de las monjas mediante un sacerdote, al que ellas mismas podían elegir.

Pero de nuevo surgieron desavenencias, cuando el abad Helengero —sucesor de Kuno— quiso apartar de las monjas a Volmario, sacerdote del monasterio y fiel consejero de Hildegarda. La abadesa se puso nuevamente manos a la obra y consiguió fijar por escrito las relaciones entre ambos monasterios. Ahora por fin parecía que se había conseguido la autonomía del monasterio. El número de monjas aumentó pronto hasta cincuenta, a quienes se unieron siete «huéspedes de Dios», mujeres pobres del entorno.

Las propiedades adquiridas por las donaciones, establos y campos de cultivo, viñedos, los derechos a prestaciones naturales de distintas aldeas, todo ello posibilitó cierto bienestar a la abadía con el paso del tiempo. Hildegarda consiguió imponer su voluntad como rectora del monasterio: se ocupó de que fueran introducidas modernas medidas higiénicas y que hubiera agua corriente en cada sala de trabajo, lo que para entonces constituía una pequeña novedad, igual que lo era el coro de monjas situado entre el ábside y la nave principal.

Oración, lectura espiritual y trabajo en casa y en el huerto constituían el día a día del monasterio. A las dos de la mañana las monjas se reunían por primera vez en el coro para celebrar los maitines, hacia las ocho de la noche se rezaban las completas. Aunque en Rupertsberg había personal de servicio, las monjas también habrán realizado las tareas propias de la cocina, la lavandería y las habitaciones de labor, pues Benito de Nursia había inculcado la obligación de trabajar argumentando que «el ocio es un pecado contra el alma». En lo que concierne al abastecimiento de víveres, los monasterios eran antaño ampliamente autosuficientes: los miembros de la orden cocían su propio pan, ordeñaban sus propias vacas, hacían su propia cerveza y cultivaban una amplia variedad de hortalizas en el huerto del monasterio.

La atmósfera espiritual que se respiraba de puertas adentro se caracterizaba por llevar impreso el carácter de la orden, que promovía una unión radical con Cristo y una exaltación de la vida en comunidad:

No anteponer nada al amor de Cristo. No ceder a la ira, no pensar en tomarse la venganza. No alimentar falsedad alguna en el corazón [...] No apartarse nunca del amor. [...] No ser un quejumbroso ni un calumniador. [...] Tener bien presente que Dios nos ve en todas partes. [...] No hablar mucho. [...] Cumplir efectivamente los mandamientos de Dios día a día. [...] Reconciliarnos con aquel con quien reñimos antes de que caiga el ocaso. Y nunca desesperar de la misericordia de Dios.

No obstante, volvieron a darse problemas de espacio. Tampoco el monasterio de Rupertsberg podía admitir a tantas monjas como querían ponerse bajo la tutela de Hildegarda (quien, hasta donde sabemos, fue la primera de todas las rectoras monásticas que recibió el título honorario de *abbatissa*). Con resuelta energía adquirió un monasterio agustino abandonado en la aldea vinícola de Eibingen, más allá de Rüdesheim, y fundó allí uno femenino para aproximadamente treinta monjas. No hacía muchos años que las tropas imperiales habían incendiado el edificio en una expedición de castigo contra el arzobispo de Maguncia. Ahora la abadesa reconstruyó las ruinas; en 1165 entraron las primeras monjas en Eibingen, al tiempo que las reliquias de los tres Reyes Magos traídas de Milán hacían su entrada triunfal más arriba, en Colonia.

Sin embargo, había otro motivo añadido para la nueva fundación que hoy nos despierta menos simpatía: puesto que el monasterio de Rupertsberg debía permanecer como un convento puramente nobiliario, Hildegarda se vio obligada a fundar aquel monasterio «mixto», en que también otras mujeres de condición más humilde pudieran encontrar su sitio.

Así eran las cosas en aquel entonces. Pero como ya hemos dicho, los monasterios tenían tantas y a veces tan costosas obligaciones, que debían preocuparse por disponer de la dotación necesaria, y por norma general sólo podían aceptar a aquellas monjas que aportaran una dote considerable. Si bien monasterios reformadores como Cluny, Hirsau y Citaux hacía tiempo que habían roto con los privilegios de la nobleza, Hildegarda cumplía todavía con la norma. Pero por otra parte había monjas que condenaban esto, con buenas razones teológicas, como veremos.

Hildegarda dirigía ahora ambos monasterios. Seguía viviendo en Rupertsberg, pero dos veces por semana cruzaba el Rin en barca, para visitar el monasterio de Eibigen, que estaba consagrado a san Gilberto. La enorme carga que suponía siquiera la dirección de un solo monasterio en aquel entonces, se deduce claramente de una inscripción en la abadía de Corvey: «Protege, Señor, esta ciudad, y que tus ángeles velen por sus muros».

No parece que la comparación con una ciudad amurallada fuera exagerada, pues de un monasterio formaban parte también establos y graneros, molinos, hornos, secaderos de malta, talleres para los aperos agrícolas y las obras de arte, escuela y biblioteca, huerto, cementerio, el alojamiento para la servidumbre, la casa de huéspedes, el hospital, y antiguamente también el *palatium*, un hospedaje habilitado para el rey, y por último algo no menos importante, una escuela para los niños del lugar.

La abadesa, que gobernaba este poblado reino, no sólo tenía que preocuparse por las almas de sus protegidos y de regular cientos de pequeños detalles que incumbían al monasterio. Como propietaria de la tierra mandaba sobre los campesinos dependientes, cobraba impuestos y deudas. En cuanto señora feudal tenía que comparecer a menudo ante los tribunales civiles, imponía sanciones, autorizaba compras y arrendamientos de parcelas de terreno, y de mercados y ferias. Dentro del obispado podía convocar sínodos locales y repartir beneficios a los clérigos. Pero cuanto requiriera una consagración religiosa le estaba vetado: no podía predicar ni tampoco otorgar los votos; ni siquiera le estaba permitido bendecir a sus correligionarias.

Mientras que el monasterio de Rupertsberg fue destruido por la soldadesca sueca en 1632 durante la guerra de los Treinta Años, la fundación monástica de Eibingen sobrevivió hasta la secularización. Las últimas monjas tuvieron que marcharse de allí en 1814. Una parte del monasterio fue subastado para su demolición, y poco después la comunidad de Eibingen adquirió la iglesia. Como consecuencia de un renacido interés por Hildegarda en el año 1900 se puso la piedra fundacional de la nueva abadía benedictina de Santa Hildegarda, unos cientos de metros más arriba de donde se hallara el antiguo monasterio de Rupertsberg. Pocos años después ingresaron en el monasterio monjas procedentes de Praga.

Hoy día esta abadía no es sólo un centro internacionalmente acreditado para la investigación sobre la vida y obra de Hildegarda, sino un floreciente refugio del modo de vida benedictino, basado en la oración y el trabajo. El monasterio dispone de viñedos y una excelentemente cuidada agricultura. Las monjas cubren sus necesidades entre otras cosas con la venta de vino, el comercio de obras de arte, una joyería y un centro de restauración para materiales de archivo eclesiástico. Y a buen seguro que todavía se afanan en fomentar, igual que hace ochocientos años, aquel espíritu que debió de reinar aquí en vida de Hildegarda y del que Wiberto habla a su amigo Bovo en una carta de manera exaltada, pero esperamos que fiel a la realidad:

Aquí se puede ver una maravillosa competición de virtud. Las madres premian con tanto amor a sus hijas y las hijas reverencian a sus madres de manera tan honorable, que con dificultad se podría distinguir en este celo si las madres superan a las hijas o las hijas a las madres. Estas servidoras consagradas honran a Dios con una convicción unánime mediante su fervor, a ellas mismas mediante su modestia, y entre sí mediante el respeto y la obediencia [...].

Además de esto, aquí puede verse otra maravilla. Este monasterio no ha sido fundado por un emperador o un obispo ni por uno de los grandes de este mundo, sino por una pobre, forastera y débil mujer. En poco tiempo [...] se acrecentaron tanto los edificios como el espíritu monástico, que todo está bien dispuesto con construcciones no pomposas, sino espaciosas y vistosas. Todas las necesidades de vestidos y alimentación están lo suficientemente cubiertas no sólo para los muchos huéspedes, que nunca faltan en la casa de Dios, y los empleados, de los que hay un buen número, sino también para las alrededor de cincuenta monjas que hay aquí.

Pero aquella que es la madre y rectora de este gran ejército, se entrega a todos con su gran amor. La pecaminosa soberbia, que a menudo nace de un puesto de honor, es pisoteada bajo el peso de la humildad. Ella concede el consejo solicitado, responde a las difíciles cuestiones que le son planteadas, escribe libros, enseña a las hermanas, guía a los pecadores que acuden a ella, y a todo ello dedica su atención.

10.

BUSCANDO A LA PERSONA
QUE FUE HILDEGARDA

A grandes rasgos ya hemos contado casi toda la vida de la abadesa de Rupertsberg, que dejó atónitos a sus contemporáneos como si fuera un milagro de Dios, quienes la llamaban la Profetisa de Alemania, y a la que todavía el papa Juan Pablo II, ochocientos años después, ensalzaba como a «una mujer de ejemplaridad única». Sin embargo, la persona que fue permanece borrosa y sin contornos definidos, la mujer, la hija de noble estirpe, la cristiana Hildegarda. Ni siquiera tenemos noticias de cuál debió de ser su aspecto físico: ni retratos ni estatuas que reproduzcan su apariencia en vida, ninguna miniatura oculta en las magníficas ilustraciones de sus libros.

Pero ni siquiera hay amables anécdotas sobre Hildegarda, tampoco leyendas, en una época en que las pías fabulaciones y los sentidos figurados solían cubrir cada aspecto de la vida. En la biografía más antigua sobre Hildegarda de los monjes Godofredo y Teodorico falta cualquier rasgo individual, definido. Ni siquiera mencionan que su hermana Clemencia vivió con ella en Rupertsberg, y que ya lo había hecho en Disibodenberg.

Tan sólo una correspondencia epistolar con un familiar suyo ha llegado hasta nosotros; se trata del arzobispo Arnaldo de Tréveris. Arnaldo intentó adular a su célebre tía advirtiéndole que «la amistad entre parientes es algo celestial. La vejez no la impide, sino la estimula», para a continuación pasar a un celoso reproche: ¿por qué la abadesa quiere más al «adulador», es decir, al hermano de éste, al noble Wezelino, que a él, al «verdadero amigo»? La respuesta de Hildegarda fue muy significativa: envió a su sobrino una especie de tratado espiritual sobre las bendiciones de la pobreza y los pecados de la soberbia, y, valiéndose de un tono penetrante, culminó con la advertencia siguiente:

> Pero yo, como me pediste, he alzado los ojos hacia la verdadera luz y apenas pude ver una muestra de buenas obras. Dedícate a las buenas acciones con más celo, para que luego pueda escribir más por la misericordia de Dios.

Sobre los vínculos familiares no hacía mención alguna.

Hubo de tener una poderosa personalidad, fuerte y pasional, segura de sí, despierta e incondicionalmente digna de confianza, en una mezcla peculiar de frío impulso y resuelta determinación. No puede decirse que fuera alguien que llegara a gustar personalmente. Sí se sentía por ella admiración y se podía estar de acuerdo con muchos de sus puntos de vista, pero siempre nos sentimos con ella como en casa ajena. Una luz cegadora sale de Hildegarda, pero quizá sin ningún calor en que sepamos que podemos refugiarnos.

Efectivamente, la persona individual que fue Hildegarda, la mujer, la renana, la monja, todas ellas quedan discreta y resueltamente ocultas detrás de la misión que ella se hubo propuesto. Es completamente un medio, un cristal a través del cual brilla la luz. Como la misma Hildegarda describió una vez la esencia del antiguo profetismo:

> En su ser se apreciaba todavía cierta dureza, semejante a la fortaleza del mármol, ya que transidos de Espíritu Santo, no cedían ante nadie, más aún, perseveraban en la unidad de la verdad, sin desperdigar sus palabras aquí o allá. Tampoco nada

de cuanto ellos decían procedía de las opiniones de otras personas, pues venía únicamente de Aquel, que es Dios en la plenitud de Su persona. De esta forma se comportaban como si fueran peñas, que pervivían por su dureza y que nadie menoscababa. Se comportaban con una llana sencillez, pues no decían sino cuanto habían visto y reconocido, de igual manera que el niño en su sencillez no habla de otra cosa más de cuanto ha visto y lo que sabe.

Y sin embargo, bien quisiéramos echar un vistazo a través del tupido velo, conocer su carácter, su mentalidad, sus propiedades «humanas», en este caso incluso sin necesidad de tener remordimientos, puesto que no esperamos fatuas intimidades, sino una personalidad de auténtica sustancia, que nos resulte edificante. ¿Nos disculpará ella la curiosidad que sentimos por una diligente escritora, que jamás se cansaba de describir todas las maravillas del cielo ni de desentrañar todos los secretos del cosmos, pero que es tan tremendamente lacónica en todo aquello que concernía e incumbía directamente a su persona?

Puede que sólo así lleguemos a conocerla. Entendiendo, por ejemplo, que la gran santa Hildegarda no caminaba por la vida en manera alguna confiada en su éxito y teniendo claros sus objetivos, como un mecanismo dispuesto a producir una visión tras otra y gozando de la veneración y respeto de todo el mundo. Muy al contrario, la monja de las extrañas visiones hubo de afrontar resistencias y fases de desesperación de todo tipo. «Jamás he disfrutado de una existencia sosegada, sino que me las he tenido que ver con todo tipo de dificultades», es su balance. «Dios me conduce a tantas adversidades, que ya no me atrevo a pensar, cuán grande será su misericordia hacia mí [...].»

Esta constatación tan sumaria se concreta sólo en unas pocas y breves alusiones. La noticia de su traslado a Rupertsberg nos permite ver de alguna manera qué baja de ánimos debía de estar en aquel momento:

Pero entonces el viejo embaucador se burló de nosotros, de manera que muchos decían: «¿Qué es eso de que tales secretos le sean revelados a esta necia e ignorante mujer, habiendo tantos hombres fuertes y sabios? ¡Hay que acabar con ello de una vez!». Y muchos se asombraban con las revelaciones y se preguntaban si vendrían de Dios o de los aciagos espíritus del aire, que a muchos confunden. [...] Allí no encontramos morada ni morador alguno, salvo un anciano, que vivía con su mujer y sus hijos. Sobre mí recaían tantas contrariedades, penalidades y cargas, como cuando de repente los nubarrones ocultan el sol. Entonces suspiré profundamente, derramé muchas lágrimas y exclamé: «¡Oh Dios, no abandones a nadie que confíe en él!».

Ya hemos oído hablar de las decepciones que le causaron muchas de sus correligionarias. La *Vita* cuenta de la envejecida abadesa que sentía «hastío de la vida presente» y que todos los días añoraba el final. Esta mujer, cuyo nombre, Hilde, significa «lucha», era tímida, asustadiza y a menudo se sentía acobardada. Hildegarda bien quisiera vivir para sí, introvertida, de manera completamente entregada al maravilloso mundo de sus visiones; no obstante, se sentía llamada a la lucha:

Y, sin embargo, no quiero rendirme ante todas estas adversidades, hablaré y responderé. No cederé ante estas debilidades terrenales, sino que lucharé contra ellas con tanto valor como me sea posible. Si quieren levantarse en mí las obras de la injusticia, me defenderé dominando huesos, sangre y carne por la sabiduría de la paciencia, igual que se defiende un poderoso león [...].

Los psicólogos lo catalogarían como un proceso de compensación.

Por tanto, esta mujer tan dinámica y activa en apariencia, que dictaba, negociaba, impartía sus consejos y que se ocupaba de cientos de cosas en sus monasterios y emprendía viajes, estaba en realidad constantemente enferma. «Prácticamente desde la niñez», nos cuenta de nuevo su *Vita*, «había sufrido de enfermedades tan dolorosas, que sólo raramente podía caminar, y puesto que su cuerpo estaba sujeto a continuas recaídas, su vida había adquirido la imagen de una preciosa muerte.» Sin embargo: «Lo que perdía de fuerzas corporales, fortalecía su interior por el espíritu de la sabiduría y la fortaleza. Mientras su cuerpo decaía, se avivaba en ella de manera admirable la fuerza del espíritu».

Cuando Hildegarda menciona en las noticias autobiográficas su estado enfermizo, lo hace en el lenguaje médico de la época, tan oscuro para nosotros, que es imposible obtener un diagnóstico preciso. Unos «calores secos» habían «amasado» su cuerpo «como cuando se mezcla la arcillosa tierra con el agua», un aire ardiente había hecho «que su carne encogiera» y se secara, además de provocarle dificultades respiratorias; su cuerpo se había «cocido igual que en un horno»; sus entrañas se habían «retorcido» y su cuerpo había «desfallecido, como la hierba pierde su fresco verdor en el invierno». A menudo se habla de parálisis. Resulta evidente que su sistema nervioso padecía de hipersensibilidad. Durante largos períodos Hildegarda necesitó de constantes cuidados.

Con toda seguridad se puede decir que no era ninguna hipocondríaca. En manera alguna parece que disfrutara de sus dolores, sino que en tanto persona creyente, intentaba sacar lo mejor de ellos. Estaba convencida de que Dios quería dominarla con aquellas penosas debilidades corporales, para evitar que al final se ensoberbeciera a causa de aquellas maravillosas visiones. Y así acepta plenamente su destino:

Oh Tú, mi Dios y Señor, yo sé que todo mediante lo que me tocas es bueno.

Continuamente se nos informa de repentinas curaciones por acción divina. En cierta ocasión estuvo postrada durante treinta días, casi muerta, con el cuerpo ardiente y aquejada de dificultades respiratorias, pero entonces vio una enorme multitud de ángeles, que le dijeron: «No ha llegado todavía la hora de irse, así que, mujer, ¡levántate!», lo que hizo de inmediato.

La frecuencia y las circunstancias que rodeaban sus pérdidas de salud, así como la repentina desaparición de todos los síntomas, revelan −con todo el respeto debido a esta genial mujer− los rasgos de una histérica. La medicina moderna no ve en el carácter histérico nada inmoral, ni la considera en principio una enfermedad mental grave, tan sólo una determinada predisposición morbosa, algo sobre lo que se puede hablar sin reservas también en el caso de una santa.

Los psicoanalistas recurren a los conflictos reprimidos para explicar los síntomas del histerismo. Característico de las personalidades histéricas es, entre otras cosas, una sugestionabilidad más acusada, la predisposición a transformar las emociones en manifestaciones corporales y orgánicas, así como una necesidad más acentuada de manifestarse al exterior. Que la abadesa siempre enfermara cuando se encontraba con algún obstáculo en el camino, o como se recuerda en la *Vita*, «cuando vacilaba o dudaba por su debilidad de mujer a cumplir con la voluntad divina», recuerda de un modo sorprendente las manifestaciones del histerismo. Un psiquiatra descreído y sin predisposición a las experiencias religiosas hablaría de síntomas provocados por la propia paciente, con autocastigos teatralizados a modo de parálisis y convulsiones como satisfacción sustitutoria de deseos reprimidos.

Pero ciertamente también podemos pensar en la interpretación contraria.

Cuando por miedo a los hombres no sigo los caminos indicados por Dios, crecen mis dolores corporales, y no me abandonan hasta que he obedecido. Como le pasaba a Jonás [...].

Como muestra aquí Hildegarda, la manifestación de la enfermedad no conduce a una retirada neurótica, sino a la actividad, incluso cuando sea algo que le pueda resultar muy incómodo, lo cual va contra toda su doctrina.

Muchas de las circunstancias que acompañaban las visiones (se veía rodeada por una luz, prodigio que deseaban poder provocar muchos ascetas medievales) y su hipersensibilidad frente a alimentos inocuos (considera peligrosos para la salud el pan de cebada, la fruta cruda y los huevos cocidos, sólo tolera unas pocas clases de carne y advierte a los enfermos contra el consumo de trucha) han de ser entendidas en este contexto. Aunque debemos guardarnos de juicios taxativos.

«Todavía carecemos de una patología de Hildegarda», ha afirmado quien seguramente sea su mejor intérprete, el historiador de la medicina Heinrich Schipperges. Quien crea poder entender mejor sus visiones como un mecanismo independiente de su subconsciente, o su inspiración como una fuerza creadora de su Superyó, puede emplear con toda tranquilidad esta clase de léxico. Las experiencias de tipo religioso se sitúan en otro nivel y por tanto no pueden colisionar con la ciencia. No obstante, no parece lícito atribuir a Hildegarda los síntomas de la histeria; pues se halla demasiado dispuesta a la acción, esta admirable mujer, débil y delicada, pero con la valentía de un león frente a papas conscientes de su propio poder y obispos que hacían sus apariciones marcialmente y que en aquel entonces no se distinguían de los guerreros.

11.

ALERGIA A LAS ALABANZAS
Y A LA ASCESIS EXAGERADA

Es extraño cuán poco el éxito externo y la admiración
que le profesaba su entorno hicieron cambiar la crítica
visión que Hildegarda tenía de sí misma. Es difícil imaginar que no se percatara de su gran talento: gozaba de una
clara inteligencia, talento científico, pasión por la investigación, dotes prácticas, todo ello junto con una enorme
fantasía y fuerza imaginativa. El vivo interés que sentía por
cientos de cosas se unía armoniosamente a su capacidad de
concentración, su rectitud superior a una sensible empatía,
su desenvoltura propia de su nacimiento noble a la inclinación por la llamada gente humilde.

Pero por norma general todo esto quedaba oculto tras
una temerosa reserva, de la que a veces su conciencia enfermiza lograba romper bruscamente, como hemos visto
con su furiosa entrada en el monasterio de Disibodenberg.
Parece que nunca olvidó cómo la llama espiritual, veni-
da del cielo en la visión donde recibió su vocación, en el
año 1141, le apartó desde el principio de caer en cualquier
tentación de soberbia con estas poco halagadoras palabras:

¡Frágil ser humano, ceniza de ceniza, corrupción de corrupción, cuenta y escribe cuanto veas y oigas!

Aquí no hay sitio ni para la soberbia ni para la autocom-
placencia. Tampoco más tarde había de caer Hildegarda en

esas tentaciones, ni siquiera cuando tenía a media Europa occidental a sus pies, masas de apasionados seguidores le salían a su encuentro durante sus peregrinaciones, y cuando los piadosos y no tan piadosos miembros de la alta sociedad rivalizaban por recibir su consejo. Quién de nosotros no se sentiría orgulloso al recibir una carta de Roma en la que el mismísimo Papa se expresara en los siguientes términos:

> Nos alegramos, hija, y nos regocijamos en el Señor, porque tu fama se extienda a lo largo y ancho del mundo, y de que seas para muchos «el buen olor de vida que da la vida» [2 Corintios 2,14-16] [...].

En esos términos se expresa Eugenio III en un momento en que la fama de Hildegarda estaba todavía en sus comienzos.

El abad Felipe del monasterio neerlandés de Park le escribe una carta abrumadora:

> Te amo desde que supe de los dones con que la bondad del cielo —según cuenta tu fama— ha adornado a su hija de manera tan maravillosa [...].

El abad Gedolfo de Brauweiler admiraba a la «adorable señora», en que brillaba «no la obra del hombre, sino la de Dios».

El abad Bertulfo, de San Eucario en Tréveris, que la conocía del sínodo de Tréveris, le escribía con hermosa modestia:

> Pues lo que nosotros no nos atrevemos a hacer, lo habéis acometido vos con varonil valentía [...].

Henchido de devoción se dirigió a ella Hilino, arzobispo de Tréveris, un dirigente eclesiástico ilustre y muy inteligente:

Junto con aquellos muchos que han encontrado su puerto de refugio en tus consejos, santa madre, plenamente confiado en el cumplimiento de mi deseo, te pido y suplico a tu corazón maternal en nombre del cielo: permítenos, mediante un escrito tuyo que me traiga el portador de esta carta, que saboree también yo, pecador, tan sólo algunas gotas de la bodega del Señor, de cuyos abundantes dones ya te has embriagado maravillosamente en esta vida [...]

Estos himnos de alabanza alcanzaron su punto culminante con una carta de Wiberto, de quien ya conocemos su inclinación por un lirismo arrebatador:

Salve, como María eres llena de gracia, el Señor está contigo, bendita tú eres entre las mujeres, y bendita es la palabra de tu boca, que lleva los secretos de lo invisible a los hombres y une el cielo con la tierra, lo divino con lo humano.

Hildegarda no solía responder a tales halagos. Sencillamente los pasaba por alto. En sus cartas o responde con sobriedad a las preguntas planteadas o sencillamente otorga sus consejos para diversos aspectos de la vida —basándose en sus visiones— animando, infundiendo valor o amonestando críticamente, según lo mereciera el destinatario.

Inconmovible ante todos estos halagos se considera a sí misma como una persona «simple» o «ignorante». «Yo, triste figura, sin salud, sin poder, ni fuerza, sin sabiduría, sino necesitada de maestros», así comienza su impresionante sermón de Tréveris. Y la copia del discurso ante el pueblo y el clero de Colonia concluía con esta confesión:

Yo, temerosa y triste mujer, llevo dos años asustada por tener que hablar personalmente ante maestros, doctores y otros sabios en los importantes lugares donde viven.

El hilo conductor que seguimos a través de todas sus declaraciones es su humilde advertencia de que nunca ha estudiado. Admite que tiene que matarse a trabajar con los libros y que necesita una persona intelectualmente preparada que le ayude. Hallamos una advertencia preliminar en el *Scivias*:

> Sólo con gran esfuerzo a lo largo de diez años he conseguido terminar y poner a punto este libro.

Durante su vida la embargaron continuos sentimientos de miedo profundo y crisis de confianza. Una vez confesó a Bernardo que era demasiado temerosa y que se hundía con excesiva facilidad. Treinta años más tarde, la anciana abría su corazón a Wiberto, y nada había cambiado:

> Constantemente estoy poseída por fuerte temor. Pues no conozco la seguridad de ningún talento en mí. Sin embargo, elevo mis manos hacia Dios, pues Él me sostiene, como una pluma, que ligera lleva el viento.

Una preciosa frase. Con ella nos queda claro cuánta madurez religiosa y humana se esconde bajo esa aparentemente destrozada autoestima: en su larga vida de casi ochenta años la abadesa había aprendido que sólo los pobres pueden conocer a Dios. Él solamente puede llenar los vasos que están vacíos. Él evita a los sabios; están ya demasiado llenos de sí mismos.

Dios humilla a los pagados de sí mismos y a los poderosos a través de los pequeños y los débiles, ésa es la esencia de la Biblia, y de la mejor tradición benedictina. La entonces denominada *docta ignorantia* de la teología monástica medieval, esa forma tan sabia de no saber, aprecia sobre todo la sencilla relación de un corazón amante con Dios mucho más que una sabiduría desprovista de alma; ¡y lo dicen justo cultísimos pioneros de la cultura, a quienes debemos agradecer la transmisión de los ricos tesoros de conocimientos de la Antigüedad!

Hildegarda se apoya en esa tradición, cuando trata de explicar su capacidad de ver visiones al abad de Park recurriendo a una determinada intención pedagógica de Dios. Y nadie puede mostrarlo más gráficamente que ella con su idioma rico en imágenes:

> Un viento empezó a soplar desde una alta montaña y el vendaval puso en moviendo una pequeña pluma, que por sí misma no poseía la capacidad de volar sino que sólo la elevaba el viento, llevándola ante engalanadas ciudades y torres. Sin duda que el todopoderoso Dios permitió esto para mostrar lo que era capaz de hacer mediante una criatura que de otro modo no era capaz de nada.

Esta temerosa y a la vez valiente monja pinta con encantadores colores pastel la conversación que pueda mantener con Dios. Siempre se describe como un ser diminuto –*pauperpucula forma* podría traducirse como «triste figurita»–, a la que toca, llena y fortalece el poder más radiante del mundo:

> Un rey poderoso se sentaba sobre el trono de su palacio. Ante él se alzaban elevadas columnas, rodeadas de guirnaldas doradas y provistas de perlas y piedras preciosas. Pero al rey le gustaba acariciar una pluma, que se elevaba maravillosamente. Y un fuerte viento la llevaba, para que no cayera.

> Pero Él, que es grande sin menoscabo, ha tocado ahora una humilde tienda, para que vea maravillas, forme letras desconocidas y pronuncie un idioma ignato.

> Aquellos que quieran cumplir las obras de Dios, deben tener permanentemente en cuenta que ellos, por ser hombres, son vasos de barro, y deben poner siempre la vista en lo que

son y en lo que serán. Lo celestial deben dejárselo a quien es celestial, porque ellos mismos no son sino desterrados, que no conocen el cielo. Tan sólo transmiten los secretos como una trompeta que emite sonidos pero que no los crea. Pues es otro quien sopla para que ella suene. [...] Pero también yo, que yazgo bajo un humilde corazón y siempre estoy paralizada por el miedo, sueno a veces como un débil toque de trompeta de la luz viva. Así pues, ¡que Dios me ayude a perseverar a Su servicio!

Una mujer como ella, que se consideraba a sí misma una ligera pluma, un pequeño trombón del buen Dios y que consideraba que su «existencia de servicio» estaba inspirada por Él, una mujer como ésta, decimos, también podía sentir la culpa y reconocer errores, como veremos enseguida a través del conflicto que tuvo con la hermana Ricarda. Y una figura como ella era capaz también de contemplarse con ojos irónicos, como se atreve a mostrar incluso ante la cabeza de la cristiandad en la tierra: en una carta al papa Eugenio III se burla de «la sabiduría de este mundo», porque desprecia las visiones de una «triste figura» como ella, «extraída de la costilla de Adán y que no ha sido educada por filósofos». Esto suena igual que si quisiera burlarse de los débiles fundamentos teológicos sobre la inferioridad de la mujer, que convertían a Eva –¡algo completamente contrario al sentido de la Biblia!– en un simple producto de desecho del varón, creado en primer lugar.

Esta rectora monástica, admirada por todo el mundo, llevaba una vida sencilla y recogida y exhibía una abierta predilección por la «gente humilde», ante la que mostraba haber aceptado el mensaje de Dios «con ardor e intenso amor» y con quien se encontraba siempre cercana en todas las situaciones difíciles. ¿Añoraba quizá en algún momento, desde su posición rectora, la tranquilidad de una celda monástica? Algunos indicios corroboran esta hipótesis. Hildegarda hablaba de los orígenes del monacato y de los eremitas del desierto con un sentimiento especial de nostalgia, y vinculaba la necesaria renovación de la Iglesia a la recuperación de aquellos orígenes. Y naturalmente uno se pregunta por qué Hildegarda, una abadesa benedictina, hacía una exaltación tan grande de la vida eremítica como forma ideal de la existencia monástica en la descripción que realiza de la vida de san Disibodo, de la que es autora, logrando así que su propia orden casi aparezca como una forma atemperada, una «adaptación popular» para los débiles. En otras ocasiones juzga las vocaciones de manera más realista; a la abadesa Hazzecha de Krauftal –benedictina como ella– y que soñaba con llevar una vida eremítica, le recomendó que siguiera llevando su «carga» valientemente. Pues en una situación así, «no encontrarías tranquilidad alguna a causa de una forma de vida tan cambiante». Si Hildegarda hablaba por propia y dolorosa experiencia, es algo que naturalmente no podemos saber; en cualquier caso cumplió de manera modélica con sus obligaciones de abadesa.

La *Vita* pone especial énfasis en la atmósfera de hermandad que debía de reinar en los dos monasterios a su cargo, Rupertsberg y Eibingen:

> Dirigía a las monjas que vivían junto a ella con amorosa dedicación y dulzura maternal cuando surgían enfados, riñas, preocupaciones mundanas, ociosidad o negligencia.

Dirigía a las suyas unas veces con dulzura, otras con firme autoridad.

No podemos olvidar, que en la regla benedictina –adelantándose al desarrollo general de la historia universal– se ha cultivado la igualdad de todos ante Dios, el mismo derecho de elección (a la hora de elegir al abad) y una acción de responsabilidad conjunta según principios democráticos. Benito de Nursia decía:

Determinamos que todos puedan ser llamados a consulta, pues el Señor revela a menudo a un joven hermano qué es lo mejor.

Como Hildegarda ha sido una hija fiel de Benito de Nursia, la lectura de su regla constituye un buen medio –hasta ahora bastante olvidado– de acceder a su personalidad. Su forma tan sensible de tratar a las personas se vuelve más comprensible teniendo delante los preceptos monásticos que obligaban al abad a prodigar sus atenciones con los más débiles. El abad debía enviar a los vacilantes y aquellos que se habían alejado del buen camino a otros hermanos de mayor edad y más sabios para consolarlos y preservarlos de la depresión.

Éste debe saber que su deber es la preocupación por las almas enfermas, y no ejercer la tiranía sobre quienes están sanos.

Leemos conmovidos la justificación de la prescripción, aparentemente irrelevante, que para las vigilias indica que el salmo del principio se cante de forma dilatada y lenta, a fin de que aquellos que aún no lo hayan hecho, tengan la oportunidad de saltar inmediatamente de la cama al oír la campana, y de unirse a los demás cantores antes de que el salmo haya terminado sin necesidad de avergonzarse. La regla benedictina es ciertamente una auténtica Carta Magna contra despiadados burócratas y alteraciones de la personalidad bajo apariencia de religión.

¿Acaso no concuerda con el modo exquisito y prudente con que Hildegarda exhortó a un cerril abad a que gobernara a sus monjes con un trato más humano? Al principio le dio la razón, por supuesto, sus «hijos» hacían malas obras y eran egoístas, tenían que ser castigados, pero de manera justa. Y entonces le recuerda que la justicia no lo es todo para un cristiano:

Pues Dios ha creado el cielo y la tierra con gran magnificencia. La dureza la ha atemperado con la dulzura, para que sea llevadera. Imita también la misericordia, que todo lo alisa para que puedan ser superadas las dificultades. Distingue una ocasión de la otra, ten en cuenta la debilidad carnal de tus hijos según la palabra de Dios, cuando dice: «Misericordia quiero, no sacrificios [...]».

También se muestra alérgica ante la ascesis exagerada, siendo de nuevo fiel a la regla benedictina, que obliga a cuidar a los débiles, y a dispensar a los enfermos de la obligación de ayunar y anima a los superiores a romper el ayuno para no avergonzar a un huésped hambriento. La abadesa de Rupertsberg desaconsejaba también debilitar el cuerpo y el alma mediante una «abstinencia desmedida»; detrás de estos oscuros ejercicios ascéticos se esconde muy a menudo «la antigua serpiente», siempre lista para devorar a los hombres.

En cierta ocasión, Hildegarda dijo lo siguiente:

El hombre debe tener ambas cosas: la añoranza del cielo y la atención a las necesidades de la carne. De esta forma aquél sabrá estar preparado para cada ocasión, para que las buenas obras realizadas sin medida no construyan su ruina, ni se hundan bajo el peso de costumbres inadecuadas.

Donde otros hablan permanentemente con gesto adusto sobre la moral, la monja prefería hablar con total sobriedad sobre la salud; en lugar de desarrollar una severa ética de la obligación, recordaba que una vida decorosa y un alma apaciguada también podían hacer feliz al cuerpo.

La respuesta que escribió a un deprimido abad, acuciado por los problemas de su convento, podría escribirse con letras de oro y servir de provecho a los mojigatos autodestructivos de todos los tiempos: debía, por supuesto, estar alerta y mostrarse luchador, «pero piensa que eres un ser mortal, y no temas tanto, pues Dios no está buscando continuamente en ti nada que sea demasiado celestial».

El disgusto de Hildegarda frente a la fe rigorista y excesivamente severa le acarreó incluso un abierto reproche por parte de sus homólogas. Durante los días festivos permitía a sus hermanas que en lugar de llevar los habituales hábitos negros vistieran velos blancos de seda, y que llevaran anillos de oro, así como coronas bordadas en oro sobre el pelo largo y suelto. El apóstol Pablo había prohibido a las mujeres tales vestidos inapropiados, y la estricta Tengswich, superiora de la abadía de Santa Marien en Andernach, se indignó por ello. Hildegarda le contestó alegremente que la prohibición, sin duda alguna, no afectaba a las monjas, que siempre se sentían como si estuvieran «en el hermoso paraíso», y que a buen seguro, en tanto novias de Cristo, les estaba permitido llevar las blancas galas nupciales.

La abadesa intentaba de forma contumaz que cada regla hostil se volviera indulgencia y generosa humanidad. De una manera extraordinariamente penetrante, casi en tono sugestivo, le dice al arzobispo Felipe de Colonia, poderoso y avezado político, que no debería «asustar» a sus fieles con aterradoras palabras, como si fuera un ave de rapiña, ni golpearles con amenazas igual que si fueran una maza.

> Más bien une palabras de justicia y misericordia y unce a los hombres con temor de Dios. Ponles ante los ojos qué perniciosa puede llegar a ser la maldad para sus almas y para su dicha. Entonces ¡a buen seguro, bien es cierto que con total seguridad, te escucharán con atención!

El pastor que emplee el bastón de mando sin medida no será del agrado de Dios ni tampoco lo amarán sus ovejas, sino que lo odiarán, le indicaba a otro dirigente eclesiástico. No, el hombre ha de ser como un viento refrescante para los necesitados, como un rocío de consuelo para los desamparados.

Su amor arrollador quedó en la memoria de cuantos se encontraron una vez con ella. La fuente más antigua que nos habla de su vida señala que nunca excluyó a nadie de su amor. Podemos intuir el encanto de su personalidad a través de una breve carta a los monjes de San Eucario en Tréveris, que al parecer trata sobre un hermano fugitivo. «La tierra no rechaza a la tierra», exhorta Hildegarda, «y tampoco rechaza lo que le es semejante, sino que se amontona en cuanto la ocasión se lo permite. Lo mismo os conviene a vosotros, con la ayuda y misericordia de Dios, mediante sabios consejos, lograr que la oveja descarriada vuelva al redil. Entonces Dios perdonará también vuestros pecados, pues vosotros sois *una* tierra.»

La abadesa no es impositiva como consejera y amiga, se toma en serio a los demás, muestra respeto y tacto. Resueltamente discreta, acoge de manera fraternal a la condesa palatina Gertrudis, hermana de Conrado III, que había ingresado como viuda en un monasterio cisterciense, sin ser verdaderamente feliz allí. «El Señor te lleva así en su mano, de manera que no necesitas de forma alguna preocuparte por tu seguridad», consuela a la desolada amiga. «Dios te ve y te conoce, y Él no te abandonará jamás.» Y de hecho la condesa, que al principio estaba desconsolada y abatida («¡Oh querida hija de Dios, Gertrudis, siempre turbada en tu alma!»), acabó fundando ella misma un floreciente monasterio en Bamberg con ayuda de Hildegarda.

Podemos echar un vistazo al corazón de Hildegarda gracias a su amistad con Isabel de Schönau, una benedictina como ella, bastante joven (tenía tan sólo treinta y seis años), que estaba igualmente dotada con el don de las visiones, pero más fuertemente vinculada a su propio tiempo, era extática con una íntima piedad mariana, volcada en su interior (aunque sin reivindicaciones de reforma eclesiástica), más tranquila que Hildegarda, sensible, muy temerosa del mundo exterior, y veneraba con entusiasmado afecto a la anciana Hildegarda como madre y maestra.

Isabel abría su corazón a la abadesa de Rupertsberg, que se hallaba a cinco horas de distancia, porque se sentía turbada por las habladurías de la gente y muy decepcionada por sus propias correligionarias, que se burlaban de sus visiones y éxtasis. La bienintencionada Hildegarda le pide tan sólo que no se deje abatir, le induce valor y añade una prudente y discreta amonestación: a la antigua serpiente —al diablo— le gusta especialmente atormentar el corazón que arde en deseos de volar sobre las nubes —igual que ella había hecho—, como si los hombres fueran dioses. Y continúa con las habituales comparaciones de las visiones con los frágiles vasos y los débiles toques de trompeta que ya conocemos.

La exhortación a la modestia es tan comprensible y tan delicada, que Isabel, como liberada de una pesada carga, celebra su respuesta:

> Regocíjate conmigo, señora [...] Eres un instrumento del Espíritu Santo, pues tus palabras me han inflamado, como si una llama hubiera tocado mi corazón [...].

Como sabe que Dios no busca la venganza, la abadesa es capaz de arrepentirse o abstenerse de juicios demasiado duros. Además es capaz de corregir a posteriori una carta en exceso ruda. Ha reprochado a los benedictinos de Zwiefalten abiertamente sus faltas morales (se trataba de un monasterio dúplice, y al parecer monjes y monjas habían mantenido relaciones amorosas): deberían avergonzarse, abandonar los servicios divinos e ir a los «establos» y abandonar la montaña sagrada a causa del «vergonzoso adulterio».

Sin embargo, luego escribe una carta, en que da una visión diferente:

> La piedad de Dios no castiga la culpa de los hombres mediante una gran venganza, mientras que vean la luz de la fe

[...] Y por lo tanto no me atrevo a pronunciar palabras terminantes, pues no las veo ni las percibo en la contemplación de la verdad; más aún, expreso con humildad y temor de Dios lo que digo. Por tanto que ningún juicio o pensamiento injusto en mis palabras golpee vuestro corazón, que la misericordia esté con vosotros en todo momento [...].

También la justa ira puede disiparse. Queremos completar nuestro viaje de descubrimiento de la persona que fue Hildegarda con la mención de una frustrada historia de amor, que permite apreciar de cuántos apasionados estados –de celos, posesión, desesperación–, era capaz esta tan en apariencia comedida mujer.

Ricarda de Stade era la hija del muy influyente margrave de Nordmark, muerto prematuramente. El tío de Ricarda era aquel Esteban de Spanheim, que construyó el convento en Disibondeberg para su hija Jutta, en el cual creciera también Hildegarda. Su madre, llamada asimismo Ricarda, se había mostrado ya muy activa y dispuesta a la acción durante la querella por el traslado a Rupertsberg. Su hermano Hartwig fue nombrado arzobispo de Bremen. Ricarda fue la mejor amiga y la primera secretaria de Hildegarda; «cuando escribí el libro *Scivias*», cuenta la propia Hildegarda, «amaba plenamente a una noble monja, la hija de la mencionada margravina, igual que Pablo amaba a Timoteo. Ella estaba unida en todo a mí mediante una amorosa amistad, y sufría conmigo en mi dolor, hasta que acabé el libro».

Sin embargo, en ese momento una seria disputa amenazaba con romper la amistad: a instancias del arzobispo Hartwig, claramente dotado de ambición y sentido de la familia, se había elegido a Ricarda como abadesa del ilustre monasterio de Bassum en Bremen. Hildegarda se resistió con todas sus fuerzas a la separación de la persona a quien se sentía más cercana. Argumentaba que la carrera de Ricarda «no se labraba pensando en Dios», sino que respondía claramente a deseos mundanos de reconocimiento.

Las damas del monasterio tuvieron que dirigirse al arzobispo Enrique de Maguncia para pedir que hiciera valer su autoridad ante la contumaz abadesa, cosa que éste hizo en tono desacostumbradamente cortante: «Sí, lo apoyamos y lo ordenamos». Sin embargo, Hildegarda no pensó en ceder. Contestó con el sublime estilo empleado en las visiones, dando una estocada dolorosa al tema de la venta de dignidades en la jerarquía eclesiástica:

> El manantial cristalino, que no es engañoso, sino justo, dice: las razones argüidas para la elección de esta monja no tienen peso alguno para Dios. Pues Yo, el alto, el profundo, el que todo lo rodea, Yo, que soy la luz que cae, ni las he tomado en consideración ni las he elegido, sino que tales razones han salido de la indecorosa osadía de necios corazones. Que lo escuchen todo los fieles [...] El espíritu de Dios habla en Su celo: Oh pastores, lamentaos y entristeceos en este tiempo, pues vosotros no sabéis lo que hacéis, si a la necedad de malos hombres vendéis por dinero las dignidades eclesiásticas, que han sido fundadas en Dios.

Y la madre suplicaba a su monja favorita, con una exaltación de sentimientos que jamás hemos visto en ella:

> Te lo suplico y te exhorto: no perturbes mi alma de esta manera, pues tú haces que mis ojos derramen amargas lágrimas y desgarras mi corazón con terribles heridas [...] Pues la dignidad de abadesa, a la que aspiras, seguro, seguro, seguro que no viene de Dios [...].

Pero fue en vano. Ricarda se trasladó a Bassum. Tampoco sirvió de nada que Hildegarda intentara hacer que el arzobispo de Bremen, hermano de Ricarda, cambiara de opinión, «echada a tus pies en llanto y aflicción», y que por último, en un intento desesperado, llegara a dirigirse personalmente al papa Eugenio, el cual mandó al arzobispo de Maguncia (en calidad de primado de Alemania) el diplomático encargo de que velara por que la nueva abadesa observara estrictamente la regla benedictina; en caso contrario, debía enviarla de nuevo bajo la tutela de Hildegarda.

Es evidente que no hubo nada que objetar en la forma en que Ricarda desempeñó su cargo, así que permaneció en Bassum. Lo que Hildegarda le escribió delata el penetrante dolor que le causaba la irrevocable separación:

> ¡Ay de mí, madre, ay de mí, hija! ¿Por qué me has abandonado como a una huérfana? He amado la nobleza de tus costumbres, tu sabiduría y tu castidad, tu alma y toda vida, de manera que muchos decían: «¿Qué estás haciendo?». Ahora todos deben lamentarse conmigo [...].

Un torrente de sentimientos caen sobre la amiga perdida.

Pero en la misma carta Hildegarda hace saber cómo empezaba a afrontar su desilusión de forma valiente y autocrítica. Ahora había aprendido a poner sus esperanzas únicamente en Dios y no en las personas, porque lo terrenal sólo puede ofrecer una confianza limitada.

> Y por ello no debemos dirigir nuestra atención a los hombres aunque sean sublimes, pues se marchitan como la flor. Yo me he equivocado amando a una persona noble [...]. Que el ángel del Señor te preceda, que te proteja el Hijo de Dios, y Su Madre vele por ti. Acuérdate de tu pobre madre Hildegarda para que tu dicha no se desvanezca.

Ha comprendido que también se podía pecar por exceso de amor, cuando pretendemos poseer una persona sólo para nosotros y obstaculizamos el desarrollo de sus propias capacidades. A los cincuenta y tres años Hildegarda comprendió que el amor no significaba poseer, sino dejar marchar, y que no tenemos derecho a retener a nadie a nuestro lado. El amor no se impone, se ofrece.

La historia, como tantas historias de amor, tiene un final terrible: apenas un año después Hildegarda recibió la noticia, a través del arzobispo de Bremen, de que Ricarda había muerto de repente. Angustiado y con sentimientos de culpabilidad el arzobispo añadió que su hermana había «apreciado en muy poco el honor que le había concedido» y que «desde lo más profundo del corazón añoraba su monasterio entre lágrimas». Hartwig concluía con una conmovedora petición:

> Te pido, si soy digno de ello, cosa que desearía: tú querías amarla tanto como ella te amó a ti. Y si parece que te falló en algo, recuerda al menos —pues no fue culpa de ella, sino mía— las lágrimas que derramó al abandonar tu monasterio; de lo cual hay muchos testigos. Y si la muerte no lo hubiera impedido, hubiera vuelto a ti tras haber obtenido el permiso.

Hildegarda contestó con una verdadera confesión de fe en lugar de dar rienda suelta a sus lamentos. Sí, su corazón había estado lleno de amor por Ricarda.

> Sin embargo, Dios la amaba aún más. Es por ello por lo que Él no quería abandonar a su amada en brazos de un amante hostil: el mundo.

Y todavía se percibe, sin amargura ni reproches, un ligero rastro de decepción en esta carta, quizá la más bella que escribió:

> También yo he desterrado de mi corazón el dolor que tú me causaste con esta mi hija. Que Dios te conceda mediante la intercesión de los santos el rocío de su misericordia y el premio eterno en la vida futura.

IV

MÉDICA Y FARMACÉUTICA CARISMÁTICA

12

ASOMBROSOS ÉXITOS DE TRATAMIENTO

Cuanto se encuentra bajo el orden de Dios,
se corresponde mutuamente.

Hildegarda, *Liber vitae meritorum*

En 1668 el hospital del Espíritu Santo en Múnich hizo un extraordinario regalo al monasterio franciscano de Reutberg en Bad Tölz: una botica, conservada hasta el día de hoy. En el compartimiento de los medicamentos aparece Cristo representado como boticario, una tipología muy habitual en el Barroco.

Lo que a nosotros se nos antoja extraño era una obviedad para generaciones pasadas: los monasterios como lugar donde se impartían cuidados médicos. En ellos había por norma general un modesto hospital, una botica, y también se dieron los primeros pasos en la asistencia a los pobres. En los escritorios de los monasterios se copió laboriosamente la tradición médica antigua, con la que monjes versados en el cultivo de determinadas hierbas realizaban sus experimentos con drogas y plantas medicinales. El emperador Enrique II dejó testimonio de su agradecimiento, en la inscripción de su sepultura en la catedral de Bamberg, al médico que le practicó una operación satisfactoria de cálculos, que había sido el abad Benito de Monte Casino.

En aquel entonces parecía, por tanto, de lo más normal que también la abadesa de Rupertsberg ejerciera de médica y farmacéutica, y que personas confiadas de todas las capas de la sociedad acudieran a ella con sus penas, grandes y pequeñas. En el cuidado de los enfermos veía una forma de imitar a Cristo:

> Pues el buen médico ungió sin vacilar, con misericordia, las heridas de los hombres.

Como otros muchos monjes, también Hildegarda machacó en su mortero todas las clases posibles de hierbas frescas, coció el resultado en vino o vinagre, y le añadió miel. Preparaba aceites y píldoras del jugo de las plantas, llenaba bolsitas de lino con sirope de hierbas, y las dejaba cocer en agua azucarada, o realizaba ungüentos para calmar los dolores a partir de la manteca de cerdo, grasa de oso o de sebo de ciervo, así como apósitos húmedos, y trataba de disipar literalmente las jaquecas incensando en una teja encendida hierbas aromáticas.

Nada de esto era extraño para una bondadosa monja del siglo XII. Lo llamativo, en cualquier caso, es el largo tiempo de estudio empleado que dedicó a investigar los poderes curativos de la naturaleza. Seguramente como monja en el monasterio de Disibodenberg ya habría sido iniciada en muchos secretos por las versadas recolectoras de hierbas que tenía alrededor.

No, no llama la atención la preocupación complementaria de Hildegarda hacia la medicina, eso es algo que compartía con muchos religiosos; lo que resulta llamativo era el carisma con que lo hacía. Sus contemporáneos quedaron impresionados, como ante un milagro de Dios, por su amor al prójimo, en que se reunían tanto la cura de almas como la del cuerpo, así como por sus certeros consejos y su competencia en la administración del tratamiento. Disponemos de numerosos testimonios sobre sorprendentes éxitos en la curación. «El don de curar a los enfermos», según escribía su biógrafo Teodorico valiéndose del lenguaje de las leyendas medievales, «brillaba con tanta fuerza en esta santa virgen, que apenas se dirigió a ella un enfermo que no hubiera sanado de inmediato».

Como ejemplo se cuenta la historia de un suabo de la región de Ellwangen, que padecía de un tumor, y a quien no le preocupó el largo camino por recorrer y tampoco se vio defraudado en sus esperanzas:

> Hildegarda lo acogió durante algunos días con todo el cariño, trató al enfermo con sus propias manos y le bendijo. Gracias a la misericordia de Dios, logró devolverle la salud que había tenido antes.

En cierta ocasión en que, fiel a su costumbre, pretendía cruzar el Rin en barca para visitar su monasterio filial de Eibingen, se le acercó una mujer que llevaba del brazo a su hijo ciego, y que entre llantos suplicó a la célebre abadesa que quisiera imponer sus manos sobre el niño. Siguiendo el ejemplo bíblico, Hildegarda tomó agua del Rin, la bendijo y la echó sobre los ojos del pequeño, «y por la asistencia misericordiosa de Dios, el niño recuperó la vista».

Logró curar mediante la oración, la bendición, el agua, y por supuesto gracias al tratamiento médico. Como «medicamentos» milagrosos sirvieron asimismo trocitos de su ropa, cabellos y pan de su mesa. De igual modo, se había aparecido en sueños a los enfermos y los había sanado. De estas cosas no se reirá sin más aquel que conozca el papel que desempeñan en el proceso de curación la voluntad de vivir y una fe poderosa.

La abadesa no mostraba temor alguno de enfrentarse a las enfermedades psiquiátricas. Describe muy bien los casos de ausencia mental; cuando hablaba de «posesión» se refería a padecimientos psicosomáticos. Es bien conocido el caso de una noble llamada Sigewiza, que era enferma mental. Según Hildegarda sufría una «diabólica aglomeración de oscuridad y humo», por la que «sus sentidos y su alma racional» se habían oscurecido.

> Así esta mujer había perdido la capacidad de pensar y actuar correctamente y gritaba y hacía cosas inconvenientes. [...] El alma entretanto está como dormida y no sabe lo que hace el cuerpo.

Se trata de un diagnóstico sorprendentemente claro para el siglo XII.

Después de que el exorcismo habitual en estos casos hubiera fracasado y de que el malicioso demonio dentro de Sigewiza preguntara contumazmente por una anciana monja de nombre «Arrugarda»,[4] la escarnecida Hildegarda, de quien el demonio se estaba burlando, reanudó la lucha y de inmediato encerró a Sigewiza en su convento e inventó una especie de terapia de grupo para la enloquecida mujer, consistente en ayunos y oraciones. Es decir, solidaridad permanente. El espíritu diabólico habría abandonado definitivamente a su víctima Sigewiza durante la consagración del agua bautismal en el sábado santo; la mujer ingresó después en el monasterio.

[4]   Juego de palabras entre «Arrugarda» («Schrumpelgardis», de *Schrumpel*, «arruga») e Hildegarda, nombre de la anciana. *(N. del T.)*

13.

LA PRIMERA HISTORIA NATURAL
DE ALEMANIA: *PHYSICA*

> Dios ha dispuesto todas las cosas que hay en el mundo, de tal
> manera que unas velen por las otras.

Toda la obra de Hildegarda sobre la naturaleza y la salud
gira alrededor de este pensamiento central, obra que al
principio fue condensada en un único libro de título *Liber
subtilitatum diversum naturarum creaturarum* (las sutiles propiedades –podría traducirse también como la esencia interior– de las diversas naturalezas de las criaturas), y que
posteriores manuscritos separaron en dos libros: una historia natural, *Physica*, y una obra médica, *Causae et curae*. No
nos ha llegado ninguno de los manuscritos originales; las
copias más antiguas conservadas en Copenhague, París,
Bruselas, Berlín y Wolfenbüttel datan de los siglos XIII al XV.
También es posible que una parte de estas obras, transmitidas por textos relativamente tardíos, no sea en realidad
obra de la abadesa, pero el estado de las fuentes no permite
por el momento ninguna respuesta definitiva.

La historia natural escrita por Hildegarda (la primera obra
en su género redactada en lengua alemana) abarca nueve
libros con no menos de 513 descripciones individualiza-
das, y a veces muy detalladas, de plantas, animales, piedras preciosas y metales. La exhaustiva observación de la naturaleza
se une aquí con la afectuosa fascinación por la Creación. Una
gran sensación de asombro vertebra la obra de Hildegarda:

Las hierbecillas no pueden entender la tierra, de la que surgen. Pues no tienen sentidos ni entendimiento y no conocen ni su propia esencia ni la obra de su semilla. Y sin embargo, abrazan la tierra con la dulzura de la fertilidad. [...] ¡Qué poco puedes conocer de lo que hay en la sabiduría de Dios! ¿Qué has hecho o dónde estabas cuando Dios creó los cielos y la tierra?

Tan sólo cuenta 213 plantas. Informa sobre las setas con un detenimiento que no volvió a alcanzarse hasta un siglo después. Frente a las distintas clases de cereal se muestra llamativamente escéptica, excepto la nuevamente apreciada espelta, un tipo de escanda, de fuerte sabor. Tampoco le gustan mucho las frutas silvestres. Sabe que el lúpulo conserva las bebidas y que la pimienta puede despertar el apetito de los enfermos esplénicos.

Los escritos de Hildegarda sobre los árboles, a los que añade sus significado simbólico (el abeto es símbolo de fortaleza, el olivo de misericordia, la palmera de felicidad, el ciprés del misterio de Dios), contienen según los especialistas muchas tradiciones germánicas antiguas, «una obra que compendia la antigua sabiduría de las brujas», que indaga en los poderes ocultos de los animales y las plantas. *Phsysica* advierte a los enfermos contra las manzanas crudas, pero recomienda los membrillos y los baños de vapor con cortezas de castaña contra la gota.

La autora describe con sobriedad el origen de los minerales, siguiendo fielmente la tradición antigua. Pero al mismo tiempo celebra las piedras preciosas –en cuyo origen han intervenido misteriosamente los elementos fuego y agua– como armas milagrosas contra las acechanzas demoníacas. Por el contrario, la formación de las perlas de agua dulce las atribuye con acierto a la absorción de una sustancia venenosa (y de hecho las perlas nacen de una infección). También es cierto que el consumo excesivo de sal seca el tejido corporal.

De manera sorprendentemente realista, Hildegarda registra la vida de los peces, que antaño era de una extraordinaria riqueza. Los especialistas acreditan que hasta bien avanzada la Edad Moderna nadie había enumerado la fauna acuática del Rin y sus afluentes de manera tan exhaustiva. La competencia de Hildegarda en tales asuntos se entiende enseguida si tenemos en cuenta que en Disibodenberg confluían el Glan y el Nahe, y que este último se unía al Rin en Rupertsberg, y que por lo general los monasterios disponían de grandes superficies de lagos. Describe con minuciosidad los barbos, lucios, carpas, platijas y el proceso de desove. Algunas especies las recomienda de forma expresa para una cocina sana.

Con idéntica atención ha observado el mundo de las aves, a las que añade generosamente también moscas y abejorros. Es cierto que conoce muchas clases de aves y las distingue con exactitud. Sabe que el arrendajo posee un irresistible instinto de imitación, que las palomas prefieren la fría mañana y el aguzanieves lucha contra la tormenta con el movimiento permanente de su cola.

Con los animales exóticos incurre a menudo en fantasías, y del león, el elefante y el unicornio cuenta las consabidas fábulas medievales. Su descripción de la fauna local denota de nuevo una exacta capacidad de observación. Sabe distinguir certeramente las distintas clases de martas y describe al perro —en aquel entonces también muy apreciado y empleado para la guía de personas ciegas— con una simpatía comprensiva, sólo alcanzada hoy día en la bibliografía sobre psicología animal.

El perro [...] tiene algo de humano en su naturaleza y sus costumbres. Es por ello por lo que siente y conoce al hombre, le gusta estar con él y le es fiel. [...] El perro reconoce el odio, la ira y la deslealtad en el hombre, y gruñe por ello. Y cuando sabe que en una casa reina el odio, entonces enseña los dientes y gruñe. Cuando un hombre planea una traición, el perro también le gruñe, [...] igual que al ladrón o a quien prepara un robo. De igual modo presiente la alegría y la tristeza de los hombres. Cuando algo alegre va a ocurrir, mueve la cola feliz, cuando por el contrario algo malo va a acontecer, entonces aúlla triste.

Como es natural todo este acopio de observaciones se basa en conocimientos tradicionales y de su época, así como procedentes de su propio trabajo de observación, pero también muchos aspectos involuntariamente graciosas, como por ejemplo en el capitulito dedicado a la adormidera:

Las semillas provocan el sueño y aplacan la voluptuosidad, y además calman a los piojos y sus liendres.

Consumir miel de panal provoca melancolía, por el contrario el pan de centeno caliente ayuda contra los efectos de la magia, pero sólo cuando se marca la señal de la cruz en la corteza y si se pasa una determinada piedra preciosa por las muescas. Cree que la bóveda celestial la sostienen los vientos, la luna está formada por fuego y fino aire; cuando mengua, el sol la inflama de nuevo. Como vemos, junto a tales risibles declaraciones, encontramos también observaciones y conocimientos de una exactitud sorprendente, cuya comprobación sólo pudo realizarse en los siglos XIX y XX.

Incluso un espíritu preclaro como el de Hildegarda compartía estrechamente la visión del mundo de la Edad Media. Dependía tanto de precedentes antiguos como de la vieja tradición popular. Se han encontrado ecos evidentes del *Physiologus* en su obra, aquella conocida colección alejandrina de mitos antiguos datada en el siglo II d. C., cuya adaptación visual puede admirarse todavía hoy día en los fabulosos seres de piedra representados en las iglesias románicas. Pero también se aprecia una capacidad de observación independiente cuando logra describir con una exactitud casi fotográfica la fauna y flora existentes en la región del Nahe, y se sirve sin mayores preocupaciones de términos alemanes para sustituir las expresiones latinas que faltan.

Hildegarda comparaba los pájaros con la voladora fantasía y el poder del pensamiento de los hombres, a las bestias que viven sobre la tierra con el enérgico cumplimiento de sus planes. En cualquier parte descubría que todo estaba entrelazado entre sí, que todo está interrelacionado. Todas las cosas se integraban mutuamente, el firmamento y el gusano, el pez y el pájaro, los árboles y las hormigas, e incluso las inanimadas piedras. La naturaleza conformaba una unidad.

Lo expresó con una breve fórmula teológica: «Cuanto se encuentra bajo el orden de Dios, se corresponde mutuamente». El brillante universo de Hildegarda está tejido de una tupida red de interrelaciones, cada criatura se halla en relación con los demás seres creados, y en todas partes puede verse cómo actúa el amor de Dios.

Una imagen del mundo revolucionaria, acompasada con el respetuoso temor con que la Edad Media se enfrentaba a la inaprensible naturaleza. La lúcida fascinación por la Creación, con que Hildegarda funde en una única y arrebatora pasión el amor que sentía por Dios y por la tierra, no volvió a alcanzarse por lo menos hasta el siglo XIII con Alberto Magno, y de nuevo en nuestra propia época con Teilhard de Chardin, para quien la biosfera es un «tejido vivo» y Dios el corazón de todo el cosmos.

En su historia natural la abadesa podía pronunciar a fin de conseguir el poder curativo de la tierra una fórmula mágica apenas cristianizada, sin necesidad de arriesgarse a afrontar acusaciones de brujería, pues con ello no formulaba sino su fe en un amoroso Creador, que ha puesto sus benéficas fuerzas en todas las cosas del mundo: si un hombre sufre de parálisis corporal, lo que había que hacer era extraer un poco de tierra a derecha e izquierda tanto de la cabecera como de los pies de la cama, y acto seguido se decía: *Tu terra, in homine isto dormis...* «Tú, tierra, duerme en este hombre X...». Entonces se colocaba la tierra en la cabeza y en los pies del enfermo, para que se calentaran, y acto seguido se repetía:

Tú, tierra, que estás sobre el hombre... X, haz que recupere sus fuerzas, en nombre del Padre, del Hijo y del Espíritu Santo, que es Dios vivo todopoderoso.

Ochocientos años después, también Teilhard de Chardin habló a la tierra, y mentes estrechas lo acusaron de paganizar y ser un hereje, porque no entendieron su idea de la irradiante presencia de Cristo en el mundo:

Bendita seas, poderosa Materia, invencible evolución, realidad siempre naciente, tú, que en todo momento haces estallar nuestros esquemas, nos obligas a buscar la verdad cada vez más lejos. Bendita seas, Materia universal, perennidad inconmensurable, éter sin límites –triple abismo de las estrellas, los átomos y las generaciones–, tú, que desbordando y disolviendo nuestras estrechas medidas, nos revelas las dimensiones de Dios. [...] Sin ti, Materia, sin tus ataques, sin tus arranques, viviríamos indolentes, parados, pueriles, ignorantes de nosotros mismos y de Dios. [...] Savia de nuestras almas, mano de Dios, carne de Cristo, Materia, yo te bendigo.

Cosmos y hombre son mutuamente dependientes, Hildegarda intentaba expresar tal cosa en su doctrina de los elementos, hoy día para nosotros apenas comprensible. Puesto que los elementos del mundo existen también en el hombre, y éste interactúa con ellos, el hombre puede vencer la vida, comprender el sentido del mundo y captar su íntima unión con el cosmos. Desde luego eso supone que los malos actos del hombre tienen también su repercusión en el cosmos. La inmoralidad humana altera el equilibrio ecológico de la tierra y el orden del universo, la megalomanía humana hace enfermar a la biosfera.

Y aquí los oscuros rasgos de la «profetisa alemana» y los préstamos tomados de ella para la imagen del mundo contemporáneo adquieren de repente una angustiosa actualidad.

En una sobrecogedora visión Hildegarda representaba cómo los elementos que conforman el mundo se quejaban y gritaban amargamente:

> Ya no podemos correr más ni completar el sendero que nos ha sido impuesto por nuestro Maestro. Pues los hombres nos aplastan con sus malas obras, como en un molino de abajo arriba. Estamos ya apestados y sentimos un hambre atroz por una justicia plena.

Dios les da la razón: la «impía locura» de los hombres rebeldes ha hecho marchitarse la fructífera fuerza vital de los elementos. Ahora todos los vientos están llenos de corrupción, y la tierra escupe inmundicia. Dios consuela a los elementos diciéndoles que obligará a los hombres a que limpien con su propia escoba:

> Con los mismos tormentos que os han mancillado, quiero purificaros [...].

Estos horribles escenarios de un desorden cósmico se siguen como si fueran un hilo conductor a través de toda la obra de la profetisa:

> [A los elementos] no los oyes hablar a la manera humana, sino por las señales visibles de su sometimiento. Pues sobrepasan el curso correcto que les había impuesto su Creador, con movimientos extraños y ciclos contranaturales. [...] También los vientos se encuentran afectados por el extraordinario hedor de los actos viles, de manera que ya no

son capaces de soplar aire puro, muy al contrario, amenazan agitados con desatar la furia de la tormenta. De la misma manera el aire escupe la inmundicia de las innumerables acciones impuras cometidas por los hombres, esparciendo de este modo una humedad antinatural e insalubre, por la que se secarán el vigor y los frutos de los hombres. A veces esta capa de aire está llena de niebla, otras veces de nieve, de estas capas surgen animales a menudo dañinos y perjudiciales para los hombres, que estropean y devoran los frutos de la tierra, de manera que ya no serán de provecho alguno para los hombres. *(Liber vitae meritorum)*

En los años setenta de nuestro siglo murieron como consecuencia de sequías, inundaciones y otras catástrofes naturales devastadoras seis veces más personas que en la década anterior. El Earthscan-Institute de Londres ve la causa de todo ello en la acción humana, que ha alterado tanto su entorno que lo ha hecho «más vulnerable a las catástrofes naturales».

La Creación se hizo para servir a los hombres. En manera alguna había sombra de rebelión en ella. Sin embargo, cuando el hombre se volvió desobediente y se enfrentó a su Creador, entonces ésta perdió también su paz y se vio asimismo arrastrada a la intranquilidad por el hombre. Y ahora está ocasionando grandes y numerosas calamidades al hombre, pues al haberse inclinado éste al mal, ahora ella lo castiga. *(Scivias)*

Todavía hoy día se puede apreciar en la médula de muchos seres humanos el dañino estroncio 90, que fue liberado como consecuencia de las pruebas de armas nucleares realizas en el Pacífico sur a principios de los años sesenta. Se ha calculado que como consecuencia de esos ensayos, con una fuerza explosiva de treinta megatones, se ocasionó la muerte a escala mundial de 420.000 embriones y recién nacidos y que 230.000 niños vinieron al mundo con daños corporales y cerebrales.

> Como el hombre abusa de su posición con fines perversos, el Juicio de Dios permite a la Creación que le castigue.
>
> *(Liber divinorum operum)*

Un estudio de la Asociación Alemana para la Protección de la Naturaleza y el Medioambiente advirtió en 1986 de altas concentraciones de sustancias tóxicas en las habitaciones de los niños. En lápices de colores, plastilinas y juguetes, en los muebles y los alimentos, se encuentran sustancias dañinas en cantidades considerables. Se ha medido la concentración de plomo en las cañerías de obras antiguas y quintuplican el límite máximo para un bebé de cinco meses. En fibras de ropa infantil confeccionadas, según se decía, de «algodón puro», se ha podido determinar que contenían hasta un doce por ciento de formaldehído [metanal].

¿Es demasiado descabellado otorgar aquí un sentido evidente a las imágenes que nos ofrece Hildegarda, si tenemos en cuenta las experiencias aterradoras sufridas, desde la catástrofe de Seveso hasta el desastre de Chernobyl?

¿Es que no nos damos cuenta de manera cada vez más clara, cómo la naturaleza, de la que hemos abusado, a la que hemos explotado y degradado, se rebela contra sus verdugos humanos? ¿Acaso no vemos cómo la tierra violentada responde a los ataques? ¿Es que no reconocemos la obra destructora que la profetisa describe con crudos colores: aire envenenado, suelo degradado, la tierra completamente contaminada, cosechas destruidas, nieve desnaturalizada en el aire, desequilibrios en el ritmo del clima y las estaciones?

¿Acaso Hildegarda, en esta visión de los elementos perturbados en su curso natural, no ha llamado por su nombre, de manera clara y evidente, lo que es en realidad el verdadero motor de todos los pecados contra el medioambiente: el triunfo de los ídolos? «Todo cuanto hacen se corresponde con su codicia y su lujuria», y los hombres preguntan burlonamente, qué poder es el que tiene Dios, «pues nadie ha logrado verle aún, y antes bien, permanece siempre oculto».

¿No recuerdan de manera sorprendente las imágenes sobre el fin del mundo en *Scivias* los pronósticos que aventuran los científicos para las consecuencias de una guerra nuclear o para la esperada catástrofe climática?

> Los vínculos que unen los elementos se disuelven por una conmoción súbita e inesperada. Todas las criaturas se sumen en la agitación. El fuego irrumpe repentinamente. El aire se desata, el agua se desborda, la tierra se conmueve, los rayos fulguran, los truenos retumban con estruendo, las montañas se parten, los bosques se hunden, y todo aquello que hay mortal en el agua, el aire o sobre la tierra, muere. Pues el fuego pone todo el aire en movimiento y el agua anega la tierra entera.

Cuando comencé a escribir este libro en Ratisbona, había creyentes preocupados que peregrinaban domingo tras domingo a una minúscula capilla en el bosque, situada a media hora en coche. Se encuentra en los alrededores del solar que en aquel entonces debía albergar la planta de reprocesamiento nuclear de Wackersdorf. La gente –colegialas, estudiantes, amas de casa, empleados, campesinas envejecidas de la zona– tenía miedo de un objeto aparentemente prestigioso que ponía en peligro la vida, y que amenazaba con convertirse en el templo de los arriba mencionados ídolos del éxito. Se preocupaban por sus hijos y su hogar, y por toda la Creación, ya muy dañada. Los orantes de Wackersdorf habrían encontrado una buena patrona en Hildegarda, que tanto amor sentía por la obra de Dios y que tan insistentemente advertía contra su destrucción.

«Ya no eres ningún siervo», pone Carl Amery en boca del «Dios ausente» cuando se dirige al hombre,

pero para los tuyos eres un empalador y un abrasador, necesitas atormentarlos, para regocijarte en tu poder. [...] Tú gritas: Sólo yo he sido hecho a tu imagen y semejanza. Pero yo te digo: Sólo tú puedes hacerte imagen y semejanza. Tú gritas: El cielo no es para los pájaros, ni la historia universal para los descendientes del chimpancé. Pero yo te digo: Ningún cielo para pájaros fue ni será para ti [...] Tú preguntas: ¿No me has enviado al hijo con la promesa de un futuro, que sobrepasa todos mis preparativos? Pero yo te digo: Él te ha dado un modelo que seguir, para que hagas lo que Él hizo. Ve, libera a tus siervos y sirve, como Él ha servido: sirve a tus hermanos y hermanas el sol, la luna, los bueyes, los asnos, los chimpancés, las hormigas, los árboles, la lluvia y el rocío. ¿A quién he elegido yo, que no haya esperado otra cosa que servir? Recuerda que eres polvo y que volverás al polvo. Entonces podrás ser mi hijo.

14.

¿PATRONA DE LA MEDICINA NATURAL?

Ochocientos años después de la muerte de Hildegarda, avispados hombres de negocios tuvieron la idea de vender un «elixir de belleza Hildegarda», de tomillo, romero y tila, «cuidadosamente recolectado antes del rocío de la mañana, para que no pierda ninguna propiedad».

Los recursos de medicina natural que tenía la abadesa de Rupertsberg vuelven a ser requeridos hoy día, porque muchas personas están hartas de los medicamentos químicos y de sus efectos secundarios, además de haber perdido hace tiempo la fe en la eficacia de los médicos, y también porque está claro que se puede hacer con ello un buen negocio. Por otro lado, un experto digno de tomarse en serio ha afirmado que las recetas de Hildegarda no pueden servir de fundamento alguno a los médicos y farmacéuticos de nuestro tiempo.

Aquí la verdad se halla también a medio camino. La humanitaria monja tuvo una incuestionable serie de afortunados aciertos en su busca constante del poder curativo que Dios había puesto en cada hierba, hoja y fruto. El extracto hervido de semilla de lino, recomendado contra las quemaduras, es empleado comúnmente por los médicos naturalistas. Y de hecho, elimina las sustancias tóxicas de la quemadura y mitiga el dolor de manera tan rápida como duradera. Su tónico de artemisia contra la artritis es recomendado por la Asociación de Amigos de Hildegarda en St. Georgen (Alta Austria); el ungüento sólo puede ser aplicado sobre el cuerpo cuando la hoja ha sido hervida. También ha sido muy celebrada otra pócima de Hildegarda, resultado de la cocción de hinojo, regaliz, miel, azúcar y agua, que al parecer se pensó para tratar el reuma, junto con los baños con corteza de castaña, la artemisia, extracto de apio y las curas de membrillos.

Por supuesto que las ideas médicas de una monja del siglo XII no podían estar completamente exentas de rudimentarias supersticiones, incluso siendo Hildegarda una mujer adelantada a su tiempo. Cuando alguien perdía la razón «por la fuerza de la magia o por una maldición», se debía calentar tierra procedente de las raíces de un ciruelo e inhalar el humo resultante, o bien aplicar la tierra junto con las semillas al abdomen y las caderas, echarse entonces en la cama y sudar abundantemente. Si se hacía durante un par de días, entonces mejoraría el estado de la perturbación mental.

Hildegarda sabe que los espíritus odian los abetos, y cree por supuesto en la existencia del grifo, el ave devoradora de seres humanos. El enfermo de amor debe procurarse betónica —pero sin utilizarla primero para fines mágicos o agotaría su poder—: se toma un pétalo para ponerlo en cada orificio de la nariz, otro bajo la lengua, uno en cada mano y otros dos debajo de los pies, entonces se mira la flor, así cortada, con fijeza hasta que los pétalos se calientan por la temperatura corporal...

De todas formas, la abadesa no se adhirió arbitrariamente a prácticas mágicas. No mencionó ni una sola vez el método habitual de la medición curativa, consistente en que, si la anchura corporal del enfermo, con los brazos extendidos, difería en mucho de su longitud, entonces se daba por sentado que cualquier tratamiento era inútil, pues se consideraba que una persona que hubiera perdido la correcta medida, ya no estaba en disposición de seguir viviendo. Tampoco hay que perder de vista que Hildegarda pedía prevención frente a las plantas venenosas y advertía contra los narcóticos. Para casos de peste bubónica no recomendaba ninguna sustancia mágica, sino que se empleara la hierba de Aarón como sedante, a fin de aplacar los dolores de la muerte. Asimismo arrebata su aureola mágica a la salamandra, considerada desde la Antigüedad pagana como el animal más venenoso, advirtiendo que nunca hirió a hombre alguno.

Visto en su conjunto, podríamos sumarnos al juicio positivo formulado por la profesora Irmgard Müller, de Marburgo, acerca de la primera historia natural escrita en Alemania: Hildegarda no sólo habría conocido bien la medicina altomedieval, sino que también habría llevado a cabo «dentro de los límites de su tiempo, una razonable terapia sintomática, y como consecuencia de su pensamiento holístico, ha forjado una teoría de la enfermedad coherente y consecuente».

Esta tesis se apoya principalmente en la constatación de que Hildegarda extrajo de la amplia gama de indicaciones transmitidas sobre muchas plantas y drogas, ámbitos de aplicación —pocos acertados, pero muy prometedores— donde quedaban excluidos, en no pocos casos, los legendarios poderes mágicos. Además Hildegarda insiste reiteradamente en una dosificación mesurada y prudente, porque de lo contrario, tales medios pueden dañar más de lo que curan.

Hildegarda recomienda el jugo de la aquilegia prensada contra la fiebre; la altamisa cocida con carne o en forma de mermelada ayuda contra el empacho; y la ortiga cocida sirve para problemas metabólicos. El hinojo favorece la digestión, el extracto de jengibre —disuelto en vino— devuelve la luz a los ojos borrosos, las hojas de verbasco fortalecen el corazón débil. El caldo de la mielenrama obra milagros con las heridas que sanan con dificultad; el jugo de violeta disipa la melancolía. Hildegarda también conoce el regaliz (el *Bärendreck*), que aclara la voz y alegra el ánimo.

En la *Physica* asimismo se encuentra una receta cosmética original: a quien fácilmente se le seque por el viento la piel de la cara, debe hervir cebada en agua, filtrar la mezcla a través de un paño, y con ello, lavarse el rostro cuidadosamente, de esta manera la piel se vuelve blanda y suave, además de adquirir un buen color. (La cosmética tiene para Hildegarda un único objetivo: que la mujer se ponga bella para su esposo, «para la honra y honor de éste, y para que la esposa aparezca más hermosa aún a los ojos del marido». Adornos de oro y diademas sólo podían usarse cuando el marido lo consentía.)

Con los medios de curación natural se procede hoy día de manera bastante acrítica; llamativas religiones sustitutivas como la Heimholungswerk[5] rechazan de plano los medicamentos y recomiendan sencillamente invocar mediante la fuerza de los pensamientos la «energía» curativa que hay en las plantas, también viejas recetas de hierbas fueron celosamente desempolvadas y difundidas en la Unión Soviética. Es por ello por lo que no puede ser malo recordar aquí las advertencias de Hildegarda contra el uso desmedido o no selectivo de la «farmacia natural». Las plantas medicinales tienen ciertamente menos efectos secundarios que los productos de la industria farmacéutica, pero su ámbito de actuación está limitado, y es necesaria una correcta dosificación para descartar intoxicaciones.

Quizá lo que muchos amantes de la naturaleza no sepan es que un tercio de las plantas y flores autóctonas están ya en la «lista roja», es decir, en el registro donde son consignadas las especies amenazadas y al borde de la extinción. En lugar de recorrer bosques y campos a la busca de hierbas milagrosas, sería mejor ir a la farmacia a preguntar por ellas, o incluso cultivarlas en el propio balcón. Después de todo, no es tan difícil.

[5]   Grupo sectario cuyo nombre completo es Heimholungswerk Jesu Christi, también denominado Universelles Leben. (N. del T.)

EN LO QUE NOS AVENTAJA
LA MEDICINA MEDIEVAL

«Ni he creado nada, ni he dado la existencia a nadie», dice contumazmente la «dureza de corazón», en una de las magistrales alegorías de Hildegarda.

> ¿Por qué había de preocuparme o esforzarme por ello? Algo así lo dejo estar. No quiero esforzarme por nadie con más fuerza de lo que éste me vaya a ser de provecho a mí. ¡Es Dios, el que todo lo ha hecho, quien debe ser responsable de ello y preocuparse por toda su Creación!

La respuesta de la Misericordia viene de una nube borrascosa en que se oyen «como el murmullo de mucha agua al caer» las voces de un coro innumerable de bienaventurados:

> ¡Oh criatura endurecida… no eres digna ni de tener apariencia humana!

La Misericordia se describe a sí misma como una benéfica hierba medicinal, dispuesta a prestar su ayuda a todos.

> Con ojos atentos vigilo todas las amarguras de la vida y me siento unida a todos. Al atribulado lo ayudo y lo llevo a la curación. Soy un bálsamo para todo dolor […].

¿Qué tiene que ver este misterioso diálogo con la medicina natural de Rupertsberg? Pues mucho. En efecto, para la medicina medieval la enfermedad era algo más que una avería en el mecanismo corporal que debía se reparada, y el médico tampoco era un mecánico o un especialista del tratamiento, sino alguien que podía dar misericordia al hombre sufriente. No se trataba meramente del mal funcionamiento de un órgano determinado cualquiera, sino del organismo entendido como unidad, de la relación directa con la naturaleza, y la de la sanción del hombre completo.

Por ello se cita aquí la alabanza de Hildegarda a la Misericordia, porque nosotros, hombres del siglo xx, solemos mirar con altiva arrogancia la subdesarrollada Edad Media. Y para ello no hay ninguna razón. Ciertamente, experimentamos de manera cada vez más dolorosa el empobrecimiento que ha venido aparejado con el progreso de la medicina. A dicho progreso debemos, además de una ampliación de la esperanza de vida y la liberación de muchos padecimientos, una desbordante medicina tecnificada cada vez más grave y un trato poco humano del «sujeto paciente». La orden hospitalaria de San Juan, en cambio, todavía hablaba respetuosamente de «nuestros señores enfermos».

Hildegarda ejerció en su monasterio la medicina con toda seguridad; ya conocemos las informaciones transmitidas por la *Vita* acerca de los tratamientos impartidos y el éxito de sus curaciones. Además, ¿cómo habría podido, una persona como ella, que en todas partes veía la presencia de Dios –en la Creación, en la capacidad humana de amar, en los afanes cotidianos e incluso en la vida y en la muerte– y que interpretaba la generosidad de Dios siempre como una forma de provocar una respuesta humana, en fin, cómo hubiera podido pasar de largo una persona así ante el dolor y la miseria de sus congéneres?

Y finalmente, la abadesa estaba inmersa en la tradición obligada de una medicina monástica altamente desarrollada. «Sobre todo y por encima de otra consideración, hay que velar por los enfermos», formula claramente la regla benedictina; en los monasterios masculinos había un *Frater Medicus* con formación especial, mientras en los conventos femeninos esa tarea recaía a menudo sobre la abadesa o una persona preparada que la sustituyera. Naturalmente los conocimientos de estos especialistas redundaban también en beneficio de los enfermos fuera de los muros del monasterio.

En los escritos correspondientes de Hildegarda no sólo se aprecian huellas de la medicina popular, con la que a buen seguro se familiarizó pronto gracias a las ya mencionadas ancianas recolectoras de hierbas en la región del Nahe. A través de Isidoro de Sevilla había tomado contacto a todas luces con la doctrina antigua de los fluidos corporales y los temperamentos, sobre la que se apoya la medicina medieval.

No puede evaluarse de manera definitiva la influencia que pudieron ejercer las fuentes árabes en Hildegarda. Durante sus viajes y por su diligente correspondencia pudo sin duda echar un vistazo a las colecciones de recetas de otros monasterios. Pero no cabe duda, lo que resultó decisivo en las ideas de la monja y en los métodos y tratamientos que empleaba fue su propia capacidad de observación permanente.

La abadesa de Rupertsberg se encontraba, como médica que era, ante la misma descorazonadora situación de todos los doctores de su tiempo: devastadoras epidemias acompañadas de hambrunas, guerras y catástrofes naturales. Legiones de leprosos miserables pedían limosna y agitaban una campanilla como advertencia, al tiempo que llevaban la infección de un sitio a otro. La mortalidad de niños y recién nacidos era aterradora; una de cada cinco muertes se debía a una enfermedad infantil.

De ahí que sea más admirable la alta consideración que alcanzó en aquel entonces el estudio de las plantas medicinales y la formación médica. Ya mucho antes que las universidades, la célebre escuela de Salerno velaba por que hubiera siempre nuevas generaciones muy cualificadas para las tareas curativas. Los monasterios tenían también sus médicos, que ejercían como cirujanos, internistas y farmacéuticos. Ya en el año 830 encontramos en la abadía benedictina de San Galo un hospital, una «casa de sangrado» propia, baño, instalaciones sanitarias, un consultorio y una sala de tratamientos, un dormitorio para los enfermos graves, un depósito farmacéutico y un huerto con hierbas medicinales. En el monasterio de Spanheim en Bad Kreuznach (¡muy cerca de las abadías de Disibodenberg y Rupertsberg!) se ha documentado una excelente biblioteca médica del siglo XII. También en la época en que se fundaron las universidades, los clérigos trabajaron primero como médicos (y en París, por ejemplo, el celibato fue obligatorio para los médicos, aunque fueran laicos, hasta 1452).

En relación con Hildegarda interesa sobre todo, como es natural, la participación de las mujeres en los trabajos de curación. En primer lugar, las encontramos bajo una medicina no académica, cuyo papel no deberíamos subestimar: una profesión médica organizada como la de hoy no existía en aquel entonces; farmacéuticos, practicantes, barberos y parteras asumían ampliamente las funciones de la moderna práctica médica; la posición de las parteras gozaba de cierta consideración, pues a ellas se les encargaban operaciones habituales como la apertura de abscesos, o la extracción de pólipos. Todavía hacia 1400 había célebres doctores que llamaban a consultas a las comadronas en París.

Pero también había médicas en el sentido pleno de la palabra, y por cierto en número sorprendente; durante el siglo XIV se registraron en Francfort catorce. En Salerno, donde se impartían muchas prácticas y donde confluían la ciencia oriental y la experiencia occidental, a las mujeres les estaba permitido el acceso al estudio. Allí enseñaban también profesoras, de las que apenas ha quedado noticia, si exceptuamos a la legendaria Trotula, que escribió una obra de referencia sobre ginecología. A comienzos de la Edad Moderna, las mujeres fueron siendo apartadas lenta pero definitivamente de la profesión médica (casi siempre con el argumento de que no tenían los estudios necesarios, de los que al mismo tiempo quedaban excluidas).

Durante los episodios de caza de brujas, las persecuciones contra las «mujeres sabias» y sus habilidades, debidas a la envidia y al miedo de los hombres, así como a los delirios religiosos, alcanzaron un punto culminante terrorífico.

Volvamos a la Edad Media; en este momento se dan los primeros pasos hacia una sanidad pública. Con la extensión de las rutas comerciales y el auge de las ciudades nacen los hospitales como centros de atención al peregrino, establecimientos que en aquel entonces recordaban más a una gran familia o a un asilo. «Quizá el éxito más importante logrado por la Edad Media fue el nacimiento de los hospitales», afirma un historiador muy crítico de la medicina.

El cristianismo ejerció en esa dirección el mismo influjo estimulante que antaño había supuesto el budismo en la India.

Sin embargo, el mismo especialista, Erwin H. Ackerknecht, también advierte, de manera algo despectiva, que no debemos sobreestimar el significado que tuvo la medicina monástica, que habría consistido sobre todo en trabajos de traducción, que debían servir para las necesidades prácticas de los huertos de plantas medicinales y de los departamentos para enfermos. Aparte de que la en estas palabras tan escasamente valorada tarea de copia de los escritorios monásticos ayudó a rescatar una gran parte de la sabiduría de la Antigüedad, naturalmente que en toda la medicina medieval pueden encontrarse algunos rasgos oscuros o criticables. Siglos después de Hildegarda, todavía se luchaba contra la peste con un paquete de actuaciones terapéuticas que contenían tanto prácticas mágicas como pioneras medidas sociales a favor de la higiene: por un lado se propagaba un polvillo de higos, ruda y nueces, que podría hacer desaparecer la pestilencia; al mismo tiempo se aconsejaba la fumigación y permanente ventilación de las habitaciones de los enfermos, se advertía contra las aglomeraciones de personas y se inventó la cuarentena.

Ningún médico medieval superó a Galeno y su antigua doctrina de los elementos, pero tal cosa nunca perjudicó al paciente. Empédocles de Agrigento había fundado esta doctrina en el siglo v a. C.; más tarde fue admitida en la literatura hipocrática, ulteriormente desarrollada por Aristóteles y −en el siglo ii d. C.− por Galeno. De esta forma se convirtió en la teoría médica dominante en la Edad Media y aún en siglos posteriores.

En resumidas cuentas, venía a decir lo siguiente: la salud no es sino la proporcionada mezcla de cuatro humores corporales, la sangre, la flema, bilis negra y la bilis roja, con las cualidades básicas de calor, sequedad, humedad y frío. Cuando el intercambio de fluidos sufre algún tipo de alteración, surge la enfermedad; con remedios y una correcta alimentación se debe intentar la restauración del equilibrio de los elementos o humores corporales. Con esta teoría surgieron también sangrados, extracciones de sangre, curas de sudor. En apariencia era fácil: enfermedades «frías» se tratan con medios «calientes»; dolores «húmedos» con medicinas «secas».

Bajo teorías tan extrañas y denominaciones tan antiguas, se hallan naturalmente una buena cantidad de yerros, pero también auténticas perlas. En lo que la medicina medieval nos adelanta es sobre todo en la estrecha relación existente entre curación y forma de vida. Tan sólo necesitamos prestar atención a las actuales estadísticas de fallecimientos en los países industrializados, y ver qué papel decisivo ha desempeñado tanto la influencia de un entorno funesto como una forma de vida irresponsable en la historia clínica de las víctimas de cáncer o infarto. Entonces habrá que aprender a apreciar de nuevo esta medicina tan en consonancia con el ritmo biológico y el entorno ecológico.

No respondía a una simple ocurrencia arquitectónica el hecho de que los constructores de los primeros hospitales hasta el siglo XII agruparan las salas para los enfermos en forma de cruz alrededor de un espacio habilitado para el servicio religioso. La mirada del enfermo orientada hacia el altar significaba lo siguiente: *Cura corporis y cura animae*, que curación del cuerpo y cuidado del alma van siempre juntos. Es notable de cuánta consideración gozó en el ejercicio de la medicina durante la Edad Media el diálogo con el paciente; la anamnesis y la prognosis desempeñaron un papel tan importante que ni siquiera hoy día cumplen en la consulta del neurólogo (que para las laberínticas evoluciones del alma prescribe a menudo una serie de recetas sin fin, igual que sus colegas lo hacen contra la gripe y la tos).

Quien rechace los esfuerzos realizados en la Edad Media por una medicina holística interesada por el cuerpo, y por el alma, y por el medioambiente, como expresión de una idea del mundo global, y afirme que esta medicina, hoy día, en una época de pluralismo práctico y desapasionado, ya no puede ser restaurada, debería colocarse de nuevo las gafas y tener en cuenta que precisamente aquel pluralismo objetivo, así como en definitiva todas las ciencias naturales modernas, se ha presentado también con derecho a un concepto del mundo. Por otra parte, este tipo de ciencia y sus todopoderosas ilusiones hace tiempo que han sufrido un fracaso vergonzoso. Dado que son muchas más las personas que mueren por el estrés y la neurosis, por los abusos de sustancias que proporcionan bienestar y por desilusión espiritual, que las que mueren por las clásicas enfermedades infecciosas, la «técnica curativa» debería por fin rendirse y hacer sitio a una medicina más integradora.

Una medicina holística semejante –que se oriente a lo psicosomático y se esfuerce por estar en armonía con la naturaleza– es hoy día casi inminente, sin bien habría que replantearse en serio viejas verdades. No ayuda nada en absoluto tratar cualquier síntoma corporal, si nuestro insalubre entorno se queda como está, y si las cuitas espirituales son de nuevo pasadas por alto. Cuando el sistema nervioso vegetativo se rebela contra la frustración permanente y contra el sentimiento de absurdo, el cuerpo imperdonablemente olvidado emite silenciosas protestas mediante úlceras de estómago, punzadas en el corazón y ataques periódicos; entonces las pastillas ya no ayudan, ni siquiera las curas de reposo, sino tan sólo un cambio radical en el estilo de vida y en el planteamiento de la existencia.

¿Cuánto tiempo más ha de transcurrir hasta que los cristianos redescubran el poder curativo de su fe y –por decirlo de manera provocativa– vuelvan a confiar más en su Salvador que en cualquier especialista investido con símbolos de estatus? Naturalmente no se trata de sustituir la terapia médica con ilusorias oraciones. Pero sería muy necesario redescubrir la unidad entre cuerpo y alma en el hombre, el poder que también tiene el cuerpo en la capacidad de conocerse a sí mismo y en el saberse amado, la enorme importancia de la cercanía humana y de la solidaridad en el proceso de sanación. Jesucristo nos ha enseñado con sus curaciones milagrosas cuán importante es la cercanía misericorde con el que sufre y tomarse en serio a los enfermos, que demasiadas veces están solos.

Todo ello podemos apreciarlo también en Hildegarda de Bingen. Su doctrina curativa, un compendio temprano de medicina psicosomática, muestra al hombre como la unidad de cuerpo y alma («El alma atraviesa el cuerpo, como la savia atraviesa el árbol»); cuerpo y alma fueron creados por Dios brillantes y sanos, y aunque se corrompieron por los pecados, se encuentran no obstante –desde que Cristo se encarnó y vino al mundo– en un proceso de curación, caminando hacia una nueva Creación.

16.

LA SALUD COMO DEBER COTIDIANO:
CAUSAE ET CURAE

Las ideas médicas de Hildegarda, sus observaciones y consejos para tratamientos se reúnen en el segundo libro de sus *Liber subtilitatum diversarum naturarum creaturarum*, que posteriormente ha recibido el título de *Causae et curae*, «causa y cura» (de las enfermedades). Tan sólo se ha conservado un manuscrito, en el códice 90 b de Copenhague, del siglo XIII.

Aunque el título, la división de los capítulos y algunos pasajes —como era de esperar en cada larga historia de la tradición manuscrita— se han revelado apócrifos, no hay ninguna duda de la autenticidad de todo el texto y de la autoría de la abadesa.

En lugar de referir aquí el contenido de este fragmentario y ciertamente inconexo acopio de materiales capítulo a capítulo, es preferible intentar resumir las ideas centrales de la obra sobre la salud y la enfermedad como se encuentran no sólo en *Causae et curae*, sino también de manera diseminada en sus demás escritos (sobre todo en su principal obra de contenido cosmológico y antropológico, el *Liber divinorum operum*). Veremos con claridad cómo su idea de la salud se entrelaza con teología de la Creación, filosofía cósmica, medicina y ecología, antropología y psicología.

Pero fuese cual fuese el tema que tratase Hildegarda, siempre lograba expresar una profesión de fe y una declaración de amor a Dios:

Toda la armonía del cielo es un espejo de Dios, y el espejo de todos los milagros de Dios es el hombre.

Él es el corazón del cosmos, Dios lo ha hecho a su imagen y sólo a esta criatura la ha dotado de su forma. El hombre vive de sus cuatro fluidos, al igual que el universo está compuesto de cuatro elementos: el hombre participa del universo mediante su carnalidad.

Schipperges ha descrito con gran belleza la percepción que tenía la monja de los elementos como el «color y tono primordial del mundo», de donde parte el gran diálogo cósmico en el cual todos participamos. El organismo vivo que es el hombre lleva escritos en su cuerpo los rasgos de la tierra, además de energías cósmicas en su interior (Hildegarda encuentra innumerables paralelismos entre las partes del cuerpo, los fenómenos naturales, los astros y las estaciones del año); de esta forma el hombre se siente unido al mundo, amplía horizontes y puede pensar en la tierra como en su patria.

Con el hombre Dios ha llevado su obra a la perfección [...]. De esta forma el hombre lleva el mundo entero en su corporalidad.

El hombre es carne, porque pertenece al mundo. No encontraremos huella alguna de odio al cuerpo en esta monja, sensible a la naturaleza aunque por sus convicciones viviera en castidad y célibe. El hálito de Dios que

en el hombre se llama alma atraviesa la carne por completo y la tiene a ésta por una cómoda vestimenta y hermoso ornato. Es por ello por lo que éste la quiere y concuerda con ella en todo [...]. Y porque Dios no ha hecho nada en la naturaleza que no sea dotado de alguna capacidad, ni ha hecho nada que sea vacío, también el hombre puede seguir haciendo igualmente obras maravillosas.

El hombre es *opus Dei*, imagen y obra de Dios, no es ningún producto de la casualidad, no es algo aislado, sino referido a Dios y llamado a la vida por Su amor. El hombre es *opus alterum per alterum*, se realiza a través de los demás. La carne busca interacción, la persona existe sólo en tanto «Tú», eso es algo que Hildegarda sabía mucho antes que Martin Buber.[6] Pero el hombre también es *opus cum creatura*, se realiza completamente en relación con el mundo. Dialogando con él, descubre la obra de Dios. El mundo le lleva y sostiene, pero el hombre también debe cuidar y proteger el mundo. Todas las cosas mundanas se orientan al hombre, pero la tierra no ha sido destinada para darle placer. El hombre debe regir a sus co-criaturas, y ciertamente no como un tirano explotador, más bien debe abrazarlas «con ardiente amor».

«Yo soy por completo la vida entera», *vita integra*, así se revela Dios en la gran visión inicial del *Liber divinorum operum*, Él ha hecho al hombre según su imagen: brillante, íntegro, rebosante de salud, hermoso en su estatura, lo ha convertido en el centro de la Creación, capaz de hablar con el mundo, listo para emprender una alianza con la naturaleza.

Y todos los elementos le estaban sometidos, pues sentían que la vida estaba con él, y le ayudaron en cuanto hacía, y él a ellos.

Homo autem rebellis est: mientras cada criatura busca llegar al Creador, el hombre se rebela. Con su búsqueda arrogante de autonomía, con su soberbia cerrazón en sí mismo, el hombre ha destruido su existencia, perturbado su relación con la naturaleza, desencadenado la enfermedad y la muerte. Se ha destruido a sí mismo, se aparta del buen camino y

---

[6]   Filósofo israelí de origen austríaco (1878-1965), célebre por su «filosofía del diálogo» (Yo-Tú/Yo-Ello) en que exploraba las relaciones entre el hombre y el mundo. *(N. del T.)*

se convierte en una frágil figura. También aquí cuerpo y espíritu interactúan estrechamente; cuando los pensamientos en el hombre «se endurecen y se vuelven contumaces», se agotan las «fuerzas de la virtud», comienzan a condolerse la cabeza y los ojos, empieza a consumirse la médula de los huesos. El hombre es consciente de su fracaso, se enfurece, añora el paraíso perdido y se deprime por ello.

Para Hildegarda la enfermedad no es ningún proceso patológico, sino una degeneración de la vida humana, un déficit de fuerza vital. Dicho con su lenguaje simbólico: la *bilis negra* (melancolía) domina sobre el poder vital (*viriditas*).

Es por ello por lo que el proceso de curación consiste en un cambio de rumbo que abarca cuerpo y alma, razón y espíritu, en una revolución en el estilo y objetivos de la vida. Ahora entendemos por qué según Hildegarda las lágrimas pueden ser una medicina; porque el arrepentimiento es capaz de cambiar la vida. Quien se ha perdido regresa a la comunidad del mundo angélico, el hombre sana de nuevo, pues a ello está destinado, y Dios le quiere completa y venturosamente. La imagen rectora de aquellos que ayudan al hombre debe ser Cristo, «el gran médico», el Salvador del mundo. La misericordia se convierte en el centro del *ethos* médico.

Dicho esto, la salud no debe entenderse meramente como un proceso eventual consistente en la reparación de órganos dañados. Llevar una forma de vida sana se convierte en un deber cotidiano. Y si alguna vez se hace necesaria una acción médica, ésta debe tener en cuenta al organismo en su totalidad, sin menospreciar las condiciones externas vitales; además dicha actuación debe también combinarse con un programa previo de prevención y posterior de seguimiento.

Hildegarda no es la única que se adhiere a este concepto holístico de la medicina. Ya Isidoro de Sevilla, a quien ella debe tanto —pues durante el siglo VII, éste se entregó por completo a la recopilación del patrimonio cultural de

la Antigüedad, para elevar los conocimientos del clero–
definía elocuentemente la medicina como una segunda
filosofía, «pues también esta disciplina se ocupa del hombre en su totalidad». Y más tarde Paracelso advirtió a los
cirujanos que no se limitaran a quemar y cortar, y que
prestaran también atención a la forma de vida del paciente.
Dado que ahí podría encontrarse la causa de la enfermedad, el médico tenía que observar con toda exactitud «la
calma y la agitación, el sueño y la vigilia, el movimiento y
la quietud, la alegría y la tristeza» del enfermo.

> Observa [...] con sumo cuidado que no se agoste en ti la
> fuerza vivificante de tus pensamientos, que le debes a Dios,
> debido a la mutabilidad de ésta.

Esta breve advertencia que Hildegarda dirigía a un abad
constituye una auténtica receta, aunque no se trate aquí de
ningún bebedizo ni de ninguna píldora, sino muy al contrario de la fuerza vital que Dios ha colocado en todos los
elementos y que el hombre debe preservar mediante una
vida razonable, sana, en armonía con Dios y la naturaleza.
   Este concepto central en su concepción de la salud,
la *viriditas*, el poder vivificador de la vida, se halla vigente
aún después de ochocientos años sin necesidad de mayores
explicaciones. Representa la salvación que Dios ha puesto
en su Creación por amor a los hombres: cuando la enfermedad ha confundido los elementos, la naturaleza presta
su ayuda con la «medicina» contenida en los elementos, en
el aire y el agua, en las plantas y los animales – quiere decir,
con aquella fuerza vivificante que actuó en la potencia de
Abrahán y en el regazo de la Virgen; a ella Hildegarda la
llama *virgo viridissima*: virgen fresca y enérgica. Y en los
diferentes himnos que alaban el poder de Dios con que
pone fin a su *Scivias*, Hildegarda entona una alabanza aún
mayor al poder de la vida:

¡Oh noble frescura!, tú echas raíces en el sol [...]. A ti te abarca el abrazo de los secretos de Dios. Enrojeces como la aurora y ardes como la llama del sol.

Que nadie diga que estamos tan sólo ante la candorosa medicina popular de la Edad Media, que se ha adornado con un poco de poesía piadosa. En el siglo XIX, el padre de la homeopatía, el médico Samuel Christian Hahnemann, sorprendió a sus colegas con los éxitos espectaculares de sus tratamientos basados en una práctica médica orientada a cada paciente de manera individual. Hahnemann definía la salud como la actuación imperturbada de la «energía vital», una energía vital que abarcaba todo el organismo. La clave de la disciplina médica consiste en revitalizar la fuerza vital paralizada.

¿Por qué consideramos con desprecio tan a menudo aquella época en que no existía aún el diagnóstico por rayos X ni máquinas de respiración asistida, pero en la que las personas tenían mayor compasión que hoy día, una capacidad mayor de entender el dolor y de una benéfica cercanía a quien sufre? Wolfram de Eschenbach enumera detalladamente en su *Parsifal* los esfuerzos médicos y farmacéuticos en torno a la supurante herida del rey del Grial, Anfortas. Todo en vano. Sólo la sencilla pregunta de *Parsifal* logra liberar al paciente de sus tormentos infernales: «Señor, ¿qué te causa dolor?».

Una actitud semejante era plenamente comprensible para todo aquel que percibiera a Cristo, el Sufriente, con sus heridas detrás de cada enfermo y cada afligido. Ya sabemos que la regla benedictina consideraba a los enfermos como una señal de la cercanía de Dios. Fue con este espíritu con el que seguramente también Hildegarda se encontraría con los pacientes, que se dirigían a Rupertsberg procedentes de toda la Renania como si acudieran a un centro de peregrinación, sabiendo bien que allí no se les iba a dar una pócima especial o una receta eficaz para continuar el tratamiento en el hogar, sino porque iban a encontrar sobre todo buenas palabras y una misericorde atención.

Hildegarda pudo también haber ayudado a enfermos graves e incurables a aceptar su destino y a no perder en el dolor su dignidad humana. Para ella, el dolor formaba parte de la vida. Después del pecado original se había abierto una brecha en la Creación. Pero el hombre era capaz de superar esa brecha, logrando dar un sentido al dolor, y descubriendo que también en las desgracias Dios permanece cercano y fiel al hombre. Hildegarda anima a superar de manera reflexiva el dolor, y a aceptarlo como medio de maduración personal, a tomarse el sufrimiento como forma de reparación por los pecados de los demás, a dirigirse a Dios en piadosa esperanza y dejarle a Él la curación.

Dios te ve y te conoce. Él nunca te abandonará.

La abadesa de Rupertsberg no aceptó sin más la teoría tan querida en su tiempo que consideraba el dolor como un castigo de los pecados. El Dios que se esconde detrás de este aparentemente correcto ajuste de cuentas era un Dios justo, pero también un juez muy severo, demasiado severo para Hildegarda y su apasionado amor por el hombre. La monja consideraba con atención el hecho de que efectivamente el dolor podría haber sido enviado como enseñanza por Dios, pero que el hombre no podía estar seguro de ello. Más importante que semejantes especulaciones era fortalecer las fuerzas de la naturaleza y el cuerpo enfermo mediante un modo de vida responsable, de manera que se resistieran mejor los ataques del diablo y de sus infernales acólitos.

Evitaba en todo caso dar garantías de éxito en una curación o atribuir efectos mágicos a cualquier sustancia empleada. Veía de un modo realista que la invitación hecha por Dios a los hombres para que un día regresaran a su morada, representaba una barrera infranqueable para toda disciplina médica. En su *Causa et curae* afirmaba lapidariamente:

> Para las enfermedades antes mencionadas, Dios ha dispuesto los siguientes medios curativos: o bien las enfermedades dejarán al hombre, o éste morirá, o Dios nunca lo librará de ellas.

Hildegarda, en calidad de médica, empleaba el sangrado, los vomitivos, las plantas de efecto calórico, apósitos, todo con fidelidad a la doctrina de los fluidos de su tiempo: si los fluidos corporales caían en el desorden, entonces había que apaciguar el organismo y purificarlo, y extirpar la parte putrefacta. Galeno, considerado el pope de los médicos, representaba en aquel entonces, y aún varios siglos después, una tradición jamás cuestionada. Por ejemplo, hubiera sido posible adquirir nuevos conocimientos mediante la disección de cuerpos, pero se seguían demasiado estrictamente las enseñanzas de los libros galénicos y se mostraba muy poco interés por las observaciones críticas. Los exiguos conocimientos de Hildegarda sobre anatomía se corresponden con lo que era habitual en su época.

Cuando habla efectivamente de fluidos venenosos en el cuerpo, no se está refiriendo a enigmáticos efectos, sino a las consecuencias de una alimentación inapropiada o de un abuso desmedido de los placeres. Todavía hoy día merece la pena estudiar su teoría sobre la fiebre. La docta abadesa del Rin anticipó los conocimientos modernos sobre la circulación sanguínea, la composición química de la sangre y la transmisión de órdenes del cerebro a los nervios.

No es fácil para nosotros en la actualidad llegar a entender plenamente las imágenes empleadas por Hildegarda y su extraña terminología, y más cuando no ofrece ninguna imagen detallada de la enfermedad, sino que sólo la muestra a grandes rasgos, como desarreglos en el equilibrio de fluidos que modifican los cuerpos y son susceptibles de provocar enfermedades. Por ejemplo, atribuye las enfermedades pulmonares a un vapor maligno, que, producido en el hombre por los malos fluidos, se dirige al cerebro y a través del sistema circulatorio acaba afectando a los pulmones:

> Los pulmones se hinchan mucho con ello y sólo con dificultad pueden exhalar la respiración, y lo hacen provocando mal olor.

Si traducimos al lenguaje de la medicina moderna esta descripción que suena tan aventurada, se revelaría aquí la exacta descripción de un enfisema pulmonar.

La misma impresión de modernidad nos la causa su receta para el tratamiento de las quemaduras; el consejo ya mencionado de cubrir la herida únicamente con un paño bañado en caldo de semillas de lino y de renunciar a los entonces habituales aceites y ungüentos, evitaba el riesgo de infección. También la abadesa estaba bastante adelantada a su tiempo en lo que se refiere a sus consejos sobre los sangrados. Este método —cómo no, inspirado también por Galeno—, consistente en purificar los fluidos corporales y deshacerse de la sangre sobrante, era considerado durante el medievo el medio definitivo de curación por excelencia. Pero Hildegarda aconseja pese a ello prudencia:

> Pues un sangrado excesivo debilita el cuerpo, igual que un chaparrón, que con violencia cae sobre la tierra, dañándola.

Aconseja que tras la extracción de sangre se evite el consumo de carne asada muy jugosa, queso graso y vino fuerte; durante el sangrado recomienda ayuno, y afirma que en edades avanzadas el procedimiento resulta bastante dañino.

Según Hildegarda hay una forma completamente natural de combatir la debilidad de la vista ocasionada por la edad o una enfermedad: el paciente tendría que ir a un verde prado y contemplarlo hasta que los ojos se le humedecieran.

> Pero también se puede tomar un paño de lino, mojarlo en agua limpia y fresca, colocárselo sobre los ojos y las sienes y vendárselo; hay que proceder con cuidado, para que no haya contacto con el interior del ojo y no se ulcere por el agua.

Con qué benéfica sencillez procede la abadesa cuando hay síntomas de enfermedades mentales es algo que ya hemos visto antes en el «caso Sigewiza». Para Hildegarda, la melancolía y el pesimismo pertenecen al ámbito de la falta de fe y la escasa fuerza personal más que al de las enfermedades del ánimo; acierta con seguridad cuando de manera poco sensible compara a las personas depresivas con sapos, por el «charco de sus desdichas», y les aconseja enardecidamente que contemplen de una vez «toda la magnificencia de la vida terrenal», en lugar de hundirse en la tristeza y limitarse a regocijarse con su propia alma herida. En el mismo contexto encontramos esta sutileza claramente comprensible:

> También la tristeza esconde aún alegría, y en toda alegría descansa una felicidad [...].

Premonitoria de nuevo fue la recomendación de Hildegarda de tratar con mercurio las afecciones de uñas; desde que Dioscórides —el médico militar en tiempos de los emperadores Claudio y Nerón—, tan admirado en la Edad Media, había advertido contra su uso, los médicos tenían grandes prevenciones hacia el mercurio, con excepción de los árabes, quienes por mediación de la escuela de Salerno también ilustraron a Hildegarda en este punto.

Recomienda asimismo el uso de determinados hongos, que conoce bastante bien; la moderna terapia basada en la penicilina (que es un tipo de moho) se apoya en tales tradiciones.

De manera certera describe la importancia de dormir bien y de los sueños para la salud del organismo:

> Pues así como el cuerpo del hombre crece gracias a la alimentación, lo mismo le ocurre al tuétano con el sueño. Cada vez que el hombre duerme, se repone también su médula [...].

Pero durante el sueño, «mientras que la vida propiamente permanece inconsciente», el alma continúa ampliando la sabiduría de los hombres.

> Mientras el cuerpo descansa y no hace nada, el alma, que es requerida por el cuerpo en tantas ocasiones durante el estado de vigilia, hace que su conocimiento, con el cual obra de ordinario dentro del cuerpo, así como sus ojos, campen a sus anchas durante el sueño y echa un vistazo alrededor, porque ya no se encuentra impedida por la actividad dispersiva del cuerpo.

Con ello nos acercamos a la medicina dietética, de carácter tan central para la teoría médica de Hildegarda, que apunta un modo de vida responsable y apela a la conciencia del paciente. La frase clave es la siguiente: cada uno es responsable de su cuerpo.

En el capítulo sobre el sueño que acabamos de citar, por ejemplo, Hildegarda anima al lector a pensar que los problemas vigentes y los estados de ánimo pueden perseguir al hombre hasta el terreno onírico, y lo anima a que ni duerma excesivamente ni expolie su propia salud subestimando la necesidad del sueño:

Si alguien durmiera mucho y desmedidamente, sufriría numerosos y graves ataques de fiebre, y también podría ocurrirle que se le turbara la vista [...]. Pero quien duerma adecuadamente, permanecerá sano. Y aquel que permanezca demasiado tiempo despierto, caerá entonces en un estado de debilidad corporal, perderá sus fuerzas y se debilitará por completo su ánimo; los tejidos oculares sufrirán, el ojo enrojecerá y se hinchará.

La benedictina Hildegarda, con su medicina dietética que concibe la salud como la vida en armonía con uno mismo y la naturaleza, descansa también, como no podía ser de otra manera, sobre una larga tradición. Ya la medicina hipocrática solía emplear los medicamentos sólo cuando la dieta fracasaba. «Mejor que cualquier médico es esta triple regla: calma, felicidad, moderación», así lo afirmaba posteriormente el libro médico más popular en la Edad Media, durante el siglo XIII, resumiendo aquella tradición. Se trata del *Regimen Sanitatis Salernitanum*, la regla médica de Salerno, que contiene sobre todo el altamente desarrollado acervo médico de los árabes; famosos proverbios, que nacieron en este *best seller* intemporal, como aquel que reza «Después del yantar, descansar o mil pasos caminar».

Avicena, persa genial, muerto en 1037, médico personal de muchos príncipes, autor de dieciocho tomos de filosofía y de un *Canon de medicina*, que durante siete siglos fue considerado una obra de referencia en Europa, se refería a las mismas cosas con su lacónica frase *virtus, non medicus*. ¡No cura el médico, sino la virtud! Esta clase de medicina trata sobre la forma correcta de vida, sobre el correcto ritmo entre sueño y actividad, movimiento y calma, sobre comer y beber de manera sana, y sobre un trato razonable con los sentimientos propios, los miedos y las agresiones.

Ritmo, equilibrio, justa medida: he ahí las palabras clave. «Y de esta forma, lo que el alma más quiere es la justa medida», constata Hildegarda en su suma antropológica.

Siempre y cuando el hombre coma o beba sin discreción, o haga algo parecido, se resentirán las fuerzas del alma, pues las cosas sólo hay que hacerlas con mesura, ya que el hombre no puede permanecer permanentemente en el cielo.

El alma, que habita el cuerpo humano con tanta prudencia como el padre de familia en su hogar, se preocupa por la correcta medida, pero el diablo se rebela contra ello, «pues éste sólo persigue lo extremamente alto o lo extremamente profundo, razón por la cual también cayó». De ahí su máxima:

El hombre debe aspirar a ambas cosas: la nostalgia por el cielo y la preocupación por las necesidades de la carne. Así el hombre debe comportarse discretamente en cada ocasión, para que no se cause la ruina en él por la acción de buenas obras impuestas de manera desmesurada, y para que éste no se derrumbe bajo el peso de costumbres inadecuadas.

Esta *discretio*, esa virtud amiga del hombre y regalo del cielo, que Hildegarda muestra en su *Scivias* como «madre de todas las virtudes» y órgano dominante de la justicia divina, esta *discretio*, decimos, pone también un énfasis renovador en la vida de su monasterio. Hildegarda rechaza tanto los severos y desproporcionados ayunos como la gula excesiva.

La virtud de la abstinencia mantiene un drástico diálogo con un hombre que se ha apartado del camino:

Pues unas veces te apoyas en desmedidos ayunos, de manera que apenas puedes vivir, para luego, otras, volver a hincharte el vientre con tu glotonería, de tal manera que te desbordas y debes vomitar malamente las mucosas del estómago.

Pero no, el hombre debe cuidar su cuerpo con moderación, «entonces tañeré la lira en el cielo en señal de ruego por él». Hildegarda, sirviéndose de una visión sobre las funestas obras del Anticristo, sabe dar el consejo de que incluso la castidad ¡no debe traspasar «la medida natural»!

La vida en equilibrio, en ritmo armonioso; éste es el pensamiento central que se advierte en todas las enseñanzas médicas de Hildegarda, que aboga por comidas variadas, que se complementen entre sí, ni muy secas ni muy grasas. En verano hay que evitar comer cosas demasiado frías, en los duros inviernos hay que evitar las cosas excesivamente calientes. Entre la cena y la hora de irse a la cama ha de haber tiempo para un paseo. En verano se puede beber más que en invierno, cuando hace mucho calor, y lo mejor es el agua templada. Sabe que la cerveza da un hermoso color al rostro humano, «a causa del buen jugo del cereal», y que el vino tiene una acción beneficiosa y alegra el corazón, siempre y cuando no se tome en demasía. Para rebajar un vino fuerte recomienda mojar pan o añadir agua, y añade sabiamente:

> Por el contrario, no es necesario rebajar una gota del vino de Hunsrück, pues no es tan fuerte.

Hildegarda recomienda a sus lectores que se limpien regularmente los dientes; si uno es descuidado con esto, «aparece entonces como consecuencia una lámina en la carne y los dientes, que se va haciendo más grande, de manera que las encías enferman». Y también la claramente experimentada abadesa tiene un buen consejo para los jinetes en trato con sus caballos: deben preocuparse también por los pies y los muslos, «y ejercitarlos con doblamientos y estiramientos».

¡Vela por la vida hasta el máximo!

Con esta sentencia la abadesa se muestra como legítima heredera de san Benito, cuya regla exhortaba a no beber hasta el hartazgo y a someter el curso del día a un ritmo razonable de actividades. Pero la regla benedictina también prescribe claramente que los ancianos del monasterio deben recibir algo de alimento antes de los horarios fijados para la comida, y que había que prestar una atención especial a los enfermos.

Aquel que necesite menos, que dé gracias a Dios y no se enoje; pero quien necesite más, que se avergüence a causa de su debilidad y que no se ensoberbezca por la amorosa atención de que es objeto. Así todos los miembros permanecerán en paz.

V

FIEL A LA TIERRA Y LLENA
DE NOSTALGIA POR EL CIELO

ENAMORADA DE LA CREACIÓN

Cuando Dios miró al hombre a la cara, le gustó mucho.

Hildegarda, *Liber divinorum operum*

«Vamos pues a hablar tú y Yo y te mostraré cómo Yo lo dispongo todo, pues Yo recorro la bóveda del cielo»: de esta forma invita la Sabiduría celestial a la extasiada contemplación del universo en el *Liber vitae meritorum* de Hildegarda.

> Pues el Creador ha adornado a su Creación, como Él la hizo, de tal manera que le regaló Su gran amor. Y así toda la obediencia de la Criatura no era más que el deseo de un beso del Creador: y todo el universo recibió el beso de su Creador, pues Dios le otorgó todo cuanto necesitaba.

Qué diferencia abismal con la náusea con que el existencialismo moderno percibe su vinculación a un mundo que se considera odioso, superficial y absurdo: «No podía soportar más que las cosas estuvieran tan cerca», afirma Sartre, después de haber comprendido que los árboles y las fuentes y las admirablemente hermosas mujeres existan tan sólo para perecer, sin fuerza ni ánimo, con el hartazgo provocado por una existencia sin sentido, y demasiado débiles para ponerle fin por resolución propia:

Todo lo existente nace sin razón, pervive por debilidad y muere por casualidad [...] y yo me asfixiaba de rabia ante lo absurdo y pesado de este ser. Uno no podía ni siquiera preguntarse de dónde había salido todo eso, ni cómo había ocurrido, que existiera el mundo antes que la nada [...] por supuesto que no hay ninguna razón para que exista esta larva repugnante.

Por el contrario, Hildegarda no duda ni una sola vez de que Dios ha hecho el mundo por amor, para regocijo de los hombres, para que ni ellos ni Él estén solos.

Por ello la Creación puede hablar con íntimo amor a su Creador como si fuera su amada [...].

Y discretamente oculto en el canto a María –su canto favorito–, la tímida monja trasluce su orgullo de ser mujer: pues Dios ha creado el género femenino como «espejo de Su belleza» *et amplexionem omnis creaturae suae*, y para abrazar amorosamente toda la Creación.

Hildegarda nunca hubiera entendido la desesperación sartriana de la existencia. Además con su apasionado Sí al mundo es capaz de dejar atrás el miedo que tenían sus contemporáneos ante una naturaleza animada, el pánico provocado por la arbitrariedad de unas fuerzas elementales, por el granizo y las inundaciones, por los sombríos bosques y los terrores nocturnos. Allá donde nosotros hoy día buscamos reposo, regocijándonos en el último rincón de la Creación, el hombre medieval quedaba aterrorizado ante la vista de ciénagas y barrancos, cumbres inaccesibles y bosques impracticables desde antiguo.

Pero por supuesto también había corrientes contrarias: el Señor celestial mayestático, sentado en su trono sobre las nubes, como se lo representa en los mosaicos bizantinos y los frescos románicos, se acercaba ahora a sus criaturas, se hacía visible en sus obras, se volvía palpable bajo la forma del hermano Jesús. El simbolismo, que comenzaba a influir sobre el pensamiento hizo que todas las cosas fueran transparentes desde el cielo. Bernardo de Claraval, el admirado modelo de Hildegarda, pronunció el sermón sobre los árboles y las piedras, a los que prefería por encima de los libros, y Elredo, contemporáneo de la monja, un muy original autor cisterciense de Inglaterra, animaba a querer descubrir en toda la Creación «desde el ángel más elevado hasta el más minúsculo gusano» una huella de la bondad divina: su amor estaría presente en todas las cosas creadas, «con una sencillez fija, inaprensible, permanente, que lo contiene todo, lo envuelve todo, lo penetra todo».

La Salvación ya no es vista como la intervención de Dios ocurrida hacía largo tiempo, opuesta a las leyes naturales y a la historia universal, sino integrada en el gran proceso de la Creación, que comenzó en el momento mismo de la creación de la vida y sólo será completado con el regreso de todos los hombres y de la totalidad del universo a Dios. De repente, los cristianos se interesaban por el mundo. Comenzó a desarrollarse una «teología del trabajo»: el ajetreo cotidiano ya no se veía meramente como el castigo merecido a causa del pecado del primer hombre, sino como el recuerdo de los trabajos desempeñados por Adán en el jardín del paraíso y como una sagrada ocupación.

Estos son los puntos de apoyo sobre los que se empezó a mover la vida espiritual de aquel momento, y que a buen seguro también influyeron en Hildegarda. Pero no conocemos a ningún monje o sabio, a ningún poeta o a ninguna mística del siglo XII que se haya dedicado tan atentamente a la observación de la naturaleza y con tanta apasionada entrega a la solución de los misterios del mundo y que pueda compararse con la abadesa de Rupertsberg. En el andamiaje intelectual de sus contemporáneos, el interés por el mundo, la piadosa meditación sobre la Creación, como mucho daba para una planta del edificio, pero en ella la teología cósmica era nada menos que el fundamento de toda la construcción.

El universo, el mundo, la bondadosa tierra: he aquí en torno a lo que gira la totalidad de su pensamiento con la pasión de un descubridor. En su obra se habla relativamente poco de las profundidades del alma, de los mecanismos íntimos entre hombre y Dios, para abordar la estrecha relación de la Creación con Cristo, que une a cada uno de los seres vivos con las demás criaturas liberándolos de la soledad.

«Pues Él había creado el mundo y se había revestido de naturaleza humana», explica repetidamente a sus lectores, feliz como una enamorada que debe proclamar ante todos su dicha.

> De ahí que todas las criaturas se parezcan a Él, de igual manera que una moneda muestra la imagen de su señor. Dios ha creado el mundo y quiere que sirva de hogar para los hombres. Y porque quería atraerse al hombre, por eso Él lo hizo a su imagen y semejanza.

El hombre no existe aislado del resto de la Creación en una magnífica soledad; al contrario, el hombre está en la Creación, y en nombre de la misma responde al amor de Dios. «Como la llama al fuego», así ha unido Dios todas las criaturas al hombre; «a menudo se acercan a él y se le cuelgan con gran amor. Y también el hombre siente un gran amor por las criaturas, por las que arde de amor [...]». Y de aquel que percibe la mutua relación existente entre todos los seres vivos se puede decir lo siguiente: «El hombre abraza a toda la Creación en su espíritu y con todo su entrañable corazón».

Para la tan poética teóloga Hildegarda, Dios ha condensado la Creación entera en el momento en que hizo al hombre, «igual que el tiempo y los números de todo un año se pueden dibujar en un trocito de pergamino». En su obra cosmológica *Liber divinorum operum* visualiza esta interdependencia mediante paralelismos a veces arbitrarios entre la totalidad de los elementos y la vida humana.

Por ejemplo, Hildegarda establece un sistema completo, en sí mismo bastante coherente, en que se desarrollan la relación entre los meses y las partes corporales del hombre, las edades de la vida y los distintos estados de ánimo. Así por ejemplo el tormentoso abril, durante el que también la tierra comienza a florecer con fuerza y las flores a exhalar los aromas, recuerda a los hombres que se guían por su conciencia, que hacen florecer sus buenas obras, y no las dejarán agostarse pese a las furiosas asechanzas de sus envidiosos contemporáneos. Y también abril tiene algo que ver con la nariz, que absorbe el aire y luego lo expulsa. Noviembre viene con la «cabeza gacha», trae frío y tristeza, igual que el hombre entrado en años, que ya no encuentra nada que le resulte agradable y que lamenta la alegría de la juventud perdida y añora el fuego extinguido del Espíritu Santo.

Tan en serio se toma esta monja enamorada de la Creación la interdependencia de los seres creados, que incluso recomienda a quien se encontrara en peligro de muerte y no pudiera encontrar un sacerdote que confiese sus culpas a otro hombre cualquiera, y que si aun así no encontrara a nadie, le anima a «confesarse con los elementos», pues éstos habrían sido testigos de sus faltas y estarían también unidos con el Creador.

La cosmovisión de Hildegarda ayuda a decir sí a un mundo que Dios («Yo soy por completo la vida entera») ha hecho por amor. Tan rica es esta visión, que las pocas líneas de un canto pueden sustituir toda una teología, como ocurre con su canto de alabanza al cosmos saturado de amor:

Desde lo más profundo de la tierra hasta lo más alto de la estrellas,

he aquí que el amor inunda el universo,
y amando se ha unido a todo cuanto existe,
pues le dio un beso de paz
al Rey, al Altísimo.

El mundo se presenta «al místico cristiano inundado por una luz interior, que hace aflorar de manera más clara su relieve, su estructura, su profundidad». A veces Teilhard de Chardin escribe como si hubiera sido el secretario de Hildegarda:

Esta luz no es una coloración superficial, que pueda percibirse con el vulgar goce de los sentidos. No es tampoco el brutal rayo, que destruye las cosas y ciega los ojos. Es la poderosa y tranquila luz, provocada por la síntesis de todos los elementos del mundo en Jesús.

A través del universo se percibe a Dios; en esto Teilhard y Hildegarda se hermanan. A buen seguro que Teilhard habría formulado de manera muy parecida la arrebatada alegría de Hildegarda ante la Creación:

Y el fuego tiene la llama y es alabanza para Dios.
Y el viento mueve la llama
y es alabanza para Dios.
Y la voz es la palabra,
y es alabanza para Dios.
Y la palabra es escuchada y es alabanza para Dios.
Por ello toda la Creación es alabanza para Dios.

Y el jesuita francés del siglo XX tiene todavía una segunda razón para compartir otra alegría más con esta benedictina alemana muerta hace ochocientos años: la nostalgia por la nueva tierra, que no conocerá ninguna debilidad más. Entonces todos los elementos brillarán «en la más brillante alegría», «como si se hubieran desprendido de una oscura piel». Y el hombre será «purificado en estos elementos, semejante al círculo dorado de una rueda. Entonces madurará en cuerpo y espíritu, el secreto de los misterios más profundos quedará revelado».

En efecto, también Hildegarda concibe al hombre como gobernador de la Creación sentado en la tribuna del mundo:

> Él, el hombre, es superior a las demás criaturas.

Pero puesto que éste sigue siendo parte de la Creación, su «dominio» nunca será destructivo, no esquilmará ni destruirá la tierra, sino que la cuidará y gobernará como un prudente administrador. Frente a las necrófilas tendencias de sometimiento, que tan a menudo se han justificado basándose en una mala interpretación bíblica, Hildegarda apela a la interpretación correcta del soberano ideal en la tradición bíblica y oriental: cultivo de la tierra y protección de los súbditos.

La humilde monja, poco habituada a la exégesis de la Biblia, ha entendido de manera completamente correcta el relato bíblico de la Creación, y precisamente durante el auge de las ciudades y las catedrales, cosa de la que están muy orgullosos los teólogos modernos: como conciliación del amor al mundo y la nostalgia del cielo. Dice Hildegarda:

> Pero el hombre creyente coloca el arado detrás de los bueyes de manera que también pueda mirar a Dios, que da todo vigor y fertilidad a la tierra. Y así sigue el mandato dado por el Maestro, de cultivar la tierra sin descuidar el cielo.

18.

EL MILAGRO DE LA SEXUALIDAD

La famosa abadesa pronunció hacia 1162 en Colonia un llamativo sermón penitencial ante los numerosos clérigos y ciudadanos allí congregados: con un tono desacostumbradamente agresivo criticaba a aquellos que presumían de castidad y exhibían como una bandera su abstinencia sexual.

> Pues el diablo está con ellos [...] Así se muestran ante los demás hombres en toda santidad y dicen burlándose: «Los demás, que quisieron ser castos antes que nosotros, se secaron como pescado requemado. A nosotros, sin embargo, no se atreve a tocarnos ninguna mácula carnal ni de deseo, pues somos santos y estamos henchidos de Espíritu Santo». [...] De esta forma pescan ellos a las mujeres y caen prisioneros de sus propios errores. Hinchados por la soberbia de su espíritu afirman: «Superamos a todos». Y luego comenten lujuria en secreto con aquellas mujeres.

Este combativo discurso, que conmovió tanto al público de Colonia que el decano de la catedral tuvo que pedir mediante una humilde carta una copia del manuscrito, estaba dirigido contra los cátaros, aquella secta que impresionaba tanto por su pobreza y ascesis radical como por su desprecio general del mundo. Al igual que otras herejías cristianas, los cátaros dividieron la Creación en una zona espiritual otorgada por Dios –a la que pertenecía el alma noble de los hombres– y en otra inferior perteneciente al cuerpo y a la materia, de la cual el piadoso Cristo había de liberarles con todo su poder.

En aquel entonces Hildegarda era ya una mujer de avanzada edad, pero semejante mojigatería todavía hacía que le hirviera la sangre. En su opinión, no había nada en la Creación que pudiera ser impuro, donde encontraron su lugar tanto la pasión desbocada, como la tierna añoranza, el placer corporal y la altura espiritual, el goce en pareja y la renuncia a los placeres eróticos por amor al reino de Dios. Para Hildegarda, el hecho de separar este mundo, creado amorosamente por Dios y perfecto pese a todos los errores humanos, y dividirlo entre el reino de los puros soberbios por un lado, y los débiles oprimidos por los vicios por otro, constituía el error más grave que pudiera cometerse.

La monja no tenía necesidad alguna de hacer más liviana su castidad, bien fundamentada como estaba en la entrega a Cristo y a todos los necesitados, renunciando a cualquier otra forma de vida. Solía hablar sin falso rubor sobre las necesidades sexuales:

> Pues tan pronto como se manifiesta la tormenta de la pasión en un hombre, cae hundido en ella como en una rueda de molino. Sus órganos sexuales son entonces igual que una fragua, a la cual la carne echa su fuego. Entonces esta fragua proporciona su ardor a las partes sexuales masculinas y las hace inflamarse con fuerza. Pero cuando el viento del deseo asciende de la carne femenina, cae en la matriz, que pende del ombligo, y hace que se excite la sangre de la mujer.

Su forma de representarse la pasión erótica es poderosa y vívida:

> Cuando el semen del hombre cae en el lugar adecuado, la sangre de la mujer lo recibe atrayéndolo hacia sí con toda

la capacidad de su amor, y lo integra en sí misma, de igual manera que la respiración suele absorber las cosas. [...] Entonces sí puede decirse que la mujer se ha hecho una sola carne con ese hombre y por medio de él. Pero también la materia corporal del varón hierve completamente por dentro y por fuera a causa del calor y el sudor de la mujer [...]. Mas el poder de la eternidad, que hace salir al niño del útero materno, es también el que hace que hombre y mujer sean una sola carne.

Hildegarda compara a la mujer durante el acto sexual con una era en que se separa el grano mediante el violento golpeteo del trillado, o también con el campo de labranza arado por el hombre:

Ella recibe el semen del varón, le añade su propia sangre y le calienta con su propio calor; y así se desarrolla aquél mientras que le sea enviado el fructífero aliento vital a la fruta y llegue el día en que ésta vea la luz del mundo.

Con el tiempo chocará la naturalidad con que Hildegarda abordaba estos temas tan comprometidos, y se olvidará por completo cuán capaz era de crear imágenes delicadas y comedidas, y con qué fortuna pudo integrar el deseo sexual y la práctica terrenal de maduros sentimientos. En un formidable texto con que pretende explicar el origen de la sexualidad humana afirma:

Cuando Dios creó a Adán, éste recibió un gran amor durante el sueño, que Dios envió sobre él. Y Dios le dio al amor figura humana, y de esta manera la mujer es el amor del hombre. [...] Pero cuando Eva vio a Adán, lo miró de tal forma, como si estuviera contemplando el cielo, y elevó su alma, como si añorara el cielo: pero puso su esperanza en el hombre. Y por ello será un único amor, y sólo podrá haber un único amor entre hombre y mujer, y nada más. El amor del hombre es en el ardor de su pasión como el fuego de la montaña que apenas nadie puede contener. [...] El amor de la mujer frente al hombre es como el mesurado calor del fuego incandescente del sol, que hace fructificar la tierra en comparación con aquella llama desencadenada en los bosques incendiados.

Naturalmente sus descripciones médicas no siempre son correctas, y seguramente no se tomaría a mal que su caprichoso estilo nos moviera a sonrisa cuando compara, por ejemplo, una relación homosexual con el comportamiento derrochador de un cocinero, «que aparta del fuego la comida que acaba de preparar para tirarla a la basura».

¡Pero con cuánto aplomo, con qué amor a la vida y reafirmación del cuerpo se muestra tan a menudo Hildegarda! Como cuando afirma repetidas veces que las personas resucitarán el día del Juicio Final «en la perfecta integridad del género y la carne». Es decir, que los bienaventurados del cielo no serán etéreos seres espirituales, como liberados al fin del peso de su envoltorio terrenal; muy al contrario: en una magnífica visión Hildegarda escucha la llamada de los santos que solicitan sus cuerpos igual que un niño con hambre pide pan. ¡Y también los cuerpos, a través de los cuales sus almas han hecho el bien, apenas pueden esperar «a reunirse en el hogar de la dicha»!

La abadesa, que vivía en celibato y aun así era plenamente respetuosa con la unión amorosa de dos personas, concedía gran valor a la sexualidad, que no debe practicarse «ni arbitrariamente ni caer en el olvido de Dios» y que debe coadyuvar tanto al desarrollo personal de la pareja como a la fertilidad. Concede tanto valor al matrimonio, que no lo pondría fácilmente en cuestión sólo porque uno de los cónyuges no hubiera sido tan consecuente con la fidelidad.

Si Hildegarda no fuera desde luego una monja convencida, no podría explicar de manera convincente por qué ella misma no tomó otra decisión. Las monjas no viven en celibato porque se crean mejores que las demás personas respecto a sus necesidades, sino porque quieren ser una señal de la presencia de Dios en la tierra; y de manera tan radical, que la gente las escucha con atención y les pregunta qué clase de amor les da las fuerzas necesarias para tal renuncia. Por esta razón también se alude a ello en sus visiones del *Scivias*, para que imitemos a Cristo, que tanto dolor sufrió en su cuerpo y que murió por amor.

La tarea de los otros, de los casados, es darle continuidad al amor otorgado por Dios. La procreación y el nacimiento de los hijos no tienen nada de vergonzoso en opinión de Hildegarda, sino que se trata de algo milagroso, de lo que habla con el mayor respeto. Pues es un espíritu de Dios el que ha entrado en la madre «como un viento poderoso y cálido» y ha llamado a la vida al ser durmiente surgido del semen del hombre y la sangre de la mujer. Al igual que la oruga, que hila la seda, el alma envuelve a este ser, hace que los ojos de la futura persona sean capaces de ver la luz y que su corazón sea apto para comprender.

Así el ser humano es realidad y obra de Dios.

De la sangre menstrual de la mujer, así lo ve Hildegarda, crece una piel protectora en torno al embrión y lo envuelve

hasta que la razón en él ha llegado a su máximo desarrollo y quiere salir. [...] Cuando el nacimiento es inminente, el recipiente donde el niño está confinado se rompe, y el mismo poder de la eternidad, que extrajo a Eva del costado de Adán, acude presto y es capaz de sacarlo de los confines del habitáculo del cuerpo femenino en que se encontraba. [...] No obstante, mientras está saliendo, el alma del niño percibe el poder de la eternidad que le ha enviado y se alegra entretanto. Pero después de que el niño nazca, emite de inmediato un quejumbroso llanto, pues acaba de percibir la oscuridad de este mundo.

El acto de la procreación transmite también el pecado original; Hildegarda no pensaba de manera distinta a la teología de su tiempo, y era lo bastante realista como para entender cómo la sexualidad humana se ve perjudicada por el pecado y la debilidad de las personas. También Hildegarda daba por sentado el malentendido –igual que ocurre aún hoy día– según el cual el pecado cometido por Adán y Eva sólo pudo ser carnal.

Y sin embargo, se muestra superiormente resuelta, frente a los temores carnales de los clérigos masculinos, al definir con audacia la sexualidad como una imagen de la sacra conversación mantenida durante toda la eternidad por la divina Trinidad. Pues como ya hemos visto, Dios dio cumplimiento a la afectuosa añoranza del varón en la figura de la mujer, y el ser humano sólo podrá ser imagen de la Trinidad mediante su carnalidad y poder creador, como hombre y mujer. La posición de Hildegarda frente a la sexualidad dista mucho de ser la típica mantenida por la literatura clerical del medievo, en la que Adán y Eva, antes de unirse carnalmente, y para proteger su pudor, dirigían la prudente súplica a Dios de que hiciera caer sobre ellos la noche, oscura como la pez.

Por el contrario, la abadesa renana considera que los órganos sexuales son tan razonables como el cerebro, y que detrás del acto sexual no se escondía el lujurioso Satán, sino «el poder de la eternidad», del cual procede todo el amor existente en el universo.

> Éste ha levantado su tienda en la eternidad. Pues cuando Dios quiso crear el mundo, inclinó la cabeza con todo su amor.

Un amor que Hildegarda no pudo concebir sino con alas que guian al hombre, que se había extraviado, de regreso a su hogar.

CARTAS Y PEREGRINOS DE TODA EUROPA

> Se me antoja que hubiera sido mucho mejor para mí si no
> te hubiera visto jamás, y si no hubiera sentido tu amor ma-
> ternal frente a mí.

Con estas melancólicas palabras una monja describía el
estado en que había quedado su alma tras visitar a la abadesa Hildegarda.

> Pues ahora, separada de ti por las enormes distancias, te año-
> ro constantemente como si te hubiera perdido.

Cuán poderoso debió de ser el cariño por la humanidad
que irradiaba esta mujer tan llena de amor. Obispos
acompañados de gran séquito y soldados embrutecidos,
eminentes nobles y campesinos miserables, sabios, caballeros, comerciantes, cruzados decepcionados y estudiantes vagabundos, todos ellos acudían en peregrinación a
Rupertsberg y todos contaban con llamativa unanimidad
que habían encontrado allí a una verdadera madre. Según
la *Vita* de Hildegarda, siempre un poco proclive a la exa-
geración, se formaban auténticas procesiones para ir a
verla.

Pese a los numerosos quehaceres derivados de la dirección de sus dos monasterios y del dictado de sus visiones,
así como de las tareas médicas desempeñadas, sus investigaciones naturales y la abundante correspondencia que tenía

que despachar, la muy ocupada abadesa se las arregló de alguna manera para que cada visitante se marchara con la idea de que le habían tomado en serio como ser humano. Si hemos de creer lo que se cuenta en su biografía, nunca despedía a los visitantes con la misma fórmula estandarizada. A uno le daba un pasaje de las Sagradas Escrituras sobre el que tenía que meditar. A otro lo mandaba a casa con consejos prácticos para paliar sus dolencias. Sabía consolar y compadecerse como una hermana, apelar a la conciencia como una sabia madre y denunciar sin paliativos las mentiras de la vida como una profetisa. A buen seguro, algunos de los visitantes serían «corazones retorcidos y frívolos llegados sólo por curiosidad», según se narra en la *Vita*, pero también incluso éstos no habrían hecho en vano el camino y se marchaban de allí «regañados y corregidos».

Obispos muy influyentes como Felipe de Colonia, Eberhardo de Salzburgo o Rodolfo de Lieja eran huéspedes habituales en Rupertsberg. El obispo de Bamberg quedó impresionado por la agudeza de la abadesa de tal manera, que le pidió una aclaración en una complicada cuestión teológica que trataba sobre la esencia de Dios. Hildegarda le contestó obedientemente con una misiva llena de «verdadera luz», pero también aconsejó a este príncipe de la Iglesia tan deseoso de conocimiento que no olvidara la cura práctica de almas en beneficio de las especulaciones teológicas:

> ¡Oh, pastor! Ojalá no te seques en medio de estos bálsamos de dulce aroma [...] Ofrece por tanto a los tuyos la luz del Soberano, para que no se quiebren bajo golpes desgarradores, y muéstrate como uno que vive en la luz.

El emperador Federico Barbarroja, muy interesado por ella, invitó a la «profetisa teutónica» a su corte renana de Ingelheim y mantuvo una animada conversación con ella. Según informa la *Vita*, un filósofo muy escéptico cuyo nombre no se menciona le formuló numerosas y malintencionadas preguntas acerca del origen de las visiones, pero luego se convirtió en un fiel amigo del monasterio, tanto que todos lo llamaban «padre» y a su muerte incluso fue sepultado en Rupertsberg.

Para entonces, la tímida monja hacía tiempo que se había convertido en una de las figuras más relevantes de la cristiandad del siglo XII junto con Bernardo de Claraval. «Ningún profeta gozó de tanta consideración como ella», afirmaba con entusiasmo hace cien años el objetivamente crítico historiador de la Iglesia Ignaz von Döllinger. Al contrario que la mayoría de sus geniales contemporáneos, Hildegarda no polarizó su entorno entre detractores y admiradores. Nunca fue discutida, fue admirada sin ser envidiada y se ganó el respeto general. Ya hemos visto lo que proclamó desconcertado el abad Ruperto de Königstal, cuando le leyeron una carta de su homóloga jerárquica: que esas palabras sólo podían proceder del mismo Espíritu Santo.

La opinión de Ruperto fue a buen seguro compartida por otros muchos, como prueban las cartas que hemos conservado y que iban dirigidas a Hildegarda: venerables y fervorosas peticiones de consejo, consuelo, abrumadores escritos de agradecimiento de hombres consolados y llenos de nuevas esperanzas. La abadesa debió de ser una extraordinariamente diligente escritora de cartas; más de trescientas epístolas, a menudo muy extensas, han llegado a nosotros a través de los siglos, cuya mayoría se han probado como auténticas con total certeza.

La correspondencia de Hildegarda cubría todo el Imperio alemán de la época, Alsacia-Lorena, Suiza, Francia, Países Bajos, Italia, Grecia, Dinamarca. Con toda naturalidad escribió a tres papas y al emperador alemán. La pareja real inglesa estaba entre sus corresponsales, la emperatriz Irene de Bizancio, los obispos de Maguncia, Tréveris, Lieja, Praga y Utrecht, las abadesas y abades de Zwiefalten,

Hirsau, Park y Altwick en los Países Bajos, Albon en Burgundia, Andernach, Kitzingen, Krauftal y Ebrach.

Los corresponsales de Hildegarda en los monasterios y las diócesis parecen a todas luces haber sufrido a menudo de cansancio y resignación, pues una y otra vez leemos exhortaciones como la hecha al abad benedictino Vitelo de St. Georgen, en la Selva Negra:

> Contrólate en el desempeño de tu cargo y aférrate al arado. Pues Dios vendrá en tu ayuda en todas tus tribulaciones, y no permitas agotarte en vano.

Muy semejante es el escrito que dirige para animar a la abadesa holandesa Sofía de Altwick:

> No pierdas la calma, para que tu corazón no se incendie a la menor ocasión con que la inconstancia de la vida munda te perjudique. Tú, por el contrario, tienes que vivir la piedad de Dios, la que te quiere.

El arzobispo Hilino de Tréveris, un eminente cargo eclesiástico, muy apreciado por el Papa, el emperador y también por la gente humilde, tuvo que oír de Hildegarda que se cansaba enseguida, y no sólo de hacer buenas obras, sino de rezar en los servicios divinos. Su colega Hermann de Constanza había confesado pusilánimemente a la insobornable abadesa que le resultaba difícil juzgar a otros hombres, porque él mismo no tenía su vida en orden.

> Pues no sólo mi propia voluntad, sino también la preocupación por lo mundano me apartan casi por completo del servicio de Dios.

Hildegarda, a quien le había pedido expresamente que le «fortaleciera con una respuesta escrita», también se dirige claramente a su conciencia:

Hombre, ¿qué piensas de ti mismo, que no te avergüenzas de regocijarte en tus obras y así transformarte en oscuridad? [...] ¿Por qué no ves dónde se sienta el Mammon de la injusticia, con el cual tú te disculpas?

También el abad Helengero de Disibodenberg, patria espiritual de Hildegarda, hace conocer a ésta, tan honestamente compungido como estilísticamente elegante, sus debilidades humanas:

Por desgracia estoy más atento a destacar que a ser prudente, y busco aquello que me beneficia a mí, no a los demás. Y sin embargo, hasta ahora he soportado, aunque sea con tibieza, las cargas del día y el calor en la vid del Señor [...] Pero ahora, madre, se me ha acabado por completo el vino espiritual en la boda del Señor, pues el celo por la espiritualidad de la vida monástica casi se ha extinguido, ya que ni la Madre de Jesús, ni el propio Jesús están allí. [...] Ya lo sé, madre, lo sé: de la cabeza a los pies no hay nada bueno en mí.

Hildegarda, en su no poco irónica respuesta, localiza la causa del problema en cierto pensamiento acomodaticio, y en la inconstancia y debilidad propias de un hombre que no se ha decidido aún lo bastante radicalmente por Cristo:

A veces eres como un oso, que con frecuencia gruñe en su guarida, pero también eres en otras ocasiones como un asno: pues no te entregas con gusto a tus deberes, sino con disgusto [...] Ante semejante comportamiento el Padre celestial contesta: Ay, ay, la inconstancia de tu proceder va contra mi voluntad, pues tu corazón reniega de mi justicia.

Profundo también el consejo de Hildegarda al arzobispo Eberhardo de Salzburgo, posteriormente declarado santo, el cual siempre sabía intermediar con acierto entre las permanentes disputas entre el Papa y el emperador, pero claramente sufría a causa de estos «deberes» políticos: «En verdad no ves que tu deseo de Dios y tu afán por el pueblo sean la misma cosa», le dice a la cara la inteligente abadesa, «las fatigas mundanas se te antojan algo ajeno a ti». Un grave error, pues tanto el amoroso anhelo de Dios como la preocupación por los seres humanos pueden reunirse en un *único* afán. He aquí la motivación de Hildegarda: «De igual manera Cristo se preocupaba de las cosas celestiales, y, sin embargo, también cuidaba de la gente [...]».

Son encantadoras las cartas consolatorias que Hildegarda dirige a las almas atormentadas, como por ejemplo su correspondencia con el abad Bertoldo de Zwiefalten. En el curso de tres décadas se había depuesto en cinco ocasiones al superior del monasterio que habitaba, tan mal iban las cosas en los monasterios dúplices, tan poblados de monjes disipados y monjas hedonistas. Bertoldo había hecho partícipe de su desesperación a Hildegarda y le había contado el horrible acoso que sufría. «La piedad de Dios vendrá sobre ti», le dice la monja, en cuya opinión los hombres se habrían instalado en una vida difícil, pero no por ello tenían que renunciar a la luz del sol.

> La tormenta en ti no será dura, y cuando el verano brille, reinará la felicidad.

Y finalmente también resulta encantadora su correspondencia con el eclesiástico francés Enrique de Beauvais, que no se atrevía a confiar en su propia conciencia y que dudaba del sentido de sus esfuerzos en la cura pastoral de almas. Hildegarda hace de los problemas del obispo el objeto de sus visiones y le anima en su respuesta —envuelta en los ropajes de la experiencia mística— a que siempre esté dispuesto y persevere:

> Yo vi la hermosa figura de un poder de Dios. Era el «conocimiento puro». Su rostro era muy luminoso, sus ojos eran

como jacinto, su manto brillaba igual que un manto de seda. Sobre sus hombros llevaba el palio episcopal, semejantes al sardo [tejido de lana]. Llamó a la amiga más hermosa del rey, el «Amor», y le dijo: «¡Ven conmigo!». Y se marcharon. Ambos llamaron a la puerta de tu corazón diciendo: «Queremos vivir contigo. Guárdate de resistirte ante nosotros. Antes bien, sé constante en tu resistencia contra los vicios, contra el trasiego mundano y el vaivén de sus vientos. [...] No permanezcas mudo de hartazgo. Mejor que resuene tu voz como una trompeta con ocasión de cada día de fiesta en la Iglesia. [...] Oh luchador, déjanos estar contigo, haznos un hueco en tu corazón, y te llevaremos con nosotros al palacio del rey».

Humildemente pidió ayuda a la célebre monja el rey Conrado III, afectado por el fracaso de su cruzada y por la temprana muerte del heredero real:

Pues vivimos más lejos el uno del otro de lo que deberíamos.

Hildegarda le respondió que, ciertamente, los tiempos eran malos e injustos, pero que pronto vendría una época de concordia y temor de Dios. «Si oyes esto, hombre», le dice al rey, haciendo hablar de nuevo al «que a todos da la vida», «enfréntate a tu contumacia y corrígete, para que llegues purificado al momento en que ya no tengas que avergonzarte de tu vida.»

Hildegarda, la simple, la *indocta*, como gusta de denominarse a sí misma, fue considerada una autoridad teológica, obispos y eruditos monjes se afanaban por conseguir una copia de sus escritos. El papa Eugenio había solicitado un informe al célebre maestro Odón de París sobre las confusas tesis del obispo de Poitiers, Gilberto de la Porrée el cual dividía lo que hasta entonces se había entendido como las personas de la Trinidad entre Dios y una esencia divina (mediante la cual sólo Dios es Dios). Gilberto también hablaba de la paternidad de Dios como de algo con su propia entidad.

Dado que Odón no terminaba de aclararse con esta confusión conceptual, acabó dirigiéndose a Hildegarda para pedirle ayuda, y la monja le respondió con cautivadora sencillez lo que «la verdadera luz» le había revelado:

> Dios es perfecto e íntegro y sin principio en el tiempo. De ahí que Él no pueda —como el hombre— ser divido mediante el lenguaje humano, pues Dios es —como ningún otro— un todo único.

Naturalmente, lo que Gilberto denominaba «paternidad» unas veces o «divinidad» otras era lo mismo que Dios.

> Pues el hombre no tiene el poder de hablar sobre Dios igual que se habla de la naturaleza humana de las personas o de los colores de un objeto creado por la mano del hombre.

Como es obvio, hubo quien intentó servirse de manera abusiva de la *prophetissa teutonica* como pitia o adivina. Pero ella ya se había pronunciado vehementemente en el *Scivias* contra prácticas mágicas e ideas supersticiosas: nadie debería fiarse de las criaturas irracionales, le había dicho con firmeza a los astrólogos, pues los astros ni pueden consolar ni traen la felicidad. Decía Hildegarda que no había ninguna estrella a la que el hombre estuviera sometido o que determinara su destino.

> Más bien ocurre que todas las estrellas colaboran al bien común.

¡Y qué clase de dios sería aquel que dependiera de las estrellas que él mismo hubiera creado!

Por eso la austera visionaria recomienda también en sus cartas, a aquellos que buscan su consejo, que confíen en su propio discernimiento antes que buscar oráculos místicos. «Amada señora», le escribió a una viuda, «no me atrevo a indagar sobre el futuro de los hombres, porque para la salvación del alma es mejor no conocerlo.» Cinco abades burgundios, que le habían dicho de forma aduladora que en ella renovaba Dios «la piedad de tiempos pasados», le pidieron que les informara en caso de que Dios quisiera revelarle a ella alguna cosa que afectara a los monasterios de su región, a lo que Hildegarda respondió con un discreto reproche: les dijo que debían proceder con toda humildad y mirar con atención aquella luz, «que ella había podido gozar en pequeña medida», y en lo demás, fiarse de sus facultades naturales, pues «Dios otorgó al hombre la razón.»

VI

EL GRAN AMOR DE DIOS:
UN PUÑADO DE BARRO

UNA PIEZA BANAL SOBRE UN
ESCENARIO CÓSMICO:
EL *LIBRO DE LOS MÉRITOS DE LA VIDA*

*Mi boca dio un beso a lo que era mi propia obra, aquella
imagen que Yo hice del barro de la tierra.*

Hildegarda, *Liber vitae meritorum*

Ocho años después de que Hildegarda hubiera terminado
su *Scivias*, cayó sobre ella nuevamente la «luz viviente» del
cielo con toda la fuerza elemental de su poder. Mientras
que los innumerables problemas derivados de la vida monástica, así como la interminable afluencia de menesterosos,
exigían toda su atención, y al tiempo que de nuevo una
parte de las mimadas monjas de origen noble se oponían
a los rigores de la regla monástica, se sucedían una y otra
vez imagen tras imagen ante la asombrada y sexagenaria
monja.

Hildegarda ve un gigante de rostro luminoso, cuyo
cuerpo se extiende desde las nubes hasta las profundidades
de la tierra. Después descubrirá que se trata de Dios, que se
alza cual polo fijo en el centro del cosmos. Nubes de tormenta y fuego salen de su boca, llena del sonido de vibrante
música y poblada de innumerables santos cuyas voces resuenan como el murmullo de mucha agua moviéndose. Sin
embargo, la niebla y la oscuridad se aproximan a la luminosa grandeza, cubriendo la tierra entera con un humo tan

oscuro como la noche, dentro del cual se dejaba oír un tumulto horrible.

En medio de la «triste» niebla (en palabras de Hildegarda) son visibles figuras fantasmagóricas, personificaciones fantásticas de todos los vicios imaginables, que sirviéndose de un grosero lenguaje anuncia su cínica filosofía de la vida. La lujuria, *luxuria*, por ejemplo, que próvidamente reconoce al cielo su justicia, pero que se reafirma sobre leyes terrenales muy diferentes. Su astuto argumento dice lo siguiente:

> Si la naturaleza de la carne fuera en verdad tan onerosa, entonces Dios ya se habría encargado de que la carne no pudiera liberarse tan fácilmente.

O la mentira, la *falladitas*, que olvida sus «vanas palabras» tan pronto como ha alcanzado sus objetivos. «Simple y miserable» considera a la gente honrada que de manera tan imponente se mantienen «inconmovibles» en su amor a la verdad y que incluso piensan en el bienestar de los demás. ¡Nada de eso!

> Pues si yo deseara a los hombres verdaderamente lo mejor, entonces tendría que perjudicarme a mí misma. Oprimir a otro, ¡ésa es mi labor!

Y ¿qué podríamos decir de la máxima que ha acuñado la envidia, la *invidia*?

> Si yo no puedo poseer lo hermoso y brillante, al menos quiero poder mancharlo.

Scurrilitas, la burla, hace su aparición con las siguientes palabras:

> Me rijo por mi propio orden y tengo mi propio juicio sobre todas las cosas. Allá dondequiera que ocurra algo, ahí aparez-

co enseguida para dar mi opinión. Y no hacerlo sería estúpido. ¿Quién querrá formularme un reproche por ello? Mentiría, si encima tuviera que alabar a la gente simple e inepta. Quiero tejer redes con mis palabras [...].

Sin embargo, los *vitia* (vicios) que Hildegarda, cual experimentada dramaturga, ha colocado en escena no son los que van a decir la última palabra. A éstos les contestan con poderosa voz los poderes de Dios, las *virtutes*, que salen de la nube tormentosa emanada de la boca de Dios. El amor, *charitas*, reprocha a la envidia que todo le apetezca, y no pueda destruir en absoluto la grandeza.

Cuanto más te enfureces, más crece todo lo demás.

Y acto seguido el amor avergüenza a su rival mostrándole su propia imagen:

Día y noche yo extiendo mi manto. Por el día hago todas las buenas obras, y por la noche apaciguo todos los dolores [...] Y allá donde el Hijo de Dios borra con su manto los pecados de los hombres, ahí mismo vendo las heridas con suavísimo lino.

Contra la burla se alza la *reverentia*, el respeto, con la sencilla afirmación de que ella sólo podría destruir lo que no había creado y aquello a lo que no le había dado ninguna conciencia. Frente a la apática degradación de la lujuria, la castidad, *castitas*, opone su «feliz existencia»:

Yo me siento en el sol y contemplo al Rey de Reyes, pues yo hago todas las buenas obras por propia voluntad.

El *Libro de los méritos de la vida (Liber vitae meritorum)*, acabado en 1163 tras cinco años de trabajo, contrapone treinta y cinco diálogos dramáticos semejantes. Su tema no es otro que la eterna lucha entre el bien y el mal, que tiene lugar siempre en situaciones decisivas de la existencia cotidiana. Pues sobre el escenario cósmico en que Hildegarda desarrolla sus normalmente sugestivas imágenes, desarrolla una situación bastante banal: la del hombre en su quehacer cotidiano, rudo y cansado, egoísta y sin energía. Y, por otra parte, también el mismo hombre, fuerte, resplandeciente, valiente, que emprende la lucha con la misma indolente rutina, y capaz de superarse a sí mismo con tal de que las *virtutes* vengan en su ayuda.

Naturalmente este teatro del mundo, que equivale a la «ética» de Hildegarda, está lleno de alegorías relacionadas con su tiempo. Los seres monstruosos, semejantes a animales, que simbolizan los dilemas de la conciencia y las evoluciones del alma en el ser humano, así como el detalladamente elaborado catálogo de las virtudes y los vicios remiten a la *Psychomachia* («La batalla de las almas»), obra tardoantigua escrita por Prudencio, que era excepcionalmente popular por la combinación de poesía clásica y doctrina moral cristiana y que fue imitada sin cesar en toda la Edad Media. También el ya mencionado *Physiologus*, igualmente tardoantiguo, pudo haber sido empleado como modelo, un tipo literario, en el cual seres fabulosos (desde el unicornio al ave Fénix) personifican cualidades religiosas y comportamientos morales.

Se han buscado asimismo comparaciones con los «esquemas de las virtudes» escolásticos, y con los libros penitenciales, que se remontan a los severos monjes viajeros irlandeses de la temprana Edad Media y que recogían en series interminables todos los vicios del mundo, claramente agrupados y subdivididos como si de un libro de cuentas se tratara.

Este material precedente ha ejercido sin duda cierta influencia. Pero Hildegarda dio al género literario habitual su propio rostro inconfundible una vez más. Las imágenes típicas de la poesía escolar de su tiempo se subordinan a su planteamiento teológico básico. Sobre todo la visión individualista del catálogo habitual de vicios y virtudes se hace extensible a lo social y lo cósmico. Cuando un hombre peca, su pecado siempre trae aparejado consecuencias sociales y cósmicas. Es por tanto sólo una cuestión de lógica que en la visión con que cierra su libro no se muestre ningún Juicio Final individual, sino por el contrario la purificación, mediante el regreso de Cristo, de los elementos corruptos del mundo:

> El Dios magnífico y fuerte, que tiene poder sobre todas las cosas, mostrará su fuerza cuando llegue el fin del mundo, cuando Éste transforme ese mundo en una nueva maravilla.

En ninguna otra obra como en su libro sobre la vida aflora la colorida fantasía de Hildegarda, tan dotada para el teatro: frente a la «dureza de corazón» ella opone la «misericordia», al «embrutecimiento» opone el «coraje», a la «cobardía» opone «el triunfo de Dios». Ajusta cuentas con la «mezquindad», la «discordia», la «soberbia», la «inconstancia» y la «glotonería».

Hildegarda confronta el *amor caelestis*, el amor celestial, con el *amor saeculi*, o amor mundano, representado como una figura humana que abraza un árbol en flor. «Otra vida no conozco», dice el amor mundano, de manera insensata, «y todas esas fábulas que he oído, no me dicen nada.» Apenas ha terminado de hablar, cuando el árbol se seca hasta las raíces de manera repentina y arrastra consigo a la figura humana al fondo de un abismo. Y procedente del interior de la nube tormentosa eleva la voz del amor celestial: «Has caído en la oscura noche, y por desear al hombre te retuerces como un gusano. Para siempre vivirás ahí, para secarte como la paja». La verdadera vida no nace, por tanto, en la belleza de la juventud.

Una pieza de extraordinario valor es la representación que realiza Hildegarda de la cobardía *(ignavia)*, a la que hace aparecer en forma de gusano tembloroso por el miedo con una cabeza humana y orejas de liebre: su objetivo es vivir a gusto de todos y no lastimar a nadie, de lo contrario se precipitaría demasiado pronto a su final.

> Antes prefiero adular a los elegantes y ricos. Y no necesito preocuparme nada de los santos ni de los ricos, pues éstos de todas formas no me dispensarán bien alguno. [...] Tanto si hacen algo bueno como si lo hacen malo, no abriré la boca. [...] Pues en cualquier caso yo tengo una casita que me he buscado.

La réplica de la «victoria de Dios» *(divina victoria)* es demoledora: con la poderosa espada de Dios quiere partir la mandíbula de la cobardía.

> Pues no me gusta la vida que yace en las cenizas [...].

El «amor» anima a la envidia a corregirse («con su amargo odio atormenta [...] a todos»), y al «olvido de Dios», que se confía plenamente a sus cinco sentidos («tantos hay que me hablan de otra vida, de la que no sé nada y de la que no he oído nada, y que nadie me ha podido enseñar»), hace que la «santidad» le pregunte:

> Pero ¿quién ha sido el que te ha hecho y te ha otorgado la vida? ¡Tan sólo Dios! ¿Por qué no quieres darte cuenta de que no te has hecho a ti mismo?

Sin embargo, a Hildegarda siempre le queda un resto de misericordia para la mayor parte de las debilidades de carácter y desviaciones de la personalidad, en particular los pecados de la carne pertenecerían a una naturaleza humana enferma. Únicamente frente a la mentira se muestra Hildegarda incapaz de hacer concesión alguna, pues la mentira destruye todo fundamento de confianza entre los hombres y niega la vinculación con Dios:

Pues cuando un hombre peca llevado por su naturaleza carnal, sigue siendo humano. Pero cuando obedece a la mentira, entonces abandona el ámbito de la humanidad.

De una manera que se nos antoja llamativa, esta sensible doctora cataloga entre los vicios la «infelicidad», la «desesperación» y la «tristeza mundana». Entonces, ¿considera la depresión un pecado? Debemos leer atentamente lo que dice: a la infelicidad *(infelicitas)*, que en el mundo sólo es capaz de ver dolor y miseria y que considera la muerte como una liberación, le responde la felicidad *(beatitudo)*, con un reproche que contiene también palabras de ánimo:

> Te gustan demasiado los tormentos y no deseas otra cosa. Dios quiere ser llamado, hay que buscar su bondad. Te perjudicas a ti misma, pues no confías en Dios. No esperas nada de Dios, porque tampoco eres capaz de encontrar nada.

La abadesa claramente no se dirige al afligido por una enfermedad psíquica, ni tampoco a aquellos hundidos por los golpes del destino. Sus reproches son para el único pesimista, que se complace en las tribulaciones del mundo y se regocija de su propia miseria. Se aprecia aún con mayor claridad en su caracterización de la «tristeza mundana» *(tristitia saeculi)*: «Desgraciada de mí, que he sido creada», se lamenta una figura femenina enredada en un entramado de ramas secas hasta el punto de impedirle cualquier movimiento.

> Creada para la desgracia y nacida en la desgracia, vivo sin consuelo.

¿Para qué confiarse a Dios, si aún no le ha dispensado nada bueno?

Coeleste gaudium, el goce celestial, viene a corregir como contrapunto la perspectiva tan unilateral de la tristeza. La persona así contrita debe, sin embargo, mirar tan sólo el sol y las estrellas y contemplar la magnificencia de la vida y saber ver los dones de Dios.

> Me llevo al corazón el florecimiento de las rosas y los lirios y todo el delicado verdor, al tiempo que entono un canto de alabanza a las obras de Dios, mientras que tú sólo sabes amontonar dolor encima del dolor. ¡Tan triste eres en cuanto haces! Con ello te asemejas a los espíritus infernales, que con toda su actividad siempre están negando a Dios.

Con esto, no quiere decirse que Hildegarda represente un optimismo crédulo. Naturalmente que hay miseria y vulgaridad en el mundo y que no faltan razones para una desesperada amargura, pero eso jamás representa toda la realidad. La vida es un colorido tapiz, tejido de luz y también de triste oscuridad, culpa y grandeza, y aquel que vea tan sólo uno de los dos lados comete blasfemia contra el buen Dios, que está detrás de todo.

El amor de Dios, centro de su teología, se encuentra también en el punto central del *Liber vitae meritorum*. El hombre que se deje llevar por las *virtutes* hacia una vida honesta, se corresponde con ese amor, será ciertamente imagen de Dios. Todos los males nacen de la negación del hombre, el cual no desea saber nada de Dios y quisiera más bien vivir de manera autárquica, rechazando los mandatos del Creador.

Para Hildegarda, el pecado no consiste solamente en olvidar las oraciones, en miradas lujuriosas o palabras broncas, tan sólo síntomas de una toma de postura equivocada. El pecado consiste en huir de las responsabilidades, en tomar decisiones a medias, en renunciar a la comprensión consciente de la vida. Dios ha impreso el mundo en el cuerpo del hombre, le ha trasmitido la responsabilidad frente a la Creación: *Homo in mundo deus esse debuit*, «el hombre debe ser Dios en el mundo», reza una de las más atrevidas sentencias de Hildegarda. Tanto el cielo como la tierra están sujetos a leyes eternas, igual que todos los animales a sus instintos, y tan sólo el hombre puede elegir libremente, sólo él puede conocer el bien y el mal.

Las *virtutes* de Hildegarda son todo menos vacías normas burguesas, surgidas de la cobardía y la contemporización. Se trata de fuerzas divinas brillantes, dispensadoras de coraje y fantasía creadora, dones de piedad, fuego celestial, que inflama cuanto de bueno hay en el mundo. Tanto si el hombre se deja inspirar por los poderes divinos, o al contrario permanece indiferente a ellos, es algo que en cualquier caso elige él solo y que es decisivo para su destino eterno. La visión que cierra el *Liber vitae meritorum* muestra una concepción original del Juicio Final: Dios no necesita pronunciar de manera expresa ninguna sentencia, pues cada persona porta la imagen de su vida en la tierra.

Se ha afirmado que Dante se había apoderado de buena gana siglo y medio después en su *Divina comedia* de las imágenes proporcionadas por la abadesa Hildegarda. Ciertamente ésta da una imagen casi cinematográfica del purgatorio, llena de humo y suciedad, hirviente brea y niebla maloliente. Sus habitantes son atormentados por gusanos de cabeza punzante, escorpiones, dragones y demonios, y los castigos ideados para los condenados se ajustan de manera exacta a los pecados cometidos. El infierno, sin embargo, es contemplado por Hildegarda sólo desde fuera, y también la visión del cielo le es impedida por «una especie de espejo».

Los cristianos actuales podrían sentirse tentados de rechazar, como si fuera el producto de una fantasía inculta, esa imagen de escenificación teatral de la lucha entre las virtudes y los vicios, que tan estrechamente emparentada está con una composición musical escrita por las mismas fechas por Hildegarda, su *Ordo virtutum*. Pero entonces se pierde la oportunidad de aprender responsabilidad frente a la Creación, y de entender que no existe el cristianismo sin consecuencia y disciplina.

Quizás Hildegarda, la monja medieval, algo sabía ya de lo que ha sido difundido por la moderna psicología profunda acerca de la asunción del lado oscuro de la personalidad humana: la conciencia e integración del lado oscuro de nuestra personalidad, habitualmente confiando en el inconsciente, porque sólo así se pueden combatir sus impulsos dañinos y también sacar fruto de los positivos.

21.

EL HOMBRE EN LA RUEDA
DE LOS MUNDOS:
EL *LIBRO DE LAS OBRAS DIVINAS*

En la Edad Media, en la que se pensaba mucho más en los símbolos que en la actualidad y se pretendía sondear la profundidad de las cosas, se atribuía a la rueda giratoria un sentido profundo: el movimiento circular que volvía siempre a su punto de partida representaba la unidad y la perfección, el tiempo y el infinito, el llegar a ser y el transcurrir, el espíritu y el cielo. Cuando los escultores medievales concebían el cosmos como la figura de una rueda, pretendían representar el mundo como una obra de Dios. Y los rosetones sobre los portales de las catedrales góticas, a través de los cuales penetraba la luz con encandilantes colores en el área sacra, eran concebidos igual que una confesión de fe: Cristo, centro y luz del mundo.

La rueda giratoria predomina también en las visiones que se encuentran en la obra más madura de Hildegarda, el *Liber divinorum operum (Libro de las obras divinas)*, que terminó tras once años de trabajo cuando ya era una anciana de setenta y seis años, en 1174.

El magnífico trabajo cosmológico comienza de nuevo con una fascinante visión de Dios, en la que el Creador es representado como *vita integra*, vida santa y ardiente poder, adoptando la hermosa figura de un hombre, porque Él ha salvado al hombre, que se había perdido, mediante la encarnación de su Hijo, «de entre todos los planes y previsiones de Dios, aquel constituyó la cima del más alto amor, el que el Hijo de Dios en Su humanidad devolviera al Reino Celestial al hombre, que se había perdido».

Este amor divino con figura humana, cuyo radiante rostro brilla más que el sol, sostiene todo el cosmos con sus ardientes brazos extendidos de manera protectora y dispensadora de vida. Y en medio de esa rueda de los mundos se halla el hombre −de nuevo con los brazos extendidos en cruz, con la cabeza alzada−, sosteniendo los elementos del mundo en la mano como una red y en movimiento. Vinculado orgánicamente a todos los seres vivos, unido a todos los procesos de la naturaleza y, sin embargo, siendo también capaz de dirigirla, llevado por Dios y asimismo capaz de llevar él al mundo, vive del amor de Dios y oye en sí mismo la voz, que lo conmina a la responsabilidad frente a las demás co-criaturas.

> De tal manera es [...] la imagen del hombre: el hombre es un ser con cuerpo y alma, y existe en tanto *opus Dei cum omni creatura*, como obra de Dios junto con las demás criaturas.

> Los hombres deben, con esta obra, aprender a conocer a su Creador [...].

De manera tan concisa había definido «una voz celestial» el objetivo del libro encargado a Hildegarda. El texto sobre la visión cosmológica, compuesto por tres partes y diez largas visiones, está documentado excepcionalmente bien; el manuscrito más antiguo, el códice 241 de la biblioteca universitaria de Gante, se data entre los años 1170 y 1173 y podría haber sido elaborado en el escritorio del monasterio todavía en vida de la abadesa. Es el documento más antiguo que poseemos sobre la actividad literaria de Hildegarda.

El *Liber divinorum operum* revisa puntos de vista anteriormente formulados, pero al mismo tiempo constituye la síntesis más convincente de su visión sobre el mundo y el hombre. En ninguna otra obra se dice tan claro que el hombre ha sido creado ciertamente para la dicha, pero no para el placer indiscriminado, como si fuera un producto casual de la evolución que pudiera jugar a capricho con su vida. Al contrario, Dios ha creado, amado y salvado al hombre, como su propia imagen y su corregente en la tierra.

El mundo es tanto su patria como su misión. El estilo a veces tan tosco de Hildegarda dispone sin embargo de matices con los que consigue una mayor expresividad que si se sirviera de largos sermones. Mientras que atribuye a los ángeles el canto de alabanza, el *laus*, y parafrasea la actividad de los elementos con el *sonus*, el ruidoso rumor, reserva únicamente para el hombre el *opus*, la capacidad de obrar y actuar al lado de Dios en representación suya. Esos intentos de la abadesa, ciertamente tediosos para los lectores de hoy en día, buscando descubrir las analogías entre las proporciones del cuerpo humano y la estructura del mundo, pretenden tan sólo ilustrar cómo el ser humano llevaba escrito en su cuerpo los rasgos de la tierra y cómo todas las cosas del mundo se apoyan mutuamente, última imagen del amor de Dios, que soporta el cosmos, como Hildegarda habría visto en sus magníficas primeras visiones.

La abadesa nos aclara el sentido de la cuarta visión de su libro:

Dios ha conformado la figura del ser humano según la obra del universo, de la misma manera que un artista posee las formas a partir de las cuales crea sus vasos. Y al igual que Dios ha medido la gigantesca fábrica del mundo con armoniosa medida, de la misma manera ha medido al hombre en su pequeña y diminuta figura [...] Dios le hizo de tal manera, poniéndole miembro a miembro, en modo alguno excediendo la correcta medida ni el peso apropiado, fuera de los designios de Dios.

Cuando Hildegarda entiende literalmente la afirmación del Evangelio de Juan, «la Palabra se ha hecho carne», y pese a su gran ingenuidad, muestra cómo hasta el último centímetro del cuerpo humano, de la cabeza a los pies, refleja a pequeña escala el plan universal de Dios, puede que bajo estas caprichosas asociaciones se halle una sabiduría oculta. Para Hildegarda la parte del cuerpo humano correspondiente al pecho está en relación con el éter, con la región aérea del cosmos, o como diríamos hoy día, con la biosfera. La parte correspondiente al vientre se relaciona con el poder vivificador del aire, y al mismo tiempo alude a la «blanda y fértil tierra», que «está provista de piedras». Los dientes de los hombres, que trocean los alimentos necesarios, recuerdan al alma, que igualmente trabaja como un molino, y que de hecho elabora sus pensamientos con la fuerza de la razón y la añoranza del corazón. Y los pies se parecen a la fe, que –igual que aquéllos al aguantar el cuerpo– ha de sostener y llevar el nombre de Dios.

¿Se trata de algo meramente cómico? ¿Es que deja de ser correcto querer reintegrar la Creación en el alma, que percibe el mundo a través de las funciones de los órganos corporales y del cuerpo, al que ama y gobierna? ¿Es que no podría Hildegarda ayudarnos simplemente a descubrir de nuevo la armonía íntima existente entre los elementos del mundo y los humores corporales, los temperamentos, las estaciones del año y las edades del hombre? Aquel que confíe en su Dios, recuerda Hildegarda, honrará también todo aquello que forma parte del mundo y aquello que Dios haya creado para honrar al hombre y protegerlo. ¿Hay acaso una mejor garantía de supervivencia para nuestra tierra desangrada y devastada por la arbitrariedad de sus dueños humanos?

¡Y no digamos cuántos contemporáneos nuestros, de los que sufren enfermedades psíquicas, podrían encontrar fuerzas y reposo para sus almas enfermas y sus sentimientos agotados en las anticuadas ideas de Hildegarda sobre una activa relación de interdependencia mutua entre cuerpo y alma! Hildegarda conoce bien el conflicto intemporal entre ambos, pero también su mutua dependencia:

El alma es el poder vivificante de la carne [...].

El cuerpo hace de transmisor del mundo, el alma vuelve fértil la materia como una fuerza dinámica. Exhorta al cuerpo bienamado, en tanto «chispa viva» de Dios, a que actúe correctamente:

El alma habita su cuerpo con gran solicitud, igual que un padre de familia vive en su hogar. Siempre se preocupa, de que no falte nada bueno. Pues el alma tiene en cada momento esta continua preocupación, que el hombre, cuando peque, pueda llegar a perder el divino anhelo, que a través de ella le mantiene vivo. [...] El alma dispone todo lo humano con suma discreción, para llevar al hombre por el buen camino: mediante la bondad de Dios, por la cual ella misma es divina, el alma confía en que podrá crear un hogar para todos sobre la tierra, mediante las sagradas obras, que ella pone en marcha junto con el hombre.

Dicho claramente, Hildegarda es realista y conoce la permanente contumacia del hombre cargado de culpas, su rebeldía contra los mandatos de Dios, que daña los elementos del mundo y que al final conducirá a una catástrofe cósmica. Pero también conoce las fuerzas que brotan del hecho de que Cristo haya salvado al hombre. Se trata de fuerzas que hacen fructificar sus pequeños esfuerzos diarios, sus pequeñas victorias y su discreta pero pertinaz valentía, y que por último propician finalmente que retorne a Dios el cosmos maravillosamente renovado por Cristo.

El *Liber divinorum operum* muestra la historia de la caída y salvación de los seres humanos mediante misteriosas imágenes: Dios ha llamado el mundo a la vida; Él permanece presente en la Creación, la orienta y le da sentido. Dios Todopoderoso porta el mundo, ordena el cosmos, castiga toda rebeldía contra sus designios; otorga sentido a la Historia, la cual Hildegarda esboza a grandes rasgos desde los comienzos de la humanidad *in pectore*, en el corazón de Dios, hasta el Juicio Final.

Cristo hace su aparición en el mundo, anunciado por los profetas, y conduce el cosmos hacia su consumación. La representación de esta última época de la Historia la relaciona Hildegarda con críticas contemporáneas concretas: dignatarios eclesiásticos reivindican sus títulos sin haber hecho obras pertinentes para ello; personas necesitadas ellas mismas de guía, quieren, sin embargo, ser quienes dirijan y promulguen sus propias leyes; y los emperadores romanos ven balancearse su posición de poder y fragmentarse su imperio. Sin embargo, el Anticristo es derrotado porque Cristo lo implora a su Padre en atención a sus heridas.

En medio del *Liber divinorum operum* se encuentra una nueva visión del Más Allá; Hildegarda describe los lugares de purificación como Dios los creó y prudentemente dispuestos, muestra los tormentos del infierno y los goces del cielo, pero de nuevo de un modo muy contenido, al contrario que la teatral representación del Más Allá habitual en la Edad Media. El «celo de Dios», concebido como una esfera enrojecida brillante, cubre la totalidad de las cosas, este mundo y el otro, con sus amplias alas, a excepción del infierno. Y cuando cielo y tierra sean creados de nuevo en perfecta armonía, entonces volverá a reinar sobre el mundo, como al principio, el amor, que cura todos los males.

«Y nuevamente escuché una voz del cielo», así termina el *Libro de las obras divinas*, «que me dirigió estas palabras: ¡Ahora sea Dios alabado en su obra, el hombre! Pues Él ha sostenido la lucha más violenta posible sobre la tierra por su salvación.»

LA TERNURA DE UNA HERIDA DE DIOS

Los sesudos literatos de nuestro tiempo tendrían que hacer acopio de todo su valor sólo para conceder la posibilidad de que hubiera algún sentido en la condición humana de apariencia tan risible y de que un Dios amante pudiera esconderse detrás de nuestra absurda existencia.

«Pero quizá también pueda ser así: que el final ya haya llegado. Que ya no existamos más», reflexiona Günter Grass en *La ratesa*, dando su visión sobre el fin del mundo, el último acorde de la humanidad autodestructiva y la descripción de un planeta que vive sus postreros momentos, y sobre el que las ratas han tomado el lugar que antes ocupara el hombre.

> Vivimos tan sólo como si fuéramos un reflejo y un alboroto que disminuye paulatinamente. O como si alguien nos estuviera soñando. Dios, o un ser superior parecido, un ser burlón, nos está soñando por entregas, porque nos quiere o porque nos encuentra graciosos, y por ello no desea deshacerse de nosotros, ni se harta nunca de nuestro alboroto. Perduramos en su mirada retrospectiva y gracias a los placeres mediocres de un principio divino [...].

También Hildegarda contempla al hombre como un ser miserable, caído, siempre al borde de la desesperación y confuso e incapaz de hallar una salida. Se trata de una frágil porción del mundo, no obstante siempre portadora de la vida más intensa y de una indomable energía creadora, porque se sabe amada por Dios. Hildegarda contempla en su *Scivias* una llama deslumbrante, «un fuego, que era inaprensible, inextinguible, por completo vital, todo él vida». Y una vez que esta llama poderosa –símbolo del poder creador de Dios– ha modelado por completo el cielo y la tierra, entonces se dirige amorosa a un pedazo amorfo de tierra. Dice Hildegarda:

> Entonces la llama, que ardía en medio del fuego, se extendió hacia un pequeño trozo de tierra informe [...]. Ésta le llamó por su nombre y se convirtió en carne y sangre; le insufló su aliento y se alzó convertido en un ser humano vivo.

Una y otra vez Hildegarda describe apasionadamente y con todo detalle la Creación del hombre; en todos los escritos sobre sus visiones aparece la descripción de la Encarnación de la palabra de Dios, que para ella nunca ha sido un árido dogma, sino un conmovedor testimonio de un Dios enamorado apasionadamente de los seres humanos: «No hay nada», comenta con asombro, «que pueda escapar a esta pasión divina, pues la palabra del Padre ha creado todas las cosas y ha asumido la carne, para liberar al hombre de su carnalidad».

Unos pocos decenios después de Hildegarda, el patriarca de los teólogos de Occidente, Tomás de Aquino, desarrolló la bien fundada teoría según la cual Dios se había hecho hombre tan sólo para limpiar el pecado original cometido en el paraíso. Nuestra benedictina, siempre tan insegura en cuestiones teológicas, había interpretado la Encarnación de una manera más natural y positiva, como la libre determinación del amor de Dios; como una determinación que ya había sido tomada desde el mismo momento en que el primer hombre fue llamado a la vida: Hildegarda vio dentro del corazón de Dios una pequeña, negra y sucia insignificancia, y recibió la siguiente revelación de la «llama viva»:

He aquí el hombre, el débil, frágil y miserable barro. Dios lo lleva en su pecho gracias a su amor hacia su Hijo hecho hombre, con lo que se muestra en enigmas su Sabiduría.

Sólo una cosa pretendía Dios cuando se hizo hombre: elevar a esta mísera pella de tierra al corazón del Padre.

Tanto las imágenes como la delicada poesía de Hildegarda portan ciertamente un sólido contenido teológico; más bien una crítica certera contra los eruditos de la teología escolástica, quienes apoyados en su sistema conceptual habían imaginado muchas cosas.

Sin embargo, en el gran período de tiempo que antecederá al furor del Anticristo y a la parusía, el Espíritu Santo dispensará a los hombres un conocimiento profundo y directo de la verdad, y desde luego no será gracias a la teología ni a las enseñanzas oficiales, sino mediante el don de la profecía. ¡Y será entonces cuando los ángeles conversen amigablemente con los hombres!

Padre, pues yo soy tu Hijo: mírame con el amor con que Tú me has enviado al mundo, y contempla mis heridas, con las que −cumpliendo tu voluntad− he salvado a los hombres.

Con estas palabras, el Hijo de Dios hecho hombre, asesinado por el odio y resucitado por la fuerza del amor, implora al Padre en la decisiva lucha final que tendrá lugar en el fin del mundo. Las heridas del Crucificado desempeñan un papel central en la teología hildegardiana, de impronta tan visual, pues muestran bien a las claras qué precio estaba dispuesto a pagar por su amor.

En el tono dramático con el que termina su *Scivias*, la humildad da ánimos a un alma desesperada para que conserve la esperanza:

Tú, pobre hijo,
de todo corazón te abrazo,

pues de profundas y graves heridas
sangró por causa tuya el gran médico.

Son las heridas que lavarán todas las culpas, que curarán todas las angustias y debilidades. Son las heridas de las manos de Cristo, las que borrarán lo que hicieron Adán y Eva cuando se rebelaron contra su Creador; las de sus pies serán las que sacarán los pasos de la humanidad de su destierro, y es de la herida de su costado, según la antigua tradición patrística, de donde nació la Iglesia.

La humilde monja canta con imágenes siempre nuevas el gran amor de Dios: canta sobre el cordero sacrificado en la cruz, que con su muerte ha hecho que la oveja perdida regresara a la pradera de la vida. Celebra el «abrazo de amor maternal» propio de Dios, que con tanto cariño envuelve al mundo. El Dios de Hildegarda, que en las visiones hace su aparición bajo la forma de gigante o de montaña metálica, es en toda su tremenda majestad un solícito amigo de la humanidad, atento y preocupado por las más pequeñas necesidades de ésta. Se regocija tanto en su Creación, que acoge protector en sus brazos a todas las criaturas que se acercan amantes a Él.

La imagen del beso, con el cual el Creador insufla vida a la figurita de barro, en ningún modo es una invención de la abadesa renana, sino parte integrante de la teología monástica de su tiempo. «Bienaventurado aquel beso», dice con entusiasmo Bernardo en su comentario al Cantar de los Cantares, «mediante el cual, no sólo conocemos a Dios, sino que amamos al Padre, a quien no podemos conocer por completo, en tanto no le amemos absolutamente.» Esta mencionada relación entre Dios y hombre, según Bernardo, no estimularía el ansia de saber, sino que inflamaría el amor: «El beso es la señal del amor». Pero como del mismo modo la abeja produce por igual cera y miel, así también este beso otorgó simultáneamente la iluminada sabiduría y la dulce misericordia.

Quien comprenda la verdad, sin amarla, y quien la ame sin comprenderla, no conseguirá ninguna de las dos.

Esta teología de los monjes y de la hermana Hildegarda, tan llena del afecto de Dios, contrapone la buena nueva a los miedos del infierno, habituales de aquellos días. Mientras que sombríos predicadores gozaban de gran afluencia y lanzaban amenazas detalladas sobre la actividad de los demonios principales y secundarios, espíritus del aire, y manifestaciones de espíritus, y mientras que viajeros hambrientos de sensaciones peregrinaban para contemplar en Irlanda el agujero por el cual se decía que el caballero Owen había bajado directamente al infierno, Hildegarda afirmaba con toda tranquilidad que Cristo era más fuerte que todo el poder de Satán y que estaba decidido a salvar a la humanidad.

Es llamativo el contenido del exorcismo que Hildegarda recomienda por carta en el caso ya expuesto de la posesa Sigewiza: el diablo debe ser conjurado y puesto en fuga «por la bondad de la humanidad del Salvador, que ha salvado a esta persona; y mediante el fuego del amor, que colocó al hombre en esta vida perecedera; también vence por la pasión de Cristo en el madero de la Santa Cruz y la resurrección de la vida; y mediante este poder que ha arrojado al demonio de los cielos al abismo y ha liberado así de su yugo al hombre».

Pese a que encontremos risible ese temor a los demonios, propio de aquellos tiempos, la teología hildegardiana del amor todavía puede sernos de ayuda a nosotros, cristianos actuales, para liberarnos de la desconfianza y del atrincheramiento en el propio Yo, del miedo terrible a nuestros semejantes, en quienes sólo vemos rivales y perseguidores. Diablos aquí o allá, lo cierto es que siempre hemos necesitado recurrir a imágenes del mal, y en manera alguna queremos proyectar nuestro odio sobre los impulsos negativos que anidan en nosotros mismos, antes bien, lo haremos sobre cualquier elemento ajeno en vez de aceptar nuestra propia complejidad. La delicada florecilla de la convivencia pacífica ha de agostarse bajo el peso de todo ello.

Por el contrario, de qué manera tan magnífica se muestra la firme convicción hildegardiana de un Dios apasionadamente amante, para el cual no tienen ningún valor nuestras concepciones terrenales de la justicia, y que no está atrapado en el círculo vicioso de la represalia, la debilidad y la venganza. La misericordia de Dios sabe relativizar las exigencias humanas a una reparación justa de las culpas, pues sólo la misericordia divina conoce la profundidad del ser humano, y sabe dónde éste es libre o dónde se halla condicionado. La ya mencionada esfera rojiza incandescente, que simboliza el celo del Dios justiciero, es vista, en su visión de madurez sobre el Más Allá, rodeada de un círculo de azul zafiro, símbolo del poderoso amor de Dios, que envuelve su justicia igualmente con un manto de piedad:

> Pues aun siendo Dios lo bastante poderoso como para ejecutar sus justas sentencias, sólo realiza las mismas bajo el equilibrio del amor.

Y el hermoso e imponente gigante cósmico con el rostro de luz cegadora, que ya hemos conocido por la visión introductoria en la particular interpretación del mundo de la abadesa, y que simboliza el amor que todo lo soporta, está provisto de dos alas que se doblan plácidamente, que se extienden desde la espalda de esa gigantesca figura hasta sus rodillas. La «luz viviente» la interpreta como un símbolo del amor, con el que Cristo atrae hacia sí tanto a justos como a pecadores:

> A unos los lleva a sus espaldas, porque éstos han sabido vivir con justicia, a los otros en sus rodillas, porque los hace regre-

sar del camino de la injusticia. Y a todos los convierte en
copartícipes de una más alta comunidad.

En la teología de Hildegarda no hay sitio para aquella
despiadada ideología sectaria, que elevaba a la exigua ca-
marilla a la condición de la comunidad de los puros, cre-
yéndose a sí misma superior a los pobres necios de fuera,
que no habían sido capaces de alcanzar las tan deseadas
virtudes oficiales. El Dios de Hildegarda es infinitamente
más grande que sus fiscales terrenales, siempre vigilantes; a
Él no se le ocurre dejar caer a ninguna persona a causa de
sus debilidades humanas. Hildegarda lo explica así en su
Libro de los méritos de la vida:

> Pues si alguna vez el hombre, tanto en sus nobles pretensio-
> nes como también durante sus actividades, cometiera algún
> error por descuido, sin abandonar el bien como tal, entonces
> en manera alguna permitirá Dios que caiga, pues todavía
> porta en su interior la nostalgia por valores más altos.

Pero ¿en la práctica no se le escapan también a Hildegarda
juicios excepcionalmente duros? A primera vista seguro
que sí, pero justo sus aceradas cartas a políticos y dignatarios eclesiásticos muestran, analizadas con mayor profundidad, cómo se abstiene de una condena definitiva. La
persona objeto de sus críticas tiene siempre la opción de
corregirse, de aprender, de crecer. Junto con las debilidades, Hildegarda ve por norma general también virtudes y
cualidades dignas de aprecio.

Una prueba ejemplar de ello se halla en el conflicto
habido en torno a Enrique, arzobispo de Maguncia, buen
amigo de la religiosa de Rupertsberg, que había caído en
desgracia ante el emperador Federico Barbarroja y que
fue acusado de malversar los bienes eclesiásticos. En una
carta al papa Eugenio III Hildegarda acudió valientemente
en ayuda del amigo en peligro:

La luz dice: los misterios de Dios conocen el juicio de cada uno en función de su mérito. Pero por el contrario, muchos hombres se dejan controlar en sus valoraciones por sus malos deseos y conducta vergonzosa. Sin embargo, ellos no conocen mi sentencia. En sus apreciaciones se engañan a sí mismos más allá de toda medida, igual que lobos que roban sus presas. De ahí que, si bien el hombre se merece por sus malos actos comparecer ante el tribunal, no me gusta en absoluto que sea el hombre quien se arrogue el derecho de dictar sentencia según su propio capricho. No quiero tal cosa. Pero tú decide sobre cualquier cuestión que requiera tu juicio según la profunda y maternal misericordia de Dios, que no aparta de sí ni al mendigo ni al sediento, pues misericordia quiero, no sacrificios.

No extraña en absoluto que la imagen hildegardiana de Dios resulte tan fascinante aún hoy día. Su entrega radical al artífice de la vida entera y conquistador de la bondad humana es intemporal. Su Dios es luz y fuego, sobrecogedora fuerza y deslumbrante grandeza, energía creadora y chispa vital de todas las criaturas. La monja se estremece ante su «tremenda» y «dura» justicia; a los sempiternos escépticos y arrogantes criticones que se dan importancia ante tan magnífica majestad sólo les concede el sarcasmo:

Dime pues, hombre, ¿qué eras tú cuando aún no tenías ni cuerpo ni alma? No sabes ni cómo fuiste creado, ¡y quieres conocer el cielo y la tierra! Quieres someter a tu juicio su armonía y las disposiciones tomadas por Dios y conocer lo más alto, mientras que no eres capaz ni de comprender lo más sencillo. No puedes ni aclararte cómo es que vives en un cuerpo, o cómo lo vas a abandonar. Aquel que te ha creado ya lo hizo con el primer hombre, Él tiene todo esto previsto.

Mas este magnífico Dios se inclina en invencible pasión hacia el hombre que tanto lo decepciona, pero que no puede negar el anhelo que Dios le ha puesto en su corazón. Es el hecho de reprimir esta ancestral relación de la criatura con su Creador lo que Hildegarda considera el pecado más grave posible, y el narcisismo, que considera al ser humano como algo plenamente autónomo, es para ella la tentación más peligrosa. Quien no desea saber ya nada más de Dios, pone fin al sentido de su vida:

> Pero cuando el hombre no pide, tampoco responde el Espíritu Santo. Un hombre así está rechazando el don de Dios, y si no hay deseo de penitencia, el hombre se precipita a la muerte.

Todo esto no trata en manera alguna de simples emociones piadosas, de sentimientos de contrición, ni de una vaga nostalgia por el cielo. Hildegarda profesaba una gran veneración por la razón humana, pues nos ha sido otorgada, en efecto, por Dios y ha sido digna de ser elevada al cielo mediante la encarnación del Hijo.

> Él te ha conferido el mejor tesoro, un tesoro viviente, tu razón [...] y mediante las palabras salidas de las leyes dispuestas por Él, te ha sido ordenado que sacaras partido a tu razón haciendo buenas obras [...].

Por otro lado, según apreciación de la abadesa, el hombre no puede distinguir el bien del mal únicamente con su modesta razón; comprender y conocer, sentir y contemplar van siempre juntos. Con la fe Dios no sólo es «conocido» sino también «captado»; no se puede sencillamente admitirle como algo objetivo, como existencia de cualquier objeto material; también hay que amarle, tener deseo de Él y vivir de esa fe.

La monja, que conoce el mundo con tanta exactitud, sostiene una imagen del hombre muy realista. Para ella, buscar a Dios significa dar un salto en la oscuridad. La fe es siempre algo arriesgado, algo más propio de una confianza valerosa que de una certeza tranquilizadora. La alegría de la casa paterna del cielo, dice en cierta ocasión, no podrá contemplarla nunca el hombre que se debate, consumido entre el pecado y el arrepentimiento; a lo sumo, podrá aspirar a ello «en la amplia sombra de la fe», por completo inseguro de su existencia. El hombre, con su frágil naturaleza, no podrá alcanzar nunca esa fe pura capaz de mover montañas.

Ninguna teóloga contemporánea amiga de la humanidad hubiera sido capaz de decirlo mejor.

23.

ANTICUADA Y PERTINAZ INDIVIDUALISTA

Obviamente la teología monástica medieval no empieza con Hildegarda, y tampoco es ella la primera en cantar inspirados himnos de alabanza a la divina Creación ni en contemplar las cosas del mundo como reflejo de Dios. Como es natural Hildegarda de Bingen tenía también sus modelos y afinidades espirituales; estas referencias cruzadas han sido estudiadas en los últimos decenios de manera bastante exhaustiva.

Anticipemos ahora el hecho más sorprendente: no se han podido establecer dependencias *directas* de precursores ni afinidades *continuas* con contemporáneos suyos. Los expertos la han considerado un «fenómeno de originalidad prácticamente intemporal», y el filósofo de la cultura Alois Dempf, que conocía la historia cultural de la Edad Media como ningún otro, juzgaba a Hildegarda «tan original y creadora como sus contemporáneos masculinos».

Ya hemos visto cómo el Occidente del siglo XII bullía entre corrientes de recuperación de la tradición antigua. En medio de enfrentamientos con los estímulos intelectuales extraños, se extendieron con rapidez nuevas cosmologías y filosofías de la naturaleza. La primitiva interpretación escolástica de la Creación entró en diálogo con las ideas neoplatónicas relativas a la trascendencia de las cosas cuya perfecta plenitud se hacía proceder de un origen más alto. La interpretación cristiana de la imagen y semejanza del hombre con Dios se corresponde con la imagen helenística de los arquetipos. Y como motor del proceso de apropiación y transformación aparece la figura dominante de Aristóteles, que es nuevamente recobrado en Occidente por mediación de intérpretes árabes y judíos, y que como consecuencia de su cristianización por Tomás de Aquino quedará marcado por la teología de éste a lo largo de siglos enteros.

Sin embargo, llama la atención que la teología hildegardiana de la Creación esté virtualmente al margen de esta revolución intelectual. Ni la popularización de Aristóteles ni de las cosmologías orientales antiguas ni de la filosofía neoplatónica a través de la Escuela de Traductores de Toledo en España ni los focos creadores de nuevas teologías en Chartres, Laon, Reims, París, Oxford, Bolonia parecen haber ejercido en ella influencia alguna digna de mención.

¿Se debe a que en el siglo XII en el Alto Rin el número de *litterati*, de clérigos instruidos capaces de escribir, era muy escaso? En cualquier caso allí florecía la literatura ascética reformista, no un enfrentamiento con el mundo dirigido por la religión. Quizá la obra de Hildegarda se nos antoja tan llamativamente ecléctica justo porque le han faltado esos fructíferos estímulos intelectuales; quizá se encuentren en su obra chispas de pensamiento teológico, fragmentos de filosofía, interesantes interpretaciones psicológicas e intuiciones médicas en colorida variedad, pero ninguna filosofía natural perfecta, ningún sistema teológico.

Ya en 1930, Hans Liebeschütz, en un estudio exhaustivo no superado aún, puso a la luz las fuentes antiguas y cristianas primitivas que existían en el pensamiento y en las imágenes empleadas por Hildegarda. Y en efecto encontró en sus visiones una serie de motivos que resultaban extraños en las tradiciones cosmológicas de la Edad Media, que no aparecían en ninguno de sus contemporáneos, sino en antiguas enseñanzas persas acerca de la Creación, en textos cristianos primitivos de Siria acerca sobre astronomía, en oscuras visiones apocalípticas de contextos neotestamentarios, así como en himnos de la antigua religión griega de los misterios órficos. El hecho de que vincule el comportamiento de los hombres con el estado de los elementos –para nosotros una concepción sorprendentemente moderna– se correspondería con un modo de pensamiento propio de la escatología oriental. Su florida comparación entre la circulación sanguínea y los cursos fluviales la habría tomado presumiblemente de los antiguos persas, mientras que la idea de que planetas y vientos se regulan entre sí procedería de la astrología griega.

No obstante, Liebeschütz no logra explicar cómo Hildegarda habría accedido a esa tradición; supone, que la abadesa la habría descubierto en algún libro de su época que no ha perdurado hasta hoy. Se trata de una explicación muy poco convincente pues de una obra semejante hubieran debido de aprovecharse también otros autores que conocemos.

Expertos de primera magnitud en la obra hildegardiana como Heinrich Schipperges suponen, por el contrario, que este supuesto ideario habría llegado a Occidente sólo una generación después a través de la escuela toledana; la abadesa no pudo, por tanto, haberse servido de ninguna de aquellas fuentes, así que los pretendidos préstamos de la Antigüedad y de Oriente serían de su propia cosecha.

Asimismo se indica al hecho de que la imagen hildegardiana del mundo pasa de puntillas por la Escolástica entonces dominante y que propiamente se vincula con la arcaica época, ya superada, de la temprana Edad Media. Y de hecho tiene bastante menos en común con los intelectuales escolásticos dedicados a establecer sistemas racionales de interpretación que con aquellos simbolistas, ya en aquel entonces algo pasados de moda, que sostenían una traslúcida visión del mundo y descubrían en cada una de las cosas un pensamiento divino: todo está lleno de significado, todas las cosas se hallan dispuestas de manera recíproca, todo está relacionado entre sí, todas las cosas son reflejo de Dios.

Lo que ciertamente supone una relación más sólida y realista con el mundo que la posterior mística: allí las cosas se diría que se funden en unión con Dios, se hunden en la energía inagotable del Creador; aquí, con los simbolistas, las cosas permanecen presentes, señalando de manera inconfundible al Creador.

Esta mística y su fijación con las relaciones entre el alma individual y Dios nada tiene que ver con Hildegarda, y en cualquier caso tampoco con aquellos sobrios precursores, representados por Bernardo de Claraval y que propugnaban una decisión vital consecuente y una evidente pasión por Dios antes que el conglomerado de confusas emociones y de complejos ejercicios espirituales: «Los hay que vuelan viviendo en la contemplación», afirma con cierta ironía el contemporáneo de Hildegarda, Guerrico, discípulo de Bernardo y abad de Igny en el obispado de Reims. «Vuela tú, amando.»

Por tanto, no pertenecería a la progresivamente naciente mística ni a la teología escolástica intelectual de su tiempo —de querer encuadrar en algún lugar la figura angulosa de Hildegarda— antes bien habría que pensar en los simbolistas de comienzos del siglo XII, con Ruperto de Deutz, Hugo de San Víctor, Otón de Frisinga, Gerhoh de Reichersberg y su simbolismo universal de trasfondo.

Tampoco debemos olvidar, que la «teología monástica», impartida en los claustros, marcada por la liturgia, la Biblia y los Padres de la Iglesia, centrada en la vida religiosa, de todas formas se distanciaba conscientemente de la teología escolástica, la cual tenía su carta de residencia en las escuelas clericales y catedralicias, y estaba orientada por completo a las necesidades prácticas de la salvación de las almas. También en los monasterios gozaban de alta consideración el entendimiento otorgado por Dios y se tenían altas exigencias científicas. Pero los monjes rechazaban las sutilezas dialécticas y la ampulosa soberbia de las cátedras de los teólogos. «No es mediante la disputa», afirmaba Bernardo, «sino mediante la oración como la búsqueda adquiere mayor dignidad y se propicia el hallazgo.» Y el literariamente activo reformador monástico Ruperto de Deutz apreciaba el conocimiento adquirido mediante la experiencia personal más que la cita de textos muertos.

A Ruperto, entonces el sabio benedictino más destacado, se le considera el fundador de la teología bíblica. Para éste, la cuestión era la unión agradecida de la historia de Dios con los hombres, y no las abstractas especulaciones dogmáticas. Otro interesante simbolista más, el obispo premonstratense[7] Anselmo de Havelberg, tenía ya una opinión positiva de las diferentes mentalidades existentes en las Iglesias oriental y occidental y las numerosas órdenes monásticas: afirmaba que la rutina se hacía agotadora, mientras que las novedades y cosas extraordinarias posibilitaban la reforma eclesiástica permanente y traían aparejadas mejores consecuencias.

Otón de Frisinga, obispo e historiador, buscaba siempre un sentido último detrás de la historia universal, y en la simbiosis del duradero Imperio romano con la Iglesia de Cristo un punto de partida para la consecución del reino de Dios en la tierra; pero tras el fracaso del Imperio sólo los monjes eran capaces de lograrlo. Honorio de Autun, un discípulo de Anselmo de Canterbury, que vivía en Ratisbona como eremita, describía al hombre como imagen del cosmos y veía el alma siempre en desarrollo en peregrinación hacia la armonía del cielo.

Es al movimiento simbolista al que muy probablemente haya que sumar a la gran individualista Hildegarda, así

---

[7] De la abadía de Prémontré, fundada en el siglo XII por Norberto de Xanten. *(N. del T.)*

como a aquellas órdenes reformadoras que propugnaban el regreso al espíritu del primitivo eremitismo. Con ellos comparte la abadesa la crítica al lujo feudal de muchas comunidades monásticas que se habían vuelto indolentes y la esperanza de una nueva aproximación al Evangelio, que había de traer un modo de vida más austero y sencillo. No hay duda de la simpatía de Hildegarda por la vida eremítica; la considera la forma más elevada de existencia monástica, sin llegar a declararla desde luego la forma de vida ideal para todos los miembros de las órdenes religiosas.

Pero también aquí demuestra su originalidad: las exigencias extremas de pobreza significan para la abadesa tan poco como el furor, por ejemplo, de los cistercienses por el trabajo agrícola; le bastaba simplemente con renunciar a lo accesorio y a las exigencias innecesarias. Al contrario que sus «democráticos» contemporáneos, Hildegarda quiere sobre todo contar con damas de la nobleza entre sus hermanas. En definitiva es más conservadora que la mayoría de las voces reformadoras procedentes de los monasterios de su tiempo; tampoco se deja impresionar por el orden jerárquico de la Iglesia.

Ciertamente medieval es la estrecha vinculación de Hildegarda con las Escrituras y los Padres de la Iglesia, pero también su tipo de exégesis. Árida exégesis literal y elevadísimas interpretaciones según el denominado «sentido místico» se mezclan entre sí. Los testimonios bíblicos se leen y estudian una y otra vez; de ahí la fenomenal memoria textual de los escritores de las órdenes religiosas y las innumerables citas bíblicas que se observan no sólo en Hildegarda.

Sin embargo, se duda incluso de la fuerte deuda con los Padres de la Iglesia que entre otros ha señalado Bertha Widmer. Por ejemplo, Widmer remite esa forma con que el gigante divino se define como *integra vita*, como vida de perfecta santidad y origen de toda vida, al simbolismo siempre recurrente del «árbol de la vida» tan del gusto de la patrística griega y de la estatuaria contemporánea de Hildegarda. Su predilección por la luna como arquetipo de cuanto cambia y se modifica, pero también de la Iglesia, que recibe la luz de Dios y la proyecta a su vez sobre sus hijos, es una imagen que podría haber tomado de Orígenes y Ambrosio. Sin embargo, también aquí uno se podría preguntar cómo es que Hildegarda ha accedido a todo este material, para el que en aquel tiempo faltaban en gran parte traducciones latinas.

Por todas partes constatamos lo mismo: hay relaciones, pero no dependencias claras. Hay modelos y arquetipos, pero no una relación clara de causa y efecto. Hay una concordancia general con las corrientes espirituales de su tiempo, pero también una amplia variedad de posiciones particulares y acentos individuales. Esta humilde y temerosa monja de Rupertsberg tenía sus propias ideas; no se deja clasificar tan fácilmente, por mucho que se haya intentado una y otra vez.

Por ejemplo, su «rueda del cosmos» a la que está uncido el hombre, símbolo del mundo como obra creada por Dios, pertenece indudablemente a las figuras poéticas del siglo XII, pues así aparece en Wolfram de Eschenbach y en otra gran abadesa como fue Herrada de Landsberg. Esta contemporánea de Hildegarda rigió – es preciso decirlo– competentemente el monasterio de Hohenburg, también en el área cultural de la Alta Renania. Su obra *Hortus deliciarum (Jardín de las delicias)* es considerada una magistral enciclopedia de la sabiduría y teología de su tiempo, salpicada de citas patrísticas, teológicas y filosóficas, rebosante de símbolos y alegorías, un pródigo repertorio de imágenes de la vida en el siglo XII.

Sin embargo, incluso cuando aparece la concepción común del mundo como «jardín» de Dios, encomendado al hombre y elocuente alusión a la belleza del Creador, una vez más no es seguro que Hildegarda tuviera en cuenta la obra monumental de su colega, terminada muy probablemente poco antes de la muerte de aquélla. Por lo demás la imagen de un «jardín de la creación» aparece por doquier en la literatura de la época; en una obra didascálica del sabio parisino Hugo de San Víctor se afirma lo siguiente:

> Todo el mundo visible es semejante a un libro escrito por las manos de Dios.

Seguramente Hildegarda tampoco conociera al filósofo poeta Bernardo Silvestre de Tours, cercano a la teología de la escuela de Chartres y que fundió en una aventurada cosmología la tradición antigua y la cristiana en su comentario sobre la Creación titulado *De Mundi Universitate – Megacosmus et Microcosmus*. En esta obra se confrontan espíritu y materia, Dios y naturaleza, sin que esté claro quién hace qué; entonces aparece un denominado «espíritu del mundo», una emanación de Dios, pero también una especie de diosa, con cuya ayuda la naturaleza da forma al caos. La obra de Bernardo gozó de una amplia difusión; también su libro fue presentado el año 1147 al papa Eugenio III, en aquel momento en Francia, que según parece reaccionó favorablemente.

Hildegarda se muestra independiente dentro de esta red de teologías, imágenes del mundo y concepciones de la vida; a fin de cuentas libre de la influencia de escuelas o modas, sólo fiel a su visión de las cosas plenamente individual. La vehemente dinámica de su representación de la historia de la salvación, que convierte en una catástrofe cósmica la caída del ángel, la caracterización final de Lucifer como un rebelde desde el comienzo (y no como una figura originariamente luminosa, que sucumbió ante la primera gran prueba a causa de su propia soberbia), la imagen del huevo místico en el *Scivias*, de donde surge mediante un interesante proceso de aprendizaje la rueda cósmica en el *Liber divinorum operum*, el convencimiento de que Dios salvará al final a la «Sinagoga» y una gran parte de los pueblos paganos, la espléndida definición de la Iglesia como sacramento general de la salvación y lugar a través del cual Dios se manifiesta al mundo, el respeto por el laico inteligente que se forma su propio juicio de las cosas, todo ello, en definitiva, configura una serie de ideas propias y posiciones particulares con que Hildegarda entra a menudo en contradicción con las tendencias teológicas y la tradición corriente de su tiempo.

«Pues yo no he aprendido a tener las visiones como los filósofos han aprendido a escribir», confesó Hildegarda a Wiberto de Gembloux con inaudita seguridad en sí misma.

Las palabras de esta visión no resuenan como aquellas que salen de boca humana, sino que son como una llama centelleante y como una nube que se moviera en medio del límpido éter.

EL DIABLO NO SABE CANTAR:
HILDEGARDA COMO COMPOSITORA

En la iglesia monástica de Cluny, cuya suntuosa ornamentación tanto irritó a Bernardo de Claraval, se levantaban diez grandes columnas como diez guardianes en torno al altar. Del gigantesco templo tan sólo nos han llegado algunos restos. Sin embargo, los fantasiosos capiteles de las columnas dispuestas en torno al altar se han conservado en gran medida. Sus esculturas no muestran los monstruos y quimeras que Bernardo denostaba, sino los símbolos de la bondadosa Creación de Dios: los ríos del paraíso, las estaciones, las virtudes ¡y los ocho modos eclesiásticos!

Los expertos advierten que las catedrales medievales se erigieron siguiendo modelos y patrones musicales: sus proporciones se apoyaban en numéricas combinaciones matemáticas con un estremecedor contenido simbólico y que albergan la armonía cósmica diseñada por Dios. A los miembros de las órdenes religiosas de aquel tiempo todo les impulsaba al canto de júbilo y alabanza; la mayor parte del servicio religioso era cantado, y de las 42.000 poesías minuciosamente consignadas en el *Repertorium hymnologicum* de Ulysse Chevalier, la mayoría son cantos litúrgicos.

Ante semejante trasfondo no nos sorprende la extraordinaria predilección de Hildegarda por la música ni por el lenguaje musical. «Sonido», «armonía», «sinfonía», «trombón», «voz» pertenecen al léxico habitual de la abadesa. En su *Libro de los méritos de la vida* presenta al caos cósmico, la materia turbulenta, subordinado a la *symphonia vitae laetae*, la armonía de una vida en alegría, la cual puede ser aprehensible para el hombre que comprenda activamente su responsabilidad ante la Creación.

En la grandiosa visión final del *Scivias* la bienaventurada monja escucha cómo salen «de un aire atravesado completamente por la luz» las antífonas de los «poderes de Dios» y voces como si fueran de una gran multitud, que anuncian la alabanza de los habitantes del cielo. «Y su sonido entró en mí de tal modo», dice dichosa Hildegarda, «que los entendía con total presteza.» Toda criatura creyente es llamada a alabar a su Creador «"con el sonido del trombón", lo que quiere decir en el reconocimiento de la razón», con el timbal de la mortificación y con la danza del júbilo, con el laúd de la salvación de la humanidad y con la flauta de la protección divina; de esta manera tan imaginativa parafrasea Hildegarda el salmo de alabanza 150, que los judíos, obedientes hijos del Creador, entonan cada mañana.

Ya sabemos que a veces daba una nota juguetona, como al denominarse «cítara del Espíritu Santo». Sus dotes musicales eran tan evidentes y significativas para sus contemporáneos, como sus visiones celestiales: «Se dice que tú has sido elevada a los cielos», le escribió a Hildegarda con todo respeto el célebre maestro Odón de París, «que has visto muchas cosas y que las refieres mediante escritos, así como que ideas nuevas canciones, y que nada de esto has aprendido».

Y siendo ya una mujer octogenaria dirigió una queja desgarradora al prelado de Maguncia a causa de la renuncia forzosa que le había sido impuesta, ya que éste le había prohibido el servicio religioso y el canto de las horas a raíz de la disputa por el funeral en el cementerio del monasterio. Hildegarda le contestó que los salmos y cantos piadosos así como los instrumentos musicales habían sido inventados por los santos profetas, para mantener vivo en los hombres el recuerdo del paraíso perdido. Aquél que silencie la boca de una comunidad que alaba a Dios asume una grave responsabilidad, pues este cantar actúa como resonancia de la armonía celestial inspirada por el Espíritu Santo.

Como si fuera un juicio de Dios, en manera alguna humilde o con sentimiento de culpa, clama contra los arbitrarios burócratas eclesiásticos:

> Entonces aquellos que en relación con el canto de alabanza del Señor impongan el silencio a la Iglesia, éstos –dado que cometen en la tierra la injusticia de robarle a Dios el honor de la alabanza que le corresponde– no habrán de tener comunidad alguna con la alabanza de los ángeles en el cielo, en tanto no hayan corregido lo hecho mediante una auténtica penitencia y habiendo dado humildemente una satisfacción.

Hildegarda redactó y puso música al menos a setenta y siete composiciones para su propio convento, así como para otras comunidades monásticas: antífonas para dos coros, himnos, secuencias, y el drama litúrgico *Ordo virtutum* para el convento de Rupertsberg y otra pieza más en honor de san Ruperto, que fue interpretada el día de su festividad de modo concertante con recitación y canto. Esta obra trata muchos procedimientos internos en el monasterio y también contiene numerosos pasajes para nosotros incomprensibles. Ciertamente no debemos perder de vista que el hombre del medievo entendía de manera mucho más directa que hoy día el simbolismo de la liturgia y, también, que conocía con exactitud los textos bíblicos latinos, lo que suponía buenas condiciones previas para poder entender las –para nosotros– oscuras alusiones contenidas en párrafos de difícil interpretación.

¿Ambicionaba la abadesa de Rupertsberg ir forjando paulatinamente una verdadera obra musical, por ejemplo un repertorio de himnos para el año litúrgico? ¿O se trababa más bien de obras de circunstancias, realizadas según se adecuaran mejor con cada situación y que luego se transcribían rápidamente al papel, de modo que fuera por tanto algo que reflejara la atmósfera religiosa de un momento particular? Sabemos que Hildegarda asumió con seguridad encargos musicales; el abad Kuno de Disibodenberg le pidió amigablemente a su antigua subordinada que le trasmitiera una eventual revelación divina sobre su patrón tutelar Disibodo, «para que no tema en ofrecerle un piadoso canto de alabanza junto con mis hermanos». Y de hecho Hildegarda respondió con una jubilosa visión, a la que también se le pone música como antífona, responsorio y secuencia dedicados a Disibodo. Pero también había otros textos, que tomaba de escritos más antiguos, y que una vez provistos de melodía, podían emplearse para los oficios sagrados.

¿Es que no habrá habido docenas de monjas que compusieran igual de bien y que dirigieran sus propios coros?

Con estas palabras Sophie Drinker, en su estudio sociológico sobre el papel de la mujer en la música, rebaja un tanto las expectativas respecto a Hildegarda. ¿Podría ser que no supiéramos nada de eventuales homólogas de Hildegarda (o de Matilde de Magdeburgo, cuyas agridulces experiencias con Dios vertió un siglo más tarde en sus himnos) sólo porque la creación musical se hacía antaño de manera anónima?

En realidad es un hecho conocido que las damas tanto en los monasterios como en la corte eran muy activas musicalmente; entre las más de 5.000 compositoras de casi setenta países desde la Antigüedad hasta la actualidad que aparecen consignadas en una enciclopedia publicada en 1981, encontramos numerosos nombres procedentes de este sector. Hasta el tránsito de la Edad Media a la Edad Moderna, como muy tarde, este tipo de actividad se limitaba al ámbito privado. La propia Hildegarda apenas nos da alguna referencia para poder clasificar su obra musical; con su habitual mezcla de humildad y sobrada seguridad en sí misma declara que sus canciones fueron compuestas para alabanza de Dios y los santos «sin la instrucción humana» y que también habían sido cantadas pese a que nadie le había enseñado nunca ni notas ni canto.

Ahora bien, la música era una de las siete artes liberales dentro del sistema educativo de la Edad Media, y por lo menos en las escuelas monásticas del siglo XI desempeñó un papel determinante dentro de este canon educativo; sorprendentemente se consideraba la cima de la formación gramatical y era más importante que la aritmética, la geometría y la astronomía. Desconocemos por completo en qué medida la benedictina Hildegarda habría podido acceder en su monasterio femenino a esta formación educativa reservada a los varones.

Tan sólo podemos admirarnos de cómo ha florecido de manera arrebatadora en la obra de Hildegarda la concepción medieval de un cosmos musical y de la armonía de las esferas. Las imágenes arcaicas, que se encuentran en todas las religiones, acerca de la Creación como una acción motivada por un sonido, por una «palabra» que insufla vida al mundo y confiere ritmo al caos, cobra en la obra de la benedictina de Rupertsberg una dimensión sugerente y plástica. Concibe el firmamento en permanente rotación y de esta rotación surgen «sonidos maravillosos».

El «Anciano de los Días», del que procede toda vida y que lo ha dispuesto todo «como un espejo» tiene «una voz como el trueno con la cual Yo mantengo en movimiento la totalidad del universo con el sonido viviente de todas las criaturas». La Creación se completa con el sonido.

Cuando sonó la palabra de Dios, entonces esta palabra apareció en cada criatura, y este sonido era la vida de cada creación. Por la misma palabra obra el espíritu del hombre, de ese mismo sonido extrae sus obras la razón, resonando, llamando o cantando, de igual manera que también hace mediante la sagacidad de sus facultades artísticas que resuene en toda criatura vibrantes instrumentos musicales. Pues al hombre le ha sido conferida la razón a imagen de Dios a través su alma viva y mediante su ardor el alma atrae hacia sí la carne.

Y cuando Cristo salve a la humanidad y con su misericordia haga que recupere su herencia perdida, entonces sonará la música celestial con indescriptible armonía y belleza.

Anima hominis symphoniam in se habet et symphonizans est, sostiene Hildegarda: el alma del hombre porta una sinfonía dentro de sí y es asimismo sinfónica. La Madre Iglesia lleva sus hijos hacia la *superna symphonia*, hacia la eterna sinfonía, el seno de María se regocijó pues «en ella resonaban todas las sinfonías del cielo», y la misma Hildegarda se refiere a sus cantos como *symphonia harmoniae caelestium revelationum*, armonía sinfónica de las revelaciones celestiales.

La concordia de todos los creyentes pese a sus diferentes peculiaridades y mentalidades la define Hildegarda recurriendo gustosamente al lenguaje musical como el acorde de un conjunto instrumental. Y cuando el diablo hace su aparición en su drama litúrgico *Ordo virtutum*, resulta que no sabe cantar, sino sólo emitir graznidos; en las órdenes para el director Hildegarda habla del *strepitus diaboli*, del estruendo del diablo.

En el núcleo de sus canciones y antífonas se encuentra naturalmente el misterio de la Encarnación y de la Salvación. Ante tanto amor Hildegarda, como la monja que de alguna forma siempre había conservado su sencillez infantil, reaccionaba con un desconcertado asombro, mientras que la poetisa que también era respondía con júbilo desbordante:

¡Cuán maravillosa es ciertamente la sabiduría
que hay en el pecho divino,
que ha contemplado toda criatura desde el comienzo de los
tiempos!
Pues Dios, cuando miró el rostro del hombre,
que Él había hecho,
vio toda su obra allí reunida
bajo aquella forma humana.
¡Cuán maravilloso es aquel aliento,
que también despertó al hombre!

Este bienaventurado asombro puede adquirir asimismo la
forma de una íntima y confiada oración:

Oh Dios eterno, ahora inclínate,
inflámate en aquel amor,
que nos convierte en tus miembros,
creados por Ti en el ardor del amor,
con que engendraste a tu Hijo
en el primer amanecer
ante toda criatura.
Contempla ahora la necesidad que nos aflige,
quítanosla por amor a tu Hijo,
¡y condúcenos a la alegría de nuestra salvación!

Cada vez que Hildegarda entonaba un canto de alabanza a
su celestial amiga la Virgen María, lo que parece que hizo
a menudo y gustosamente, se trata en definitiva del misterio de la culpa y la redención, del odio humano y del amor
divino. A la Madre de Dios la celebra como *lucida materia*,
seno luminoso, de donde la sola palabra del Padre hace
emanar todas las potencias y como la que ha dado el ser a
todas las criaturas. Y puesto que Dios se ha hecho hombre
en ella, tan grande bendición se apoya ahora *in feminea
forma*, en la figura de una mujer. Hildegarda, esta apasionada amiga de la humanidad, que administra la farmacia de

Rupertsberg curando a grandes y pequeños, acuña un extraordinario título honorario para María:

> O *clarissima Mater sanctae medicinae*,
> oh esclarecida madre de la santa medicina,
> mediante tu santo Hijo has aplicado ungüento
> sobre las heridas y dolores de la muerte,
> que Eva trajo para tormento de las almas.
> A la muerte la has destruido
> y has edificado la vida.
> Ruega a tu Hijo por nosotros,
> tú, estrella de los mares, María.

María, vista como la aurora de donde nace el sol que es Cristo; María, la deslumbrante piedra preciosa, en la que se alberga todo el brillo del sol y Cristo, *fons saliens de corde Patris*, la fuente que brota del corazón del Padre; María, *frondens virga*, rama floreciente, lirio de brillante blancura, que adorna el cielo, más de lo que antaño Eva turbó la tierra... La monja Hildegarda no se cansaba nunca de abordar su tema favorito: la fuerza y el goce de la virginidad que abre a los hombres a la ternura de Dios y une al cielo la mísera tierra.

> O *virga ac diadema purpurae Regis*,

así comienza el canto favorito de Hildegarda, todavía hoy interpretado, que juega ocultamente con la homofonía de *virga* (tallo, rama) y *virgo* (virgen),

> Oh tallo y diadema de púrpura real,
> en tu recogimiento eres semejante a una loriga.
> Brotas y floreces de manera muy distinta
> a Adán, aquel que dio la vida al género humano.

> [...]

Cuán poderoso es el costado del hombre
del cual Dios creó la figura de la mujer,
como espejo de su belleza la creó,
como madre, que abraza a toda criatura.

Por eso resuenan los instrumentos del cielo,
toda la tierra queda admirada, María, alabada seas,
pues Dios te ha querido mucho.

Oh, cuánto hemos de lamentar, cuánto hemos de llorar
que por el engaño de la serpiente
cayera sobre la mujer la tristeza del pecado.

[...]

Pero se alzó de tu vientre, oh aurora nuestra,
un nuevo sol,
que borró todos los pecados de Eva.
Esta bendición brota a través de ti de forma más grande
que el mal que en su día Eva
infligió a la humanidad.

Oh salvadora, al género humano
le has engendrado una nueva luz,
reúne pues los miembros de tu Hijo
para lograr la armonía celestial.

Y después están las numerosas canciones dedicadas a los
santos y los profetas, a los mártires («florecientes rosas») y
confesores («seguidores del poderoso león»), los cantos de
alabanza a los ángeles, «quienes protegéis a las gentes», las
secuencias dedicadas a los patronos monásticos Disibodo
y Maximino; la atareada superiora era tan productiva en la
poesía y la composición que podríamos ver en ello una
suerte de oasis de paz en medio de las agitadas tareas cotidianas. Pero el producto de aquellas horas de asueto nada

tiene que ver con una lírica superficial y desprovista de intenciones. Los especialistas han quedado fascinados ante la virtuosa mezcla de tan iluminadas imágenes.

Pues el colorido lenguaje visual, que tanto nos fascina en Hildegarda, confiere asimismo a sus canciones una luminosidad centelleante, y caracteriza también su técnica compositiva: los melismas (un tipo de coloratura) realzan palabras cruciales como *deus* (Dios), *rex* (rey), *stella maris* (estrella de los mares), *virgo* (Virgen). Los registros musicales altos simbolizan el sol, el vuelo; mientras que los bajos representan la oscuridad y el diablo; una sucesión de tonos más jocosos alude a las frecuentemente mencionadas flores.

«En el empleo de formas y melodías», resume un investigador experto, «en la técnica poética se distancia esa "sinfonía armoniosa de las revelaciones divinas", como ella decía, de toda la lírica de su tiempo, ya sea en latín o en lengua vernácula.» Y ciertamente ya en una primera audición de sus secuencias y canciones se hace evidente la predilección sentida por Hildegarda por los grandes intervalos, una melismática exuberante y el trato original con las tonalidades eclesiásticas habituales.

La música de Hildegarda suena extraña y poco habitual precisamente a los aficionados familiarizados con las tradiciones vocales de siglos pasados, pero en manera alguna les resulta incómoda. Las movidas líneas melódicas tan ricas en alternancia, que se apoyan a menudo sobre largos acordes vocales e instrumentales, así como el intervalo que llega a alcanzar a veces una y media y hasta dos octavas, lo cual rompe el marco tradicional del canto gregoriano, ejercen una atracción especial.

Esta variación individual de la coral con ayuda de un intervalo vocal extraordinariamente graduado se considera la aportación más importante llevada a cabo por Hildegarda en el campo de la composición. Casi nunca se repite de manera exacta la misma fórmula melódica, siempre aparecen nuevos matices y sugestiones libres. El movimiento permanente, sin embargo, no causa confusión alguna, pues es interrumpido por grandiosos puntos de apoyo.

Y algo especialmente interesante: sus secuencias –que son ampliaciones hímnicas del canto de alabanza de los servicios divinos dentro del desarrollo histórico de la liturgia– se distinguen netamente de las estrictas reglamentaciones estróficas de su tiempo a causa de las libertades métricas y tonales permitidas, asemejándose más a las secuencias de los siglos IX y X. Hildegarda renuncia también de manera consciente a la simetría perfecta, igualmente en las partes paralelas de la composición, prefiere utilizar el modelo más atrayente de eco y variación.

LA REPRESENTACIÓN DE UN MISTERIO ENTRE CIELO E INFIERNO: *ORDO VIRTUTUM*

En el marco de la monumental atmósfera románica de San Martín el Grande en Colonia, un drama litúrgico de ochocientos años de antigüedad fue objeto de un segundo estreno universal en 1982: majestuosas figuras de mujer rodeaban la amplia sala bajo una maravillosa iluminación técnica con mesurados y solemnes pasos de danza. En los delicados sones del salterio, las arpas y las flautas de pan penetra agudo el graznido triunfante del diablo cuando *anima*, el alma, harta de la vida virtuosa, cambia el blanco manto de los bienaventurados por otro negro, y se echa en brazos de Satán. Sin embargo las virtudes logran, bajo la dirección de la *humilitas* (la humildad), adornada por una corona de oro, recobrar el alma herida y desencantada de tanta libertad; *victoria* desciende y encadena al diablo.

Los críticos quedaron encantados; el lenguaje de la obra era «jugoso y carnal, etéreo y espiritual», y su música, semejante a «una corriente siempre inagotable, cuya riqueza, amplitud, intensidad y duración cambiaban constantemente».

Pero sobre todo, fue desde el momento en que el gran público conoció el drama litúrgico durante el mismo año con la celebración del Katholikentag en Dusseldorf en el antiquísimo palacio imperial de Kaiserswerth y por la retrasmisión televisiva de la WDR, representado con una im-

ponente y severa sonoridad ascética por el conjunto euro-
peo-americano Sequentia, cuando Hildegarda de Bingen
dejó de ser para siempre una mera visionaria conocedora de
hierbas. Entonces se supo que la abadesa llevó a cabo con su
drama alegórico y musical *Ordo virtutum* (*Orden de las virtudes*, o mejor *Drama de los poderes*) uno de los primeros dramas en latín escritos en Alemania y el primero de todos que
nos ha llegado con acompañamiento musical.

Ya se había comentado el hecho de que una versión
más corta de este *Ordo virtutum*, por supuesto aún sin notas,
se encontraba en la visión final del *Scivias*. Aquí, igual que
en las 85 antífonas que constituyen la versión tonal, la
monja, dotada de tanto talento musical, cuenta la historia de
la lucha habida entre el cielo y el infierno por el alma humana. *Virtutes* y *diabolus*, los poderes de Dios y el diablo,
se disputan el *anima*, con la que Hildegarda alude no tanto
al alma individual y sus problemas de conciencia cuanto al
género humano y a la Iglesia en medio de una lucha decisiva por su salvación. «¿Quiénes son aquéllas, semejantes a
una nube?», exclaman sorprendidos patriarcas y profetas
nada más empezar la primera escena, cuando entran en
escena las virtudes de Dios, y ellas los ilustran:

> La palabra de Dios resplandece en figura humana. Pues no-
> sotras construimos los miembros de su bello cuerpo, y bri-
> llamos en él.

Por tanto de lo que se está tratando aquí es de la totalidad
de la Iglesia, de «su bello cuerpo», y no tanto de la moral
privada y determinados aspectos íntimos del ser humano
como individualidad.

Pero en tanto Hildegarda lleva a escena el conflicto tan
antiguo como el hombre entre la caída en el pecado y los
virtuosos esfuerzos, entre la caída en los placeres y la fama
por un lado y el recuerdo de la dignidad de una vida justa
y sobria por otro, nos está transmitiendo un mensaje de

consuelo. Efectivamente, el alma encuentra a la comunidad de los creyentes «llena de piedras preciosas», tras su fracaso inicial y tras abandonar el camino equivocado marcado por la derrota y la amargura, una vez que regresa a Cristo «el gran médico», que en el epílogo de la obra muestra al Padre celestial las heridas que sufrió por amor, y presenta su cuerpo místico completo, la comunidad de los creyentes, «llena de piedras preciosas».

«Ah, no sé qué hacer ni adónde deba huir», se lamentaba la desventurada *anima*, desgarrada entre el deseo de percibir la cálida luz de Dios y las ganas de gozar del mundo y de desembarazarse de las cargas cotidianas. Mientras que el conocimiento de Dios, el amor, la esperanza y la misericordia, junto con todas las demás *virtutes* muestran la belleza de una vida que agrade a Dios, el diablo con sus graznidos («Tú, necio, ¿en qué te compensa esforzarte tanto? [...] No sabéis lo que adoráis») busca ganarse el alma titubeante con atractivas promesas.

Sin embargo, pronto regresa la «desertora», llena de sincero arrepentimiento por la vida de alejamiento que había llevada y dudando si todavía habrá alguna esperanza para ella, herida y rota como estaba. Pero las *virtutes* de Dios le aseguran que toda la corte celestial se regocijará con su regreso, que Dios la sanará, y entonces la humildad extiende sus brazos:

Pobre hija, yo te acogeré, pues el gran médico ha sufrido por tu causa profundas y dolorosas heridas.

«¡Oh fuente viva, cuán grande es tu bondad!», asienten unánimes las *virtutes* de Dios.

Por causa de tu amor no has vuelto la mirada a este (pecador).

Ahora es cuando la arrepentida *anima* se siente lo bastante fuerte como para luchar unida a las *virtutes* contra el sacrílego diablo, y esta vez, por supuesto, con éxito.

Suponemos que Hildegarda habría escrito este drama sobre la salvación para la consagración del monasterio sobre el páramo de Rupertsberg y que fue en esta ocasión, en el año 1152, cuando se representó por primera vez a cargo de dieciséis monjas que encarnaban el papel de las virtudes divinas. A Volmaro, el secretario de Hildegarda, le tocó en suerte representar el desagradecido papel de Satán, con su rechinar de dientes y su arrastre de cadenas.

La benedictina empleó en su interpretación formas musicales de una sobriedad adecuada y ninguna de la amplia gama de melodías empleadas en las antífonas y secuencias. De manera más propia dejó que las voces solistas y el coro se intercambiaran y se replicaran mutuamente.

Puesto que la palabra, la música y el lenguaje de imágenes en el *Orden de las virtudes* se entremezclaban de forman tan armoniosa —una lograda coreografía habrá aportado lo suyo en las representaciones hechas en la iglesia del monasterio—, la obra logró un dramático y sorprendente efecto, pese a su duración, entre hora y media y dos según la escenificación, a no hacer ningún cambio de escenario y a contar tan sólo con un número mínimo de personas en acción. El *Ordo virtutum* contiene elementos básicos en sus ideas y formulaciones, como aquellos con que se celebrará la resurrección más de cuatrocientos años después en la alegoría espiritual *La rappresentazione di anima e di corpo* del compositor florentino Emilio de Cavalieri, una obra considerada una piedra de toque en el camino al oratorio.

Un moderno correligionario de Hildegarda, el americano Bruce W. Hozeski, de la Ball State University en Muncie, Indiana, ha dicho del drama de la abadesa que es «el drama litúrgico más antiguo» que conocemos. Todavía hoy día los populares dramas sobre el alma y el Más Allá, como el *Jedermann* de Hofmannsthal, que forma parte obligada en el programa turístico de Salzburgo, pueden contar con la honrosa presencia de Hildegarda en la galería de sus antepasados.

VII

MUJER FUERTE EN UNA
IGLESIA DE HOMBRES

LOS VIAJES DE PREDICACIÓN:
RECONVINIENDO AL CLERO

Entre las innumerables trampas que
nuestro vencido enemigo ha tendido
en todas las montañas y llanuras del mundo,
la peor de todas, la que nadie puede evitar,
es la mujer [...]
agradable mal, a la vez dulce y venenoso,
que ha llegado incluso a penetrar
en el corazón de los sabios
mediante su aguijón untado en miel.

Obispo Marbodo de Rennes († 1123)

Hildegarda no hubiera podido predicar hoy día, desde que Roma después del Concilio dio al traste rigurosamente con las posibilidades planteadas en Alemania de que predicaran quienes no habían sido consagrados sacerdotes. Pero incluso en aquel entonces resultaba un hecho inaudito que una anciana y enfermiza monja abandonara la seguridad de su clausura, para cabalgar por toda la región y sin más consideraciones criticar con discursos incendiarios a los cargos eclesiásticos masculinos en lugares públicos.

Las informaciones sobre la más extraordinaria de las actividades llevadas a cabo por una monja también extraordinaria hemos de ir recogiéndolas trabajosamente de entre su correspondencia. Es llamativo que en las crónicas monásticas de la época no aparezca ninguna mención a los encendidos discursos de la abadesa, quien sin duda podía ser considerada como la mujer más prominente de Alemania. Es como si, en aras de una historia sensible a las opiniones biempensantes, se hubiera querido borrar todo recuerdo de estas chocantes actuaciones, que sin duda eran esperadas ansiosamente en aquella época.

¿Y qué podemos hacer nosotros con el árido informe que proporciona su *Vita*, que consigna con un aburrido estilo meramente enumerativo las etapas de esta tarea de predicación? En la *Vita* se cuenta lo siguiente:

> Por encima de todo es digno de mención que Hildegarda, no sólo impulsada sino también requerida por el Espíritu divino, marchara a a Colonia, Tréveris, Metz, Wurzburgo y Bamberg para predicar la voluntad de Dios al clero y al pueblo. También en Disibodenberg, en Siegburg, Eberbach, Hirsau, Zwiefalten, Maulbronn, Rodenkirchen, Kitzingen, Krauftal, Hördt, Höningen, Werden, Andernach, Marienburg, Klause y Winkel estuvo anunciando lo que convenía a la salvación del alma.

Se trata de una desordenada serie de ciudades y lugarejos, que no están vinculados entre sí por ninguna ruta coherente. Sin embargo, una noticia autobiográfica incrustada en la *Vita* nos ofrece la pista para poner en orden el laberinto de nombres:

> Entretanto me fue mostrado en una verdadera visión que debía visitar algunas comunidades monásticas de hombres y mujeres, y transmitirles las palabras que Dios me había revelado [...]. Cumplí el mandato de Dios y pude poner fin a las disputas existentes en los monasterios.

Ciertamente en su correspondencia con abades y comunidades monásticas se encuentran alusiones auténticas a visitas y a las admoniciones allí mantenidas. Por fortuna tenemos documentados los sermones de Tréveris en 1160 y el poco posterior de Colonia, gracias a que el clero de ambas ciudades, profundamente conmovido, pidió a Hildegarda el texto de sus discursos.

El primer viaje de predicación condujo a la ya sexagenaria monja aguas arriba del Rin, hacia Maguncia –donde su hermano disfrutaba de una influyente posición en la corte arzobispal– y a lo largo del Meno hacia Wertheim, Wurzburgo, Kitzingen, Ebrach y Bamberg. Allí y en Wurzburgo predicó públicamente ante el clero y el pueblo. El ya mencionado discurso de Tréveris formaba parte de su segundo viaje, probablemente de dos años de duración, en dirección a la Lorena. También estuvo en Metz, así como en el monasterio benedictino de Krauftal en Zabern. Sólo unos pocos meses después emprendió su tercer viaje, que abarcó numerosos monasterios renanos y que culminó en la célebre actuación de Colonia. Los últimos sermones los pronunció cuando ya era una anciana de setenta y dos años en Suabia; visitó Maulbronn, Hirsau y Zwiefalten, monasterios con los que mantenía relación epistolar.

Según lo que sabemos, la predicación en aquellos tiempos estaba bastante desatendida. Los sacerdotes, a menudo por desgracia mal preparados, atendían su deber de explicar la palabra de Dios sólo de cuando en cuando. En el año 1031 el sínodo de Limoges declaró formalmente errónea la extendida opinión de que la predicación estaba única y exclusivamente reservada a los obispos.

Cuánto más debieron de asombrarse las gentes al ver a una anciana, decidida pero no con gran fortaleza física, con el hábito negro benedictino y quizá un honroso báculo de abadesa en las manos, predicando bajo la cruz del mercado y los portales de las iglesias, regañando a los malos pastores y los prelados negligentes. ¡En lugares públicos como ésos –también en puentes y encrucijadas– sólo tomaban la palabra los propagandistas de las Cruzadas enviados por el Papa! O bien, lo que hubiera podido resultar peligrosa para Hildegarda, otros predicadores itinerantes de celo igualmente fanático, pero no autorizados por la jerarquía eclesiástica, radicales, agresivos y sospechosos de herejía.

Furiosos demagogos como el ermitaño Pedro de Amiens, un exaltado asceta, que en 1096 movilizó a más de 50.000 personas para ir a liberar Jerusalén. Las masas excitadas perpetraron terribles matanzas entre las comunidades judías de Praga y de las ciudades imperiales alemanas.Violentos predicadores como Enrique de Lausana, que en época de Hildegarda se lanzó por toda Francia contra el clero corrupto; sus seguidores derribaron cruces y altares, y apalearon a los sacerdotes.

Hildegarda sabía muy bien lo que hacía cuando despotricaba contra los cátaros, ya que hubiera sido demasiado fácil identificarla con este primer movimiento de masas crítico con la Iglesia, que oponía la desnudez del Crucificado a los prelados enamorados de la riqueza y el poder, y que además contaba con numerosas mujeres en sus filas. Legiones de viudas pobres, maltratadas fugitivas, mendigas, prostitutas y leprosas se extendieron de repente por toda la tierra, excitándose mutuamente en un confuso clima de histeria religiosa, compitiendo entre ellas con historias sobre experiencias y visiones extáticas, y en definitiva sintiéndose de una vez por todas respetadas en su dignidad humana.

Justo porque soñaban con un mundo sin sexualidad, los cátaros no sentían ningún escrúpulo al considerar iguales a las mujeres, permitirles predicar e incluso concederles la dirección de una comunidad. Pues según la doctrina de los cátaros los ángeles, cuya perfecta condición el ser humano podía alcanzar a través de la obediencia y la ascesis, eran asexuados; y no sería sino una treta sutilísima del diablo tratar de echar por tierra aquella sustancia primigenia y de confinar a los ángeles dentro de las habituales diferencias de género.

Los cátaros, «los puros», como eran llamados, al creer que las cosas sólo podían ser blancas o negras, consideraban que la Iglesia como institución pertenecía por completo a los poderes de las tinieblas, mientras que por su rigurosa abstinencia reivindicaban para sí mismos un lugar en el reino de la luz. Personas inteligentes habían visto en el nacimiento de los movimientos heréticos el indicio propio de una sociedad que fomentaba el acopio de bienes y la explotación, y al mismo tiempo proclamaba altos ideales de pobreza y humildad. En cualquier caso comenzó a considerarse escandalosa la miseria social en una sociedad que se pretendía cristiana y a ponerse en tela de juicio la tradicional armonía entre eventuales benefactores caritativos y sumisos pobres. Algunos años antes de que naciera Hildegarda, el melancólico monje Noggerus había formulado ya una asombrosa crítica social «moderna» en su *Memento mori*:

Pues tú, malvado mundo,
cuán engañoso eres
y lleno de falsedades para nuestra desgracia.
Tú nos has seducido,
nos has engañado por tanto.
No abandonarte pronto
significará la muerte y la pérdida del alma.
En tanto permanezcamos con vida
Dios nos concede la voluntad de elegir.

Al fin y al cabo Dios había creado a ricos y pobres del mismo barro, afirmaba aproximadamente en la misma época el canonista Ivo de Chartres con ingenua claridad. El pobre personificaba ahora al Dios justiciero. Si profetas contemporáneos como Bernardo de Claraval reprochaban a los príncipes de la Iglesia amantes del lujo que recubrieran de oro los muros de sus templos mientras dejaban desnudos a sus hijos, lo hacían como mera crítica moral; en aquellos días muy pocas personas pensaban en reivindicar los derechos de los desfavorecidos o en una posible repartición de los ingresos nacionales. Diferentes rebeliones –por ejemplo la acaecida contra el obispo de Maguncia–, en que participaban los movimientos heréticos, nada tenían que ver aún con la lucha de clases, para la que faltaba una toma de conciencia general.

Ya hemos visto la concepción que tenía Hildegarda sobre los reformadores eclesiásticos de su tiempo en sus visiones escatológicas. En su *Libro de las obras divinas* nos muestra la triste imagen de una Iglesia degradada, que «camina sin báculo», arruinada por la avaricia de almas miserables y sacerdotes envilecidos:

> No entonan cantos de alabanza al Señor, ni juzgan según mis sentencias, sino que devoran la codicia y no curan las heridas, que les cubren ellos mismos. Están mudos frente a lo que les dicen las Sagradas Escrituras.

Muy similar a su sermón de Pentecostés del año 1160, en que criticaba tajantemente la dejadez y degradación mundana del clero:

> Los maestros y prelados han abandonado la justicia de Dios y duermen [...].

Más cortante es el tono de su discurso de Colonia, que la autora envuelve una vez más con el ropaje de una visión. El Padre celestial reprocha al pastor de la Iglesia:

> Os he destacado como el sol y las demás luces para que iluminéis a los hombres con la llama del conocimiento, para que brilléis por vuestra buena fama y se inflamen los corazones. [...] Pero vuestras lenguas se quedan mudas ante el toque de trompeta con que la voz del Señor os convoca. No amáis el conocimiento divino [...]. Por ello faltan en vuestras

predicaciones las luces en el firmamento de la justicia de Dios, como cuando las estrellas no brillan. Vosotros sois la noche que exhala la oscuridad [...] sin consideración alguna por la Iglesia [...]. Y a causa de vuestras repugnantes riqueza y avaricia además de otras vanidades no sois capaces de instruir a vuestros siervos [...]. Por ello desaparecerá vuestro honor y la corona se os caerá de la cabeza.

Fuertes palabras. ¿Cómo tenía derecho la monja Hildegarda a tratar de manera tan desabrida a obispos y párrocos? ¿Cómo pretendía conocer con tanta exactitud la situación del clero de Colonia?

La devota solicitud formulada tan moderadamente por el clero solicitando el texto del discurso muestra, en cualquier caso, que la abadesa había dado en el blanco, lo que tampoco debe sorprender, conociendo las numerosas relaciones y contactos por carta que tenía Hildegarda. Su correspondencia documenta cuán perfectamente estaba al tanto de los problemas internos de los monasterios y de los cargos eclesiásticos.

Sin embargo, también sabemos de sobra que Hildegarda tampoco quería ser ninguna subversiva. Se hallaba a favor de la recuperación de los simples e inspirados orígenes, pero ni una palabra contra tan siquiera uno de los dogmas y nada que hiciera cuestionar el orden jerárquico de la Iglesia. En sus apreciaciones políticas es comedidamente realista: un duro castigo sobrevendrá sobre esta Iglesia mundanizada. «¿Hasta cuándo tendremos que soportar a estos lobos hambrientos?», se escandalizarán los nobles de la tierra contra los magnates eclesiásticos.

Caerán sobre la Iglesia y clamarán: «No queremos que semejantes hombres gobiernen sobre nosotros con propiedades, tierras y otros asuntos mundanos, por encima de los cuales estamos nosotros, los nobles». ¿Cómo es posible que aquellos tonsurados con sus estolas y casullas dispongan de más armas y soldados que nosotros? ¿Es admisible que el religioso sea soldado y el soldado religioso?

Y en una carta al sacerdote Werner de Kirchheim en Suabia, donde Hildegarda también había pronunciado un sermón penitencial en el curso de su último viaje, revela proféticamente al indigno clero que el pueblo alzará su espada contra ellos:

> Mancillan mi rostro, cuando éstos ofician el misterio divino y reciben el cuerpo y la sangre de mi Hijo, deshonrados por la gran impureza de sus licenciosas costumbres, el pérfido vicio de la fornicación y el adulterio, junto con una desgarradora avaricia de la peor especie en la compraventa de todos los desafueros.

Estos sacerdotes son culpables de que las heridas de Cristo permanezcan «frescas y abiertas».

Sin embargo, en contraste con las abundantes y oscuras profecías apocalípticas de su época, Hildegarda no espera que del castigo divino se siga el fin del mundo, sino que se produzca el efecto propio de una tormenta que purificará la atmósfera y la llegada de una época mejor, plena de justicia y paz. Mientras que la mayoría de los críticos contemporáneos de la Iglesia y de la sociedad, ponían sus esperanzas en un renacimiento de la antigua dignidad imperial o en un papado renovado, Hildegarda seguía nuevamente su propio sendero: era justo la caída de los poderes establecidos hasta el momento lo que posibilitaría un orden mundial más justo. La conversión ha de comenzar primero en los monasterios, y no en los grandes centros de poder, sino entre quienes viven religiosamente, quienes regresarán al «primer amanecer», «igual que al principio todo comenzó con un número reducido…».

El fenómeno más sorprendente en estos viajes de predicación llevados a cabo por la comedida monja Hildegarda no es el contenido de los discursos, sino la tenacidad con que superó los miles de adversidades y peligros, propios de los viajes durante el medievo. Lo que nosotros hacemos hoy día por placer o para descansar, a menudo significaba para las personas de aquel entonces arriesgar su vida en una peligrosa aventura. Tras cualquier rincón podía esconderse una partida de bandidos fuertemente armados. Las viejas vías romanas tenían pozos y agujeros a lo largo de su recorrido, había pocos puentes, y cuando alguien había logrado recorrer unos veinte o treinta kilómetros al día con un incómodo carro tirado por bueyes, caía mortalmente agotado en el jergón de alguna miserable posada. Puentes colgantes y carruajes para viajeros que fueran un poco confortables sólo se inventaron un siglo después.

Hildegarda marcharía por aquellos malos caminos a caballo, allá donde fuera posible, sobre la silla de montar femenina, es decir, lateral, como era habitual para las mujeres; otras rutas las haría por barco y seguro que la pequeña comitiva que la acompañaba elegiría a menudo para pernoctar la hospitalidad de algún monasterio o castillo en lugar de los albergues de mala fama.

Trabajoso y agotador debió de ser para la abadesa con su salud quebradiza estar en permanente marcha de un lugar a otro durante meses. Cuando emprendió su último viaje tenía más de setenta años y había superado una grave enfermedad padecida durante treinta años. «Pero me di cuenta de que no había llegado aún el momento de que mi alma se separara del cuerpo», apunta lacónicamente, y subió de nuevo a su montura.

ENTRE EL CORAJE CÍVICO
Y LA CONTEMPORIZACIÓN

El estilo epistolar de Hildegarda, directo y desprovisto de adornos, ya lo conocemos. «Oh, tú, ceniza», le dice al arzobispo Enrique de Maguncia –la misma persona para quien había solicitado comprensión ante el Papa–, «¿cómo no te avergüenzas de elevarte tanto, cuando deberías saber que estás hundido en un lodazal?» Al obispo de Speyer le recrimina su «naturaleza obesa»; al arzobispo Felipe de Colonia le advierte que no asuste a sus siervos «como si fuera un voraz azor»; e incluso se permitió acusar al papa Anastasio IV de impiedad, porque había consentido la maldad sin pronunciar una palabra.

Sabemos qué valerosas palabras dirigió a los prelados de Maguncia, cuando el monasterio de Hildegarda quedó bajo interdicto. Le gustaba el lenguaje directo sin ambages ni florituras diplomáticas; a las monjas de Zwiefalten, amenazadas por la directa vecindad de un monasterio masculino, les advirtió que no salieran a pasear en público, que no se entregaran a «furtivos abrazos» ni amaran a un hombre del común, sino a Cristo Rey. Y pese a su gran humildad, veía como algo perfectamente natural que también el Papa tuviera que escucharla cada vez que la gran luz del cielo se sirviera de ella como portavoz.

El denominado pueblo de la Iglesia tenía que guardarse mucho, sin embargo, de regocijarse ante la desgracia ajena y los reproches de que era objeto el clero, pues también Hildegarda soltó a los laicos un par de verdades incómodas. En una especie de carta abierta dirigida a los «laicos», *Ad saeculares homines*, daba al traste con el socorrido argumento, según el cual los laicos no tendrían ninguna obligación de someterse ni guardar disciplina alguna:

> Pues el mundo no nos permite ser celestiales. También nuestros hijos y nuestras tierras, nuestras ovejas y bueyes y el resto de nuestros rebaños nos lo hacen imposible.

La avispada benedictina expresa que, muy al contrario, son los laicos quienes, más aún que cualquier clérigo, deben someterse a las más altas exigencias morales, pues para ellos expresamente promulgó Dios el mandamiento de la unión conyugal, que no tiene efecto alguno sobre los religiosos.

En este contexto se aprecian también poderosas palabras dirigidas a los representantes del poder estatal, a quienes Hildegarda, en tanto son gobernantes puestos por Dios, respeta, pero a quienes también critica despiadadamente cuando no cumplen con sus obligaciones. «Te ganarás el cielo gobernando, salvaguardando, velando, protegiendo», le revela al monarca inglés Enrique II, quien se haría tristemente célebre por su conflicto con el Papa y por el asesinato en el altar del arzobispo Becket. Y advierte al rey contra el «pájaro negro como la pez» que le anime a no hacerse esclavo de la justicia.

> Huye de él con decisión, querido hijo de Dios, y llama al Padre. De buena gana Él extenderá sobre ti su mano protectora.

Es sorprendente el valor que la abadesa demostró en su trato con el emperador Federico Barbarroja. Ambos se encontraron en la corte de Ingelheim, y Hildegarda le profetizó allí algo que muy pronto se cumplió. Le agradeció el privilegio que había concedido al monasterio de

Rupertsberg con un cordial escrito lleno de exhortaciones y buenos consejos que recordaban a las reflexiones morales contenidas en los «espejos de príncipes» contemporáneos.

Sin embargo, cuando Barbarroja, consciente de su poder, temido señor de la guerra y sofisticado diplomático, quiso restaurar el papel dominante, largo tiempo olvidado, que había tenido el emperador dentro de la Iglesia, y provocó con ello un conflicto con el Papa, entonces Hildegarda, con gran pesar de corazón, le retiró la amistad. Y en aquellos tiempos no es que se inclinara automáticamente la totalidad de los obispos y de los representantes de las órdenes del lado del dignatario romano, cuando éste se veía amenazado por las adversidades políticas o había de defender su trono —como en este caso— contra un Papa alternativo apoyado por el emperador.

Quizá también se sumió Hildegarda en un estado de ira patriótica cuando el papa Adriano IV se puso al lado de las ciudades rebeldes de la Alta Italia, las cuales no iban a consentir perder su difícilmente lograda libertad a manos de un emperador alemán deseoso de conquistas. Cuando Barbarroja colocó después de la muerte de Adriano al primer antipapa, para mayor vergüenza un pariente de la casa gobernante, que apenas elegido hubo de luchar contra sus rivales «romanos» por el manto púrpura, Hildegarda aún se mantuvo en silencio. Esto cambió desde luego cuando Barbarroja eligió a un segundo antipapa, expulsó brutalmente al arzobispo de Maguncia, leal a Roma, y al de Salzburgo, igualmente inquebrantable, lo declaró proscrito.

«Cuídate de que el rey más excelso no te tire al suelo», le reprochó al belicoso *Imperator*, «a causa de la ceguera de tus ojos, que no ven bien cómo has de empuñar el cetro para reinar en justicia.» En sus revelaciones Hildegarda lo ha visto «como un niño, igual que uno que viviera insensatamente frente a los ojos de vida». La carta siguiente —la última que conservamos de la correspondencia entre la monja y el emperador– es todavía más agresiva y amenazadora; parece haber sido escrita después de que el canciller imperial Reinaldo de Dassel, que al fin y al cabo era también obispo, hubiera enardecido a las tropas imperiales con el poco adecuado grito de combate «¡San Pedro nos asiste!» y un coro religioso, de manera que había obligado al Papa Alejandro a huir en un bote aguas abajo del Tíber.

La carta de Hildegarda, que en último término responsabiliza de la masacre al emperador, consta de pocas pero fulminantes frases:

> Él que es dice: Yo castigo la rebeldía, y la resistencia de aquellos que se oponen a Mí, los aplasto Yo mismo. ¡Ay, ay del malévolo proceder de los impíos, que me desprecian! ¡Escucha esto, oh rey, si es que quieres vivir! ¡De lo contrario mi espada te atravesará!

Nada sabemos de una eventual respuesta de Barbarroja. Pero en cualquier caso, no derogó los privilegios de que gozaba el monasterio. La abadía de Hildegarda no se vio afectada cuando las tropas imperiales llevaron a cabo acciones de castigo en Bingen y otras comarcas del Rin afectas al papado.

¿Cómo encaja esta irreductible confianza en sí misma con la poco halagüeña imagen que se tenía de la mujer y que la propia Hildegarda ha asumido sin crítica alguna en su obra? *Nunc squalidum tempus muliebris forme est*, «ahora vivimos un tiempo débil y mujeril», en tales términos hace la abadesa que se exprese su luz celestial en una carta al arzobispo Hilino de Tréveris, para caracterizar una época indiferente a la verdad y la justicia. Y recomienda como camino más rápido para conseguir la justicia, dentro de una sobradamente atestiguada tradición lingüística, que se abandone la «flaqueza femenina» y en su lugar se haga el esfuerzo de tener «una viril fortaleza».

Es posible que las actuales seguidoras de Hildegarda toleren la elección de tal léxico como una manifestación inevitable de las condiciones históricas en que se desenvolvía el idioma. Sin embargo, su adhesión se verá visiblemente atenuada cuando lean que la monja, en otras ocasiones tan razonable, considera a sus congéneres de sexo femenino el producto de un frustrado acto sexual: cuando un varón practica el acto carnal con una potente efusión de esperma y con una intensa pasión amorosa, y tiene lugar la «justa unión amorosa» de la mujer, entonces de este encuentro nacerá obviamente un muchacho despierto e inteligente. En caso de que el amor de la mujer hacia el hombre sea defectuoso, pero la calidad del semen y el ardor del alma del varón estén bien, entonces nada se ha perdido aún: ya que también en este supuesto, según Hildegarda, ha de nacer un varón «pues el ardor del amor masculino es la parte que permanece sobre las demás», aunque ciertamente se logre sólo un ejemplar más débil. Una «doncella diligente» se consigue cuando ambos cónyuges se aman íntimamente, pero el hombre sólo dispone de un esperma demasiado acuoso. Pero si en caso semejante además falta el amor mutuo, el resultado sólo puede ser «una niña de hosco carácter».

No menos catastrófica para nuestra sensibilidad resultan sus conclusiones sobre la poderosa superioridad del varón:

> Y así la mujer es débil y mira al hombre para que cuide de ella, de una manera similar a como la luna obtiene su fuerza del sol. Por ello la mujer se somete al hombre y debe estar dispuesta en todo momento a servirle.

La mujer es un ser frágil y necesitado de protección. Hildegarda no se daba cuenta –pero ¿quién lo hacía entonces?– de la sutil exigencia de poder que había tras esa pose de protector.

Sin embargo, como suele ocurrir cuando se pretende demostrar la tremenda falta de luces y oscuridad de la Edad Media mediante la exhibición de un par de citas literarias, un examen más detallado nos dará una imagen sorprendentemente distinta. Por ejemplo, ese tremendo pasaje sobre la mujer débil nacida para servir tiene una inesperada continuación: «Ésta cubre al hombre con las obras de su destreza», se dice a continuación en el texto, «pues ha sido creada con carne y sangre, mientras que el hombre sólo ha sido creado con barro. Por esa razón éste en su desnudez mira a la mujer para que ésta lo vista». La mujer como un ser cultural perfecto, de sangre, y el torpe descendiente de una pella de barro – ¡a una interpretación bíblica tan segura de sí misma debería llegar alguna vez la teología feminista de nuestro siglo!

En efecto, Dios ha creado al hombre fuerte y a la mujer débil, según admite el *Libro de los méritos de la vida*, pero ¡la debilidad masculina hizo posible el mundo! También la desafortunada crítica de la «época mujeril» contenida en la carta al arzobispo Hilino no debería descontextualizarse. Puede que el hombre posea más fuerza creadora que la mujer, se dice un par de líneas más adelante, pero la mujer es fuente de sabiduría y cúmulo de alegría.

Por supuesto que Hildegarda se deja atrapar por las concepciones de su época, pero por encima de ese trasfondo, pone énfasis en las cualidades positivas de la mujer y sus capacidades especiales. También su clasificación tan llamativa de la procreación –niño o niña según la cualidad del semen– puede considerarse un progreso si se analiza con más atención, pues la mujer no es ya meramente un receptáculo pasivo, sino que participa de manera activa en el hecho mismo de crear una nueva vida.

¡Qué abismo la separa de los habituales consejos de los clérigos de su tiempo, en el sentido de que la esposa debía cumplir su deber en nombre de Dios, pero tenía que domeñar con decisión las posibles sensaciones placenteras que se derivaran, para que su piadoso espíritu «no se manchara lo más mínimo durante el desarrollo de un acto tan frívolo»! En cambio, para Hildegarda, la pasión amorosa auténticamente femenina es tan necesaria para el nacimiento de una persona sana como lo es la fuerza del semen masculino.

Es evidente que Hildegarda ha servido a la imagen de la mujer propia del patriarcado de su época tan sólo para invertir su polaridad y documentar —con la Biblia en la mano— que Dios ha elegido a los débiles para ser instrumento suyo y no a quienes ejercen el dominio sobre la organización social. Otras cristianas valerosas como santa Teresa de Ávila o Mary Ward, encarcelada por la Inquisición, mantuvieron parecidos argumentos con posterioridad. Pues Dios comparte más a menudo su piedad con las mujeres que con los hombres, afirma Teresa, porque ellas llegarían más lejos en su camino interior; Dios además no sería «un juez como los jueces de este mundo, hijos de Adán, en pocas palabras: nada que ver con los hombres que se creen en la obligación de sospechar de cuantas buenas cualidades ven en una mujer…».

Habría que contemplar la instructiva representación al comienzo de cada manuscrito del *Liber divinorum operum*, que se ha hecho célebre con el códice de Lucca y que posiblemente todavía fuera realizada en el escritorio de Rupertsberg: en el cielo se abre una ventana, desde donde se derrama una corriente de fuego, la inspiración divina, sobre la monja Hildegarda, que escucha con atención. La visionaria se sienta, como entronizada, a la mesa, parece erguida majestuosamente, pues con todo el cuerpo estirado recibe la revelación celestial. Al otro lado de la mesa, se acuclilla el monje Volmario, que anota humildemente cuanto sale de la visionaria. La imagen cuenta de manera más penetrante lo que ya sabemos: Volmario es cualquier cosa menos un escritor fantasma al servicio literario de la monja, tan sólo se encarga de las correcciones estilísticas, y por lo demás no es sino el portavoz obediente de su abadesa, que es la que está en relación íntima con las realidades celestiales.

Parece fundada la suposición de que Hildegarda, igual que muchas otras místicas posteriores, eludió la prohibición habitual de que las mujeres pudieran enseñar apelando a una misión encomendada directamente por Dios, y así lograr participar en las discusiones teológicas de su tiempo. La Iglesia gobernada por hombres reconoció desde luego el peligro y se defendió de él; ¿veríamos si no tan a menudo al santo Bernardo actuando como órgano de control y comprobando atentamente las artísticas imágenes de Hildegarda? Cuando en el siglo xvi el apasionado bibliófilo y humanista Tritemio de Sponheim quiso otorgar reconocimiento a la benedictina tan admirada por él y volver a llamar la atención sobre sus obras, no se le ocurrió nada más astuto que incluirla en su catálogo de «varones ilustres».

La propia Hildegarda, que desvelaba muy pocas cosas sobre sus sentimientos, suele también guardar silencio acerca de las dificultadas afrontadas con las prescripciones masculinas o sus correligionarios. Raramente se le escapa una observación tan cortante como la que hay en la *Vita*, cuando se trata del traslado dispuesto por Dios hacia Rupersberg: «Pero ahora el viejo embaucador nos dirige numerosas burlas», escribe Hildegarda, y ve la obra de Satán en las resistencias que despierta, «de manera que muchos dicen:"¿Qué significa que a esta mujer necia e iletrada le sean revelados estos secretos, habiendo como hay muchos hombres fuertes y sabios? ¡Esto hay que impedirlo!"».

28.

LA CRISIS DE LA SOCIEDAD MASCULINA:
DE CENICIENTA A DIOSA

El equilibrio inestable de Hildegarda entre una rebelde seguridad en sí misma y una comedida contemporización es un reflejo de su época. Al tiempo que se desmoronaban las férreas estructuras del orden social aristocrático, en el denominado ámbito privado se estaba dando un fenómeno inaudito: mujeres nobles y esposas de los habitantes de los burgos huían de sus brutales maridos y se refugiaban en los monasterios o entre los grupos itinerantes de herejes; desde muy lejos la palabra mágica «libertad» entraba también en los oídos de las mujeres, que por primera vez en la historia de Occidente comenzaron a poner en duda su pretendida inferioridad; la sociedad masculina cayó en una crisis de identidad, sin llegar a admitirlo claramente. Y de nuevo fue la región del Rin la que percibió en primer lugar el estallido de esta silenciosa revolución cultural.

En el tránsito del siglo xi al xii la mujer era considerada por naturaleza, como siempre, un ser débil, inferiormente dotado, fácil de engañar y necesitado de dirección masculina. No poseía personalidad jurídica sino que formaba parte de las propiedades del varón. Una mujer o bien vivía para su marido y los hijos o bien –como monja o piadosa viuda– para Dios, jamás para sí misma. Su matrimonio era un asunto concertado entre hombres, su felicidad conyugal irrelevante. Y no hacía tanto tiempo que el abad Odón de Cluny había dicho lleno de desprecio:

Si los hombres vieran lo que se esconde debajo de la piel, vomitarían ante la visión de una mujer. Y si no desearíamos tocar ni con la punta del dedo un escupitajo o un montón de excrementos, ¿cómo íbamos a querer abrazar semejante saco de inmundicias?

Algunas vidas de santos proporcionaban ejemplos modélicos, pero la mujer, por definición, era mala, corrompida, inestable y un peligro para todos los virtuosos.

Sin embargo, todavía antes de que estos pensamientos tan poco filantrópicos se pusieran en tela de juicio ya fuera a escondidas o abiertamente por pensadoras inconformistas como Hildegarda, ya se había producido un cambio en las ciudades que tenía orígenes más económicos que espirituales. El desarrollo de las ciudades trajo también mejoras en las condiciones de vida de las mujeres, inauditas posibilidades laborales y la participación en las libertades ciudadanas. Sin duda, incluso cuando participan por completo del derecho de ciudadanía a través del marido, permanecían sometidas a la autoridad de éstos, debían ser representadas por ellos en demandas judiciales y en el acuerdo de contratos. La formación académica les estaba vedada. También las artesanas independientes tenían que reducir el ámbito de sus dominios al hogar y la cocina, y no soñar con desempeñar cargos públicos.

Las épocas de cambio ofrecen siempre una imagen ambivalente. El trovador, que convierte a la dama de la sociedad cortés en objeto de su lirismo romántico, al mismo tiempo cantaba los brutales castigos de las esposas desobedientes, de jóvenes doncellas de ciudad encerradas y reducidas a la miseria, sin pronunciar la más pequeña protesta.

«Si he de decir la verdad», se admiraba el llamado «Stricker» («Calcetero»), poeta y escritor de Franconia, «no ha habido, junto a la majestad de Dios, nada con tantas cualidades como la mujer y su raza. Esta gloria le ha concedido

Dios, que se la contemple como lo más valioso sobre la tierra y que siempre haya de ser alabada.» El tono ha cambiado completamente, la cenicienta se ha convertido en una diosa con la quien sueñan jóvenes poetas melancólicos y por cuyo favor tienen lugar apasionados y sangrientos torneos. Si las antiguas epopeyas cantaban para regocijo de su público vulgares groserías y ambigüedades de mal gusto incluso relacionadas con reinas, ahora damas exquisitamente educadas conversaban en un auténtico salón, en que entraban también poetas y cantores, donde recibían –no siempre sin consecuencias– el homenaje de sus admiradores.

Es verdad de sobra conocida que las mujeres de la mejor sociedad leían con mayor frecuencia que los hombres y sabían escribir; sobre todo en los conventos femeninos se formaban verdaderos grupos de lectura. Las traducciones de himnos latinos y las aventuras de las novelas de caballería, que incluso hoy día logran deleitarnos, se escribieron sobre todo para mujeres educadas literariamente.

Si bien hay que analizar con cuidado la nueva valoración de la mujer considerada como objeto divinizado de veneración: por un lado, siempre hay una diferencia entre teoría y práctica, sobre todo cuando se trata de ensoñaciones líricas y aventuras románticas en un mundo fabuloso. Por otro, en la poesía de amor cortés nos encontramos de hecho con una impresionante sublimación de impulsos irrefrenables y una sobrevaloración estético-moral de la hasta ahora despreciada mujer. Sin embargo, si examinamos más de cerca las llamativas reglas del «amor cortés», se verá que toda la construcción no es sino un refinado juego entre hombres, en que de nuevo la mujer no es sino un instrumento: un señuelo, una dulce tentación y un medio para entrenarse en la virilidad.

Pues el amor cortés era normalmente una institución para jóvenes caballeros frustrados, que por motivos de conveniencia familiar –la herencia no podía ser dividida– no podían contraer matrimonio y entonces acuciaban a una mujer casada con sus juramentos de fidelidad y ofrecimientos inequívocos. Una competencia entre hombres, que consistía en desanimar a los rivales y conquistar el premio, que era el corazón de la dama. Pero suponía también un entrenamiento en la renuncia, con el que canalizar y dominar las rebosantes fuerzas de la juventud. Juego pedagógico y prueba de valor por igual, pues cuando uno de los participantes violaba las reglas y se llegaba en efecto a mantener una relación física las consecuencias podían ser mortales.

La mujer, aparentemente elevada a los cielos, no actuaba en el estudiado ritual de ninguna manera como una participante tomada en serio, sino tan sólo como una suplente. Una nueva y alta consideración de los elementos sentimentales en las relaciones entre sexos o simplemente en el amor conyugal, como durante mucho tiempo han afirmado historiadores y germanistas, es algo que apenas se puede deducir de la poesía cortesana; sin embargo, se mantiene que la verdadera pasión, el amor que consume, sólo puede darse fuera del matrimonio.

En esta época se produjo evidentemente una revalorización del matrimonio, pero lo cierto es que tiene su origen en otras fuentes: dignatarios eclesiásticos y teólogos de formación jurídica se esforzaron celosamente por encorsetar las abundantes relaciones sexuales, hasta entonces bastante desordenadas. El matrimonio se convirtió en una institución religiosa, asegurado con disposiciones jurídicas, con reglas morales y una liturgia matrimonial adecuada. Sólo entonces se empezó a hablar del matrimonio como de un sacramento. La Iglesia defendió con tenacidad la preeminencia del *consensus*, de la voluntad matrimonial de los entonces en su mayoría muy jóvenes esposos, frente a las estrategias matrimoniales de las familias que venían determinadas por intereses económicos y de poder.

Pero cuanto más importante era la vinculación sentimental en el matrimonio y cuanto más fuerte era la garantía legal de la relación, tanto más estable parecía entonces la situación de la mujer. Como signo de la fortaleza recién adquirida por la mujer también pueden citarse aquí los impetuosos movimientos religiosos femeninos, que ya hemos mencionado bastantes veces. En el firmamento medieval de los santos dieron un paso adelante dos mujeres, cuya veneración acabó adquiriendo tintes epidémicos: la Madre de Jesús y María Magdalena, supuestamente la gran pecadora, a quien Abelardo llamó «la apóstol de los apóstoles», pues comunicó a los discípulos de Jesús, huidos por miedo, la buena nueva de la Pascua.

María, la Madre del Señor, aparecía primeramente no tanto como la virginal madre con el Niño Jesús en los brazos, o como figura dolorosa a los pies de la cruz, pues estas representaciones intimistas aparecieron sólo a mediados de siglo, sino como la poderosa emperatriz celestial, la mayestática Señora del hombre combatiente, la protectora del pobre pecador; con su corte celestial y la corona ceñida recibía afectuosamente a los tres sabios de Oriente. Ya sabemos cuán estrecha era la relación de Hildegarda con María, sobre la que ve descansar la más alta bendición de Dios y que «brilla como una estrella matutina ascendente».

Naturalmente estas modificaciones de pensamiento pudieron cambiar bien pocas cosas en la situación real de la mayoría de las mujeres de clases medias y bajas. Los nuevos impulsos para revalorizar la figura de la mujer se veían continuamente coartados por tendencias discriminatorias; en cada mujer no se escondía únicamente una hermana de la sagrada reina celestial, sino también una malévola descendiente de la pecadora Eva.

El legendario poder de las abadesas imperiales, que de forma eventual habían regido monasterios dúplices e incluso a cientos de monjes y que desde 1122 eran consideradas dignatarias del Imperio, había empezado nuevamente a perder autoridad ya en época de Hildegarda y a ceder ante una renovada hegemonía masculina. También Abelardo, por lo demás tan progresista, y que admiraba a las mujeres fuertes del mundo hebraico y de la historia de la Iglesia, rechazaba que los monjes estuvieran subordinados a una abadesa, argumentando que tal cosa iba contra el orden natural de las cosas, y que podían despertarse pasiones prohibidas entre los monjes (mientras que evidentemente una situación inversa en la que hubiera una preeminencia masculina sobre los conventos de monjas no planteaba ningún temor), y por lo demás se decía que las mujeres eran despóticas, habladoras, inestables y débiles en la tentación.

Con el trasfondo de todos estos movimientos de emancipación ciertamente tímidos destaca la vehemencia tanto más llamativa con que Hildegarda pasó por encima de tabúes adquiridos e ideas preconcebidas. La permanente división de funciones entre los sexos derivada de la Creación, y en la que también Hildegarda creía, no modificaba en nada la igualdad básica entre hombre y mujer. Aunque Dios haya creado a la mujer a partir del hombre, la ha hecho como espejo de Su belleza y la ha convertido en madre de todas las criaturas. Varón y hembra acceden a la categoría de humanos sólo de manera conjunta, son *opus alterum per alterum*, es decir, cada uno es obra del otro, cada uno es dependiente del otro:

> Sin la mujer no se podría nombrar al hombre, sin el hombre no podría llamarse a la mujer. Así la mujer es obra del varón, y el hombre es para la mujer una visión llena de consuelo, y ninguno lograría vivir sin el otro.

Lamentablemente el mensaje hildegardiano sobre la libertad, igualdad y fraternidad de los sexos no ha sido determinante para la historia de la Iglesia. En 1207, un cuarto de siglo después de la muerte de Hildegarda, la condesa de Foix se atrevió a tomar la palabra durante una disputa pública acaecida entre sectarios y obispos. Apenas había abierto la boca, cuando un encolerizado monje le espetó:

¡Volved de nuevo, señora, a vuestra rueca, pues no os es lícito hablar en esta asamblea!

En los siglos siguientes permanecieron en sus ruecas otras muchas mujeres dotadas intelectualmente y que también hubieran tenido algo que decir. Quizá de habérseles permitido hablar y participar en la historia, puede que la Iglesia hoy día pareciera más amistosa y humana.

UNA REFORMADORA CONSERVADORA: CUANTA MAYOR ANTIGÜEDAD, MEJOR

Hildegarda y el alba de la emancipación femenina, Hildegarda y la reforma eclesiástica, Hildegarda y la disputa entre el emperador y el Papa... ¿Es que era Hildegarda una santa «política»? ¿Mezclaba acaso ámbitos que hubiera sido mejor mantener por separado? ¿Abusaba incluso de la autoridad que le había conferido el cielo, inmiscuyéndose en asuntos que no eran incumbencia de las mujeres?

Digámoslo de nuevo: la religión de Hildegarda es concreta. Ella no era capaz de rezar por la paz en el interior de su celda monástica y luego pasar por alto el sonido de las armas en la calle o no ver los charcos de sangre. Sabía que existían los pecados sociales. Consideraba que la paz con la naturaleza y la justicia con los hombres debían ser las preocupaciones religiosas centrales. Declaraba categóricamente que el amor al prójimo y a Dios son inseparables.

Sin embargo, se abstiene de dar consejos políticos directos o de tomar partido. Las consecuencias en la región del Rin de la querella de las investiduras entre el Papa y el emperador –una y otra vez el arzobispo de Maguncia Adalberto dirigía contra el emperador a la oposición que era fiel a Roma– encuentran tan poco eco en sus escritos, como lo hacen las disputas políticas entre familias nobles, los obispos señores de ciudades y los burgueses conscientes de su poder. Durante años guardó silencio ante el cisma que dividió a la Iglesia en una serie de papados que competían entre sí.

Aquel que lea sus cartas y la descripción de sus visiones, sin duda no podrá sustraerse a la idea de que Hildegarda ha encontrado menos cosas que criticar en la política y sociedad de su tiempo que otros autores religiosos del movimiento reformador o que los autores pertenecientes a círculos heréticos. Nada tiene contra las Cruzadas; en lugar de oponer a las matanzas disfrazadas de piedad la misión pacífica y la fuerza de convicción de una vida cristiana, como hiciera después Francisco de Asís, anima en una primera devota carta a la incendiaria predicación de la Cruzada alentada por Bernardo de Claraval:

> Con el estandarte de la santa cruz prendes lleno de celo el ardiente amor en los hombres por el Hijo de Cristo, para que con un ejército cristiano hagan la guerra a la rabia de los paganos.

Uno tiene sencillamente que plegarse a la autoridad de sus ideas y exigencias. «Pues el gobierno sobre el pueblo ha sido dispuesto por el Espíritu Santo para el beneficio efectivo de todos», se afirma en el *Scivias*.

> ¿Cómo sino habrían de reconocer y venerar los hombres a Dios, si no han aprendido primero a honrar y temer a otros hombres?

La separación de los señores feudales, nobleza libre y pueblo llano queda aquí justificada mediante la sabia pedagogía de Dios, y al igual que todas las personas apolíticas, la ingenua monja desea que «todos colaboren mutuamente y se ofrezcan la mano como niños bondadosos en un acto de inocencia y entrega mutua».

En el plano moral no siempre veía correcto lo que hacía la autoridad; sin pensárselo dos veces manda al infierno a los avariciosos vendedores de cargos eclesiásticos. Su «go-bierno», sin embargo, dispuesto por Dios para beneficio de la humanidad, había de ser respetado. Ya hemos visto, cuán vergonzosas le resultaban al clero sus predicaciones. Pero ni en sueños se le hubiera ocurrido lanzar a la comunidad de fieles contra los malos pastores; cosa que tampoco hizo cuando al final de su vida los obispos de Maguncia pro-nunciaron el interdicto contra su monasterio.

De puertas para dentro ha profetizado a la Iglesia la rebelión de los laicos; pero nunca la ha justificado. Se muestra desolada por causa de los siervos rebeldes en una carta al papa Eugenio III:

> Espoleados por una salvaje rabia, quieren alcanzar la cumbre de la montaña y acusar a los prelados. No echan la culpa a sus propias malas acciones, sino que dicen: «¡Yo podría ser un perfecto prelado!». Juzgan con desdén cualquier acción de los prelados y rechazan con indignación la alta consideración de éstos. En efecto, estos siervos son como nubes negras [...] y obran así porque han sido envenenados por la envidia.

La benedictina es reformadora en sus intenciones con sus numerosos contactos y su atención a las necesidades, pero sus concepciones de una reforma social y eclesiástica di-fieren, como hemos visto, muy claramente del programa de partidos progresistas contemporáneos y son comple-tamente conservadoras. Se propugna una vuelta a los oríge-nes antes que una orientación radicalmente nueva. Mejor cuanta mayor sea la antigüedad. Su predilección por la vida eremítica lo explica todo de sobra.

Si bien, como sabemos, Hildegarda representó los ideales de pobreza y reforma moderada. Ni comilonas ni despilfarros ni gastos innecesarios, pero tampoco ninguna tétrica ascesis de gesto amargo y dientes rechinantes. Mientras que muchos solios episcopales y altas dignidades monásticas ya no eran ocupadas por gentes de sangre azul, y las restricciones de clase hacía tiempo que no eran efectivas en abadías reformadoras, Hildegarda se aferraba tenazmente al privilegio nobiliario con que se fundó su abadía de Rupertsberg. «Muy contumaz y terca» se mantiene fiel a la prohibición de admitir en el monasterio a personas plebeyas o de pocos medios, le escribe a Hildegarda la ya mencionada Tengswich, del monasterio de Santa María en Andernach, pues el mismo Señor habría elegido para forjar su Iglesia a «pobres y humildes pescadores».

La respuesta de la abadesa Hildegarda, persona humilde en todos los demás aspectos, pero muy orgullosa de su origen noble, es expuesta de una forma que no deja lugar a dudas:

> ¿Qué hombre reuniría en un único establo a todo su ganado, bueyes, asnos, ovejas, cabras, sin separarlos? [...] Pues Dios ha impuesto diferencias a los pueblos de la tierra, como Él ha distinguido en el cielo a los ángeles, arcángeles, tronos, potestades, querubines y serafines. Todos son queridos por Dios, aunque lleven nombres distintos.

Más difícilmente comprensible para nosotros es la siguiente afirmación, según la cual, si se reunieran en un mismo grupo a gente de diversa condición, entonces habría que temer que se despedazaran unos a otros por la gran vergüenza que les producirían sus diferencias de clase, «cayendo los de la clase superior sobre los menores y los más humildes querrían subirse a los que están por encima».

También esto es parte de Hildegarda, la encantadoramente tímida pequeña «partícula» del gran Dios. Después de todo, añade siempre como un consuelo que allá donde reina la humildad, Cristo celebra siempre su banquete. Sin embargo, las gentes humildes harán bien en no ensoberbecerse:

Pues es bueno que el hombre no quiera vencer a una montaña, a la que no va a poder cambiar de sitio, sino que permanezca en el valle, y que vaya adquiriendo conciencia paulatinamente de lo que puede hacer.

Esta figura siempre fascinante, pero polifacética a veces, se escapa una y otra vez a todos los intentos apresurados de ordenación y clasificación, igual que les pasa a todas las grandes personalidades, cuya complejidad no puede ser plenamente explicada por ningún biógrafo. Hildegarda apoyó la guerra contra los herejes, pero quería que la Iglesia oficial empleara también una fructífera autocrítica. En su persona encontramos por lo menos un poco de vergüenza además de una gran indignación.

Porque los cátaros demonizaban la bondadosa Creación de Dios, tan apasionadamente amada por la abadesa, pues consideraban origen de todo lo malo la caída del alma noble en la siempre pérfida materia y propugnaban la huida del mundo que en realidad ha sido salvado por Cristo; por todo ello, los herejes eran los enemigos naturales de Hildegarda. Pero, eso sí, al contrario que por ejemplo ocurre con Bernardo de Claraval, Hildegarda rechazaba categóricamente la ejecución de aquellos que pensaran de manera diferente. Hay que vencerlos, pero no ejecutarlos, porque pese a todo son *forma Dei*, imagen y semejanza de Dios; en definitiva, seres humanos y no perros rabiosos.

En este sentido es interesante la posición de Hildegarda frente a los judíos. Habría sido consciente de los pogromos contra la comunidad renana durante su juventud; en 1096, por ejemplo, hordas de cruzados obligaron a suicidarse a los judíos de Maguncia. A pocos les fue posible escapar a Rüdesheim, donde fueron descubiertos y asesinados, todo ello a pesar de las medidas protectoras decretadas por las autoridades eclesiásticas y contra las específicas declaraciones de Bernardo de Claraval, que en este punto se mostraba inequívocamente humanitario.

Por supuesto que Hildegarda compartía los prejuicios y malentendidos ampliamente extendidos en su tiempo; la Sinagoga aparece en su *Scivias* de pie, desamparada, junto al altar, ciega, con los brazos cruzados de manera testaruda. Incapaz de salvar a la humanidad, la religión judía se hubiera confiado únicamente a los sacrificios sangrientos de animales y a una Ley inhumana y dura. Ni Hildegarda ni tampoco el resto de los teólogos cristianos de su época comprenden aquella deliciosa religiosidad de los judíos piadosos y su afectuosa relación con el Padre celestial, que había de alcanzar su culminación última en la figura del judío Jesús.

Sin embargo, no creía Hildegarda que la Sinagoga fuera la religión del diablo ni la antagonista de la Iglesia, sino que la consideraba un comienzo, como algo que ya intuía la Salvación y que participaba de ella en medio de las sombras. Hildegarda veía a la Sinagoga de pie en una nube de blancura pura y cegadora, le otorgaba el maravilloso título de Madre de la Encarnación *(mater incarnationis)* del Hijo de Dios, y consideraba que las persecuciones que sufren son obra del diablo.

Ha sido en nuestros días cuando los teólogos han vuelto a tener en cuenta la enseñanza más importante de Hildegarda, después de la tremenda experiencia del Holocausto, del que también han de responder los cristianos: el pueblo que amó a Dios antes que ningún otro no será condenado ni maldito para siempre. Como Cristo se presentó discretamente bajo ropaje humano, comió, bebió y durmió, muchos judíos no percibieron la presencia de Dios en Él.

> Sin embargo, su mano sostendrá a tantos judíos y paganos con un gran ejército, a todos aquellos que hayan de ser salvados, hasta que se hayan cumplido todos sus milagros.

Al final de los tiempos el pueblo de la Alianza también será salvado. Hildegarda sólo podía imaginar semejante salvación como una entrada final en la Iglesia, pero aquel que conozca la horrible historia de las persecuciones antisemitas con su trasfondo de satanización y desprecio, considerará como algo salvífico la negativa hildegardiana a emitir una condena definitiva contra los judíos.

La humilde monja Hildegarda era muy dueña de sentirse bajo la piedad del buen Dios, igual que todos aquellos que fueron vilipendiados por tantos de sus contemporáneos, que los acusaban de ser deicidas y siervos del diablo, fueron perseguidos y linchados.

VIII

UNA MALOGRADA DOCTORA DE LA IGLESIA

30

ÚLTIMOS COMBATES Y UNA
MUERTE BASTANTE CORRIENTE

Oh Tú, mi Dios y Señor, yo sé
que todo mediante lo que me tocas es bueno.

Hildegarda

Cuando Hildegarda acometió el primero de sus fatigosos viajes, a los sesenta años, ya había sobrepasado ampliamente el promedio de vida de la Edad Media. Sabía muy bien que cada día más que viviera era como un regalo.

Y también era una fatiga:

Igual que la savia del árbol conforme se va acercando el invierno se concentra en las hojas y las ramas del árbol, éste se va haciendo viejo, y comienza a combarse, de la misma manera se retiran las facultades del alma cuando llegan a la vejez, cuando la médula y las venas se doblan por su debilidad, y el espíritu igualmente está saturado de conocimiento humano.

De esta manera tan perceptiva describe Hildegarda el proceso de la vejez en su primera obra, *Scivias*.

Hildegarda apuró hasta el fondo la copa de sus miedos y dolores. Afectada casi ininterrumpidamente por enfermedades, y no obstante tenaz, llena de nostalgia por la luz siempre inagotable de sus visiones y de cualquier modo siempre apegada a la vida, que amaba en toda su colorida variedad, llegó a alcanzar –para las condiciones imperantes de la época– una edad bíblica asombrosa para muchos de quienes la vieron sufrir. El arzobispo Felipe de Colonia, muy preocupado por ella, le escribió en cierta ocasión:

> La enfermedad y debilidad de tu cuerpo me ha asustado y turbado, a mí y también a quienes, estando aquí conmigo en Cristo, te quieren y te desean una buena salud así como la verdadera y eterna salvación.

Con el típico estilo medieval de las historias legendarias, el monje Teodorico describe en la *Vita* de Hildegarda su permanente equilibrio entre la cercanía de la muerte y su deseo de vivir. Durante un acceso de fiebre Hildegarda vio a los santos que hablaban entre sí diciendo: «¿Vendrá con nosotros o no?», a lo que otros replicaban: «Pasado, presente y futuro no se lo permiten aún. Pero cuando haya puesto fin a su obra, entonces nos la llevaremos».

La obra ya no distaba mucho de su final. Cuando tenía setenta y cinco años, murió su fiel colaborador Volmario, y de nuevo tuvo que enfrentarse con los monjes de Disibodenberg, quienes –rompiendo claramente con los acuerdos cerrados en el pasado– se negaban ahora a mandar a un sacerdote para los oficios divinos. Cuando los requerimientos de Hildegarda no obtuvieron respuesta de los monjes, se dirigió personalmente y sin más dilación al Papa, que se ocupó del cumplimiento de sus justas exigencias. Los monjes les enviaron a aquel padre Godofredo, que fue el que comenzó la *Vita* aquí citada con frecuencia, pero que murió poco después. Seguramente para evitarse nuevos disgustos con los poco fiables monjes, se llevó a Rupertsberg a su anciano hermano Hugo, al que de todas formas también acabó sobreviviendo.

Entretanto había llegado al Rin procedente del monasterio flamenco de Gembloux su admirador Wiberto, un hombre muy inteligente y leído, de vasta cultura, además de un piadoso teólogo, aunque por desgracia no fuera un estilista brillante. Con buena voluntad, pero infinitamente redicho y sepultando el sentido de las palabras bajo un diluvio de citas literarias y juegos de palabras, pretendía aplicar sus recetas literarias también con Hildegarda, quien se expresaba a menudo de manera pobre y ruda, pero casi siempre de forma certera. Ya hemos hablado de lo mal que se tomó Hildegarda los celos correctores de Wiberto, que por fortuna sólo ejercitó con la hagiografía de san Martín.

Otra vez la anciana abadesa tenía que recurrir al servicio de nuevos asistentes, por ello se encontraba débil y cansada, los años y las enfermedades le estaban robando las fuerzas. Y además poco antes de su muerte había tenido que afrontar aquel penoso conflicto por el cuerpo del joven que había sido enterrado en el cementerio del monasterio y que debía ser exhumado, porque las autoridades episcopales de Maguncia habían visto vulnerados sus principios legales. En las cartas que Hildegarda dirigió a los prelados y al arzobispo Cristiano de Buch –un excelente diplomático al servicio del Imperio, pero que se preocupaba bien poco de los asuntos de su diócesis– formulaba amargas quejas sobre los fríos procedimientos de la burocracia eclesiástica, ¡y afirmaba que habría obedecido humildemente los requerimientos que le hacían, si no se lo hubiera impedido el temor de Dios!

Sin embargo, estos señores de la administración diocesana no estaban dispuestos a admitir esta valiente justificación. Hildegarda describió el encuentro a Cristiano en los siguientes términos:

> Entre amargas lágrimas les pedí perdón y entre lamentos les imploré humildemente que tuvieran piedad. Pero sus ojos estaban tan sumidos en tinieblas que ni siquiera tenían una mirada misericorde para mí, por lo que me aparté de ellos derramando muchas lágrimas.

El tormento duró meses hasta que los prelados de Maguncia dieron su brazo a torcer y el arzobispo Cristiano confirmó por escrito la absolución de la abadesa, aunque no sin una discreta mención «referente a las disposiciones de los Padres que habían de ser respetadas» y que para Hildegarda hubiera sido «extraordinariamente peligroso» despreciar la intervención de los prelados.

La *Vita* nos informa sobre la muerte de la abadesa con una contención que sorprende. Cuando la voz del cielo suena por última vez y el asombro por la tantas veces contemplada majestad de Dios se transforma en dicha eterna, entonces la celebérrima visionaria y taumaturga vuelve a convertirse en una monja como las demás, que sigue el mismo camino que las otras personas y espera la muerte tendida en el suelo como todo hombre medieval. No sabemos qué enfermedad sufrió ni si su lucha con la muerte fue dolorosa. Tan sólo conocemos la fecha exacta de su muerte: las primeras horas del 17 de septiembre de 1179.

Nos ha sido transmitida la noticia de un prodigio ocurrido en el cielo, una luz milagrosa que –incluso tratándose de una simple leyenda– resultaba muy adecuada a una vida que había sido un canto único de alabanza a la belleza de la Creación:

Sobre la habitación en la que la santa monja devolvió su bienaventurada alma a Dios durante el primeras horas de la madrugada del domingo, aparecieron en el cielo dos arcos muy brillantes de diferentes colores. Ocupaban un espacio grande y amplio, y se extendían hacia las cuatro regiones del mundo, hacia el norte, hacia el sur, hacia el este y hacia el oeste. En el punto en que estos arcos se cruzaban brillaba una luz intensa en forma de media luna. Brillaba sobremanera y parecía como que expulsara la oscuridad de la noche fuera de la casa mortuoria. Dentro de esa luz se vio una cruz rojiza resplandeciente, que al principio era pequeña, pero que luego creció hasta hacerse extraordinariamente grande.

Esta cruz estaba rodeada por numerosos círculos de colores diferentes, en los que se habían formado pequeñas cruces rojizas brillantes con sus propios círculos. Las más pequeñas, sin embargo, fueron visibles antes. Cuando se hubieron extendido por el firmamento, continuaron extendiéndose al este y parecían inclinarse sobre la tierra y sobre la casa en la que había muerto la sagrada monja, y cubrieron toda la montaña de resplandeciente luz.

Debemos creer ciertamente que con este prodigio Dios quiso mostrar con cuánta luminosidad Él adornó a su amada en el cielo.

31

UNA FIGURA SIMBÓLICA
REDESCUBIERTA

A Hildegarda le sucedió lo mismo que a las principales figuras de la Historia: que nada de lo que en verdad quisieron, pensaron o hicieron ha quedado en el recuerdo, sino únicamente lo que hay de llamativo, macabro y espectacular en su biografía. El meollo del mensaje hildegardiano hace tiempo que no ha interesado en especial a nadie, mientras que el poder taumatúrgico de una mujer médica, supuestamente milagrosa, daba pie a continuas y nuevas leyendas.

Incluso antes de ser sepultada había curado, según cuenta la *Vita*, a dos enfermos que había tocado su cadáver con piadosa esperanza. Ya podemos imaginarnos qué debió de ocurrir en Rupertsberg durante los años siguientes; formaba parte de la normalidad de las cosas en la Edad Media los excesos histéricos en torno a las tumbas de los santos y los taumaturgos. Muchedumbres que cantaban, lloraban o se lamentaban se aproximaban a los lugares consagrados, se arrojaban sobre el suelo ante los sarcófagos y las estatuas, se retorcían gritando semidesnudos en llamativas convulsiones o daban saltos alrededor como si tuvieran el baile de San Vito.

Cuando semejante invasión de desesperados y afligidos cayó sobre el monasterio de Hildegarda volviéndolo tan bullicioso como un mercado, el arzobispo de Maguncia rogó con las manos entrelazadas a la célebre muerta que pusiera fin a los milagros, lo que debió de hacer obedientemente. Pero las peregrinaciones aún no se habían terminado. Medio siglo después de la muerte de Hildegarda se habla de una tal Sofía, directora de coro, que habría curado a su sobrina, postrada por accesos de fiebre, con agua en la que previamente se habían sumergido los huesos de Hildegarda. Y en una leyenda contemporánea algo fantasmagórica se habla de una tal Mezza de Vecha, que habría usado la tierra de la tumba de Hildegarda, después de lo cual la abadesa se le habría aparecido en sueños para recriminarle su conducta.

Para los teólogos y naturalistas Hildegarda todavía resultaba interesante como oráculo. Sobre todo se repetía diligentemente su profecía, según la cual un día el clero perdería a manos de los laicos su poder temporal y sus propiedades. El monje Gebenón de Eberbach publicó en 1220 una recopilación completa de las profecías hildegardianas, que satisfacían las necesidades de conocer el futuro y que pronto formó parte integrante y permanente de las bibliotecas monásticas de la Edad Media.

En los siglos XIII y XIV se iniciaron también los esfuerzos para declarar santa a la popular monja. Ya entonces se celebraba su festividad en numerosos monasterios, y posteriormente encontramos su nombre en el santoral. Pero todavía hoy en día se discute si en efecto se iniciaron los trámites para una canonización oficial. O bien las autoridades de Maguncia secuestraron el proceso —en el archivo estatal de Coblenza hay un documento de Roma incoado entre 1233 y 1237 pero rechazado por incompleto—, o bien las instancias romanas consideraron demasiado peligroso convertir en modelo que había que imitar a una persona tan especial y nada proclive a quedarse únicamente entre el reclinatorio y la cocina. No debemos olvidar que el clima de sospechas y denuncias en la Iglesia aumentó sensiblemente después de la muerte de Hildegarda.

Las gentes sencillas, que amaban a Hildegarda, y sus correligionarias no se preocupaban mucho por la presencia o ausencia de una confirmación oficial de la Iglesia. Ya en torno a 1230 se representó la imagen de la abadesa nimbada con una maqueta de la iglesia en las manos en una costosa tela de altar adornada con hilos de oro y plata. Menos fascinación sentía la ciencia por esa monja difícil de clasificar en escuela alguna, y que en el siglo XIII ya debía de parecer un fósil. Las diferentes facciones de teólogos escolásticos no podían sacar provecho alguno de la rica simbología hildegardiana en sus eternos debates para intentar esclarecer conceptos dogmáticos, y los estudiosos de la naturaleza ni siquiera mencionan sus trabajos.

La excepción confirma la regla. En 1493 aparece de nuevo el nombre de la abadesa en un *best seller* de la época: el médico municipal de Nuremberg e historiador Hartmann Schedel la menciona en su *Crónica universal*, aunque es cierto que de nuevo sólo como profetisa, «de la que se cuenta que había anunciado cosas futuras» y la que «escribió sobre las tribulaciones futuras del clero». Las claras manifestaciones de Hildegarda acerca de un clero degradado también fascinaron como no podía ser menos a los partidarios de la Reforma: por ejemplo, en 1513 el *Scivias* fue nuevamente publicado en París. Su mediocre latín hizo que el mundo de los eruditos humanistas del Renacimiento no sintiera especial devoción por su autora.

Durante siglos los doctores, a los que tampoco apreciaba Hildegarda, contemplaron su obra con desdén o en el mejor de los casos altaneramente. Goethe vio en el curso de un viaje por el Rin el códice de Wiesbaden y lo encontró sólo «extraño». En un congreso de naturalistas celebrado en 1865 el patólogo y enemigo de la Iglesia Rudolf Virchow se burlaba de que esta obra no contuviera nada original.

A comienzos del siglo XIX la antaño celebrada abadesa perdió incluso el lugar destinado para su eterno descanso;

tras la disolución de la abadía de Eibingen como consecuencia de la secularización se repartieron las reliquias entre las parroquias e iglesias locales. La cabeza de Hildegarda la custodiaba el párroco de Eibingen sobre una pequeña mesa en su casa. Sólo en 1857 se asignó un sitio a los huesos de Hildegarda en un altar de la antigua iglesia monástica; hoy se encuentran, adornados con oro y granate, en la iglesia parroquial de Eibingen.

A mediados del mismo siglo, benedictinos franceses como Prosper Guéranger, tan importante para la renovación de la liturgia, redescubrieron la obra de su olvidada correligionaria. En 1855 aparecieron sus escritos en la colección patrística de casi 380 volúmenes conocida por el nombre de su editor, Jacques-Paul Migne. El interés renovado por la contemplación intuitiva de la naturaleza y por la concepción simbólica de la realidad propia de la filosofía del siglo XX provocó finalmente un renacimiento del interés por la obra de Hildegarda también en círculos intelectuales laicos. Historiadores de la medicina y del arte, así como estudiosos de la simbología, comenzaron a ocuparse de la poliédrica figura de la abadesa.

En el nuevamente habitado monasterio de Eibingen —en 1904 llegaron benedictinas procedentes de Praga, para fundar una nueva abadía de Santa Hildegarda unos metros más arriba de donde estaba el antiguo asentamiento— se creó un activo centro de investigación. Las eruditas monjas llevaron a cabo un trabajo fundamental sobre los manuscritos de la obra de Hildegarda y la publicaron por primera vez en alemán.

A pesar de que la benedictina nunca fue reconocida de manera oficial como santa, su fiesta se conmemora en el día de su muerte, el 17 de septiembre, en toda Alemania desde 1941. En 1979, coincidiendo con el octocentenario de su muerte, se le dio una popularidad añadida a Hildegarda con programas de televisión, cartas pastorales, simposios académicos así como las inevitables emisiones especiales de sellos de correos. La Sociedad Antropológica de Austria la nombró su patrona. En Suiza se fundó una Sociedad Internacional Hildegarda de Bingen. El Ministerio de la Salud en Bonn y la Asociación Federal para la Educación de la Salud acuñó una «Medalla Hildegarda de Bingen». E incluso se cuenta que en Japón, los círculos intelectuales se interesan por esta teóloga y cosmóloga medieval alemana.

En 1979, el año de su jubileo, el grupo de trabajo de la Federación de Mujeres Católicas en Alemania llevó a cabo un gesto significativo: propuso que Hildegarda de Bingen fuera nombrada doctora de la Iglesia, un título honorario que hasta ahora sólo ostentan dos mujeres, la italiana Catalina de Siena y la española Teresa de Ávila. Ambas son consideradas místicas dotadas de la gracia, ambas pasaron un hueso duro de roer con sus programas reformadores para el clero y el monacato.

Pero en la obra de Hildegarda —argumenta la Federación de Mujeres— no se trata de experiencias místicas con la vista puesta en la renovación de una orden, o relacionadas con la interpretación de una determinada situación histórica, sino que hay un mensaje intemporal para toda la Iglesia y una visión global del mundo:

Las visiones de Hildegarda se distinguen netamente de la dependencia del Yo propia de la mística posterior. [...] Hildegarda muestra, porque así lo ha visto ella, que el proceso de materialización del mundo no es algo mecánico, sino que sucede en una sobrecogedora interacción con la Creación, la caída y la regeneración, en cuyo punto central se encuentra nuevamente el hombre gracias a un Dios humano.

La reacción romana a esta iniciativa recuerda dolorosamente a los problemas con que tuvo que lidiar Hildegarda a lo largo de su vida respecto a los hombres de la jerarquía eclesiástica: los obispos alemanes hicieron suya, entonces, en 1979, la petición de la Federación de Mujeres Católicas. Tuvieron que transcurrir ocho años hasta que llegó en 1987 una lapidaria respuesta desde Roma: desgraciadamente, Hildegarda sólo podrá ser nombrada doctora de la Iglesia cuando hubiera sido reconocida como santa de manera oficial.

Entonces lo que habría que hacer ahora sería nombrarla santa, replican impasibles estos obispos habituados al tratamiento de estas sutilezas del derecho eclesiástico.

La disposición a deshacer este nudo gordiano y a conferir a esta mujer, símbolo de una fe arraigada en la tierra, finalmente el rango de una figura eclesiástica de referencia sólo pudo darse al final en Roma. El papa Juan Pablo II alabó la figura de Hildegarda a comienzos de su pontificado de una manera casi hímnica, llamándola «mujer de ejemplaridad única», «irreductible defensora de la verdad y la paz», así como «mujer valiente y veraz», y mencionado de nuevo su antiguo título de «profetisa de Alemania».

«Además», continuaba el Papa, «esta maestra plena de Dios muestra que el mundo sólo puede ser entendido y administrado como Creación de un Padre amoroso y solícito.»

Los cristianos actuales no hubieran podido exponer de manera mejor y más precisa la contribución de Hildegarda a la concepción de la fe y al concepto de responsabilidad. Hildegarda *es* desde hace mucho tiempo –incluso sin que medie el documento de reconocimiento oficial– una doctora de la Iglesia.

ANEXO

TABLA CRONOLÓGICA

1098:	Nace Hildegarda en el seno de una familia nobiliaria en Bermersheim de Alzey (Rheinhessen).
1.11.1106:	Entra en la clausura del monasterio de Disibodenberg.
ca. 1112-1115:	Hildegarda toma los votos de benedictina.
1136 :	Se convierte en abadesa de su monasterio nacido del anterior de monjas de clausura.
1141:	«Visión de la vocación»: a Hildegarda se le requiere escribir sus visiones.
1141-1151:	Trabaja en el *Scivias*, en la composición de numerosos cantos, presumiblemente también en el misterio *Ordo virtutum*.
1147/1148:	En el sínodo reformador de Tréveris el papa Eugenio III reconoce las dotes proféticas de Hildegarda.
1150:	Traslado con veinte monjas a Rupertsberg, donde previamente deben hacerse labores de desbroce y construcción.
1151-1158:	Trabaja en su obra sobre la naturaleza *(Physica)* y sobre medicina *(Causae et curae)*.
1.5.1152:	Consagración de la iglesia monástica de Rupertsberg por el arzobispo Enrique de Maguncia.
ca. 1158-1161:	Primer viaje de predicación, entre otros lugares a Maguncia, Wurzburgo y Bamberg.

1158-1163:	Trabaja en el *Liber vitae meritorum*.
ca. 1160:	Segundo viaje de predicación, entre otros lugares a Tréveris y Metz.
ca. 1161-1663:	Tercer viaje, entre otros lugares a Boppard, Andernach, Colonia.
1163-1173:	Trabaja en el *Liber divinorum operum*.
1165:	Funda un segundo monasterio, Eibingen en Rüdesheim.
ca. 1170:	Cuarto viaje, entre otros sitios, a Maulbronn e Hirsau.
1174/1175:	El monje Godofredo empieza a escribir la *Vita de Hildegarda*.
1178:	Conflicto con las autoridades episcopales de Maguncia, con la proscripción del monasterio de Rupertsberg.
17.9.1179:	Hildegarda muere en el monasterio de Rupertsberg.
ca. 1180-1190:	El monje Teodorico termina la *Vita* que había empezado a escribir Godofredo.
ca. 1233-1237:	Fracasa el proceso de canonización de Hildegarda.
1632:	Destrucción del monasterio de Rupertsberg durante la guerra de los Treinta Años.
1814:	Como consecuencia de la secularización las monjas benedictinas de Eibingen deben abandonar su monasterio.
1855:	Nueva edición de las obras de Hildegarda en París.
1904:	Monjas benedictinas de Praga levantan una nueva abadía de Santa Hildegarda en las cercanías del antiguo monasterio de Rupertsberg.
1979:	El grupo de trabajo de la Federación de Mujeres Católicas de Alemania propone que Hildegarda sea nombrada doctora de la Iglesia.

FUENTES Y REFERENCIAS BIBLIOGRÁFICAS

Las cifras de la izquierda indican las páginas del presente libro, el texto en *cursiva* señala la cita directa o la palabra clave a que hace referencia la nota.

Para facilitar la consulta a los lectores, se ha optado por citar las obras de Hildegarda, por norma general, según la edición en lengua alemana de las obras escogidas por la editorial salzburguesa Otto Müller.

Abreviaturas (más detalles en el repertorio bibliográfico):

Br	*Briefwechsel* (correspondencia)
Cc	*Causae et curae* (medicina)
Ldo	*Liber divinorum operum (Libro de las obras divinas)*
Lvm	*Liber vitae meritorum (Libro de los méritos de la vida)*
Migne, Pl	*S. Hildegardis Abbatissae Opera omnia* (en la *Patrologia Latina*, colección patrística publicada por el editor parisino Migne)
Pitra	*Analecta Sanctae Hildegardis Opera* (en la recogida de textos publicados por el cardenal Pitra sobre santos y teólogos)
Phys	*Physica* (sobre la naturaleza)
Sciv	*Scivias (Conoce los caminos)*
Vita	*Vita* (biografía escrita por los monjes Godofredo y Teodorico)

Capítulo 1:
Introducción: Una octogenaria se niega a prestar obediencia

PRIMERA PARTE
El siglo xii: Revolución cultural en la Edad Media

Capítulo 2:
Miseria y espíritu mercantil

19 *«La luna llena se había bañado en sangre»*: «*Annales Sancti Trudperti*», ed. por PERTZ, Georg Heinrich, en *Monumenta Germaniae Historica*, Scriptores 17, reedición Stuttgart, Nueva York, 1963, 291 (entrada del 14 de septiembre).

20 *«¡Los perros han entrado en el santuario!»*: GUILLERMO DE TIRO, *Historia rerum in partibus transmarinis gestarum*, citado según MOKKORSCH/WALZ 70.
«Entonces llegaron todos»: *Gesta Francorum et aliorum Hierosolomitanorum*, Lib. 10, citado según MOKKORSCH/ WALZ 71.

21 *Interrogatorios a los valdenses*: *Chronicon universale anonymi Laudunesis*, citado según GRUNDMANN 60 s.

22 *«Pero ¿quién ha erigido a los alemanes?»*: cf., por ejemplo, OTTO, Eberhard, *Friedrich Barbarrossa*, Potsdam, sin fecha (1943), 62.
Comparación con el desarrollo de la modernidad: Karl BOSL, por ejemplo, ve en ambas épocas un movimiento de ilustración espiritual, de profunda transformación social, de racionalización de amplios ámbitos de la vida pública y económica, así como de la vida cotidiana: «Pobreza, trabajo y emancipación han determinado y condicionado la evolución y la revolución de los siglos XI y XIII de la misma manera que lo volvieron a hacer en los siglos XIX y XX» (BOSL 146).

23 *«Son ellos quienes sustentan»*: citado según DOLLINGER, Hans, *Schwarzbuch der Weltgeschichte. 5000 Jahre der Mensch des Menschen Feind*, Múnich, 1973, 198.

24 *«De un campesino vienen»*: citado según MOLLAT 60.
«Golpear sólo con moderación y causa justificada»: citado según COULTON, George F., *Chaucer and His England*, Londres, 1921, 212.

3. Añoranza del hermano Jesús

25 *Una estructura social muy organizada*: SOUTHERN describe la Iglesia occidental en la Edad Media como «el sistema de acción y pensamiento religioso más perfecto y mejor organizado que el mundo ha visto» (SOUTHERN 1).

El rey como simple laico: cf. HONORIUS AUGUSTODUNENSIS, *Summa Gloria de Apostolico et Augusto*, MIGNE, PL 172, 1261-1262.

Importancia de las Cruzadas: Ciudades portuarias italianas como Amalfi y Venecia habían intensificado ya en la centuria anterior sus relaciones comerciales con Oriente. *Cf.* WATT, especialmente 26 ss., 58 ss.

26 *«No intento, Señor»*: ANSELMO DE CANTERBURY, *Opera omnia*, ed. por SCHMITT, Franz S., I, Edimburgo, 1946, 100.

27 *«Preguntarse por la razón»*: *ibid.*, II, 7.

«Éste sobrepasa su propia medida»: en una carta al papa Inocencio II, «Contra quaedam capitula errorum Abaelardi», *Epistola* 190. MIGNE, PL 182, 1055.

28 *«Una gran hambruna»*: cf. nota de la pág. 19.

Tundal: cf. LECKY, William E., *History of European Morals*, vol. II, Nueva York, 1926, 221.

29 *Juicio Final de Hamburgo*: en versión actual alemana citada según THUM 193.

«¡Oh Padre piadoso!»: citado según DINZELBACHER 251 s.

«Él es tu hermano»: *ibid.*, 252.

«¿Quién me dará a Ti?»: GILBERTO, *Sermón sobre el Cantar de los Cantares* 3, 2. MIGNE, PL 184, 23-24.

30 *«Jueces, soldados»*: GERHOH DE REICHERSBERG, *De aedificio Dei*, c. 43. MIGNE, PL 194, 1302.

Sobre las nuevas necesidades espirituales en las ciudades: cf. sobre todo LE GOFF, Jacques, *Die Geburt des Fegefeuers*, Stuttgart, 1984 (trad. cast.: *El nacimiento del purgatorio*, Madrid, Taurus, 1989).

31 *Un monje en el infierno*: HERRADA DE LANDSBERG, *Hortus deliciarum*, según WIDMER, 241.

El Anticristo en la curia: GERHOH DE REICHERSBERG, *Lib. de Lite, op. cit.*; *cf.* para esto SCHÜPPERT, Helga, *Kirchenkritik in der lateinischen Lyrik des 12. und 13. Jahrhunderts* (Medium Aevum 23), Múnich, 1972. Críticos conservadores como Gerhoh o Bernardo de Claraval eran también bastante buenos canalizando los movimientos de pobreza y protegiendo a los pobres de Cristo de las acciones de los herejes (*cf.* BOSL 136 ss.).

32 *«Comparte tu pan con tu amigo»*: del abad cisterciense Adán de Perseigne, carta 3 dirigida al monje Osmundo. MIGNE, PL 211, 594.

«¡Ayudadnos, malos cristianos!»: MOLLET 81. Para la interdependencia entre los movimientos de pobreza y la efervescencia religiosa, véase también BOSL, Karl, *Gesellschaft im Aufbruch. Die Welt des Mittelalters und ihre Menschen*, Ratisbona, 1991, sobre todo 98-131.

«Pues en el año 1100»: VITA 64.

SEGUNDA PARTE
La profetisa Hildegarda o la salvación del misterio

35 *«Pero Él»*: Hildegarda al papa Anastasio IV, BR 40.

Capítulo 4:
El Papa se interesa por una sencilla monja

35 *Sínodo de Tréveris*: *cf.* VITA 50; además *«Gesta Treverorum»*, ed. WAITZ, Georg, en *Monumenta Germaniae Historica*, Scriptores 24, Hannover, 1879, 378.

37 *«Después de que el Papa se hubiera informado»*: VITA 50 s.

«La antigua serpiente»: BR 33.

Capítulo 5:
Emparedada con ocho años

39 *Abusos paternos*: ya en 458 el emperador Mayoriano
tuvo que prohibir a los padres que se desembarazaran
de las hijas que no mantenían obligándolas a entrar
en un monasterio; *cf.* Durant 496. Sobre la cuestión
de los oblatos véase además el capítulo 59 de la regla
benedictina.

40 *«Un lugar en que, las mujeres mayores»*: Hildeberto,
Vita S. Hugonis, II, 11. Migne, Pl 159, 868.

41 *Cristina de Pisan*: Shahar 21.
Huida al monasterio: documentación en Grundmann
190 ss.
Sobre la historia familiar de Hildegarda: Vita 46; además: Schrader, Marianna, «Die Heimat und Abstam-
mung der heiligen Hildegard», en *Studien und Mitteilungen zur Geschichte des Benediktinerordens und seiner
Zweige* 54, 1936, 199-221.
1098: el año del nacimiento de Hildegarda procede
de una información cronológica extraída del prólogo
de su *Scivias*: «En el año 1141 de la Encarnación de
Jesucristo, Hijo de Dios, teniendo yo cuarenta y dos
años y siete meses, vino del cielo abierto una luz fulgurante y resplandeciente como un rayo», Sciv 89.

42 *«Apenas fue capaz»*: Vita 47.

43 *«La fuerza y el misterio»*: Sciv 89.
Biografía de Disobodo escrita por Hildegarda: según se
cuenta en la Vita (118) fue escrita en 1170; desgraciadamente no existe aún traducción alemana. El
texto latino en Migne, Pl 197, 1093-1116.
Monasterio de Disibodenberg: exhaustivamente en Seibrich. *Cf.* asimismo Büttner, Heinrich, «Studien
zur Geschichte von Disibodenberg», en *Studien und Mitteilungen zur Geschichte des Benediktinerordens und seiner Zweige* 52, 1934, 1-46.

Sobre la clausura: DOERR, Otmar, «Das Institut der In-
clusen in Süddeutschland», *Beiträge zur Geschichte des
alten Mönchtums und des Benediktinerordens* 18, Müns-
ter, 1934.

*La fórmula de entrega procede del siglo IX: Monumenta Ger-
maniae Historica,* Leges 5, Formulae pág. 570, Nr. 32.
La entrada de Hildegarda en la clausura la describe la
fragmentaria biografía de Wiberto: PITRA 408 ss.

44   *Oportunidades educativas:* véase SHAHAR 59 ss., BUMKE
II, 474 ss.

45   *«Sin embargo, para las cosas del mundo»:* CESARIO DE
HEISTERBACH, *Dialogus miraculorum,* citado según
BÜHLER, Johannes, *Klosterleben im deutschen Mittelalter,*
Leipzig, 1923, 247.

46   *Crítica de Bernardo a la Iglesia de Cluny: Apologia ad
Guillelmum,* MIGNE, PL 182, 914.
«Dispensaba alegría y reconocimiento»: VITA 48.

Capítulo 6:
Panorama del mundo en imágenes: Scivias

49   *«Miré»:* SCIV 95.
50   *Interpretación de la visión: ibid.,* 96 s.
51   *«¡Dolor, dolor!»: ibid.,* 120 s.
     «Cuando el costado»: ibid., 193.
     «La maldad pasaba»: ibid., 154.
52   *«Entonces vi»: ibid.,* 157.
     «Pues entonces dirigió»: ibid., 157.
53   *«Éste es el hombre»: ibid.,* 219 s.
54   *«Poderosos trabajadores de Dios»: ibid.,* 278.
     «La palabra de Dios brilla»: LIEDER 301.
     «Con el mismo rostro»: SCIV 345.
     «No había ya noche»: ibid., 346.
55   *Se trata de la obra mejor documentada:* junto con su *Ordo
virtutum* y una parte de su correspondencia, el *Scivias* es

además la única obra de Hildegarda hasta ahora de la que existe una edición crítica apoyada ampliamente en los manuscritos: la edición de Turnhout de 1978 presentada en dos tomos y aparecida en el seno del *Corpus christianorum, Continuatio medievales* de Adelgundis FÜHRKÖTTER en colaboración con Angela CARLEVARIS.

Capítulo 7:
La dimensión profunda de la realidad

57 *«¡Pues mira!»*: SCIV 89.

58 *«Lo mantuve todo en silencio»*: *ibid*. Aquí Hildegarda precisa el momento de su infancia: «Desde mi quinto año de vida». Una versión algo diferente da una noticia autobiográfica contenida en la VITA (64): «En mi tercer año de vida vi una luz tan grande, que mi alma se conmovió, pero a causa de mi edad infantil, yo no sabía expresar aquello». Que el don de las visiones comience en la infancia es algo habitual en los místicos medievales, como muestra DINZELBACHER 223.

«Pero cuando el efecto»: VITA 65.

«Ni siquiera una hora»: BR 25.

59 *Elevar el corazón al cielo*: BERNARDO DE CLARAVAL, *Die Stufen der Demut und des Stolzes*, cap. 3, citado en BERNHARD, BOTSCHAFT 60 ss.

«¡Conversión o aniquilación!»: *Epistolae Bernhardi*, n. 457. MIGNE, PL 182, 651.

«Yo te vi»: BR 26.

«Águila»: *ibid*.

«Por lo demás»: BR 226.

60 *«Estoy constantemente»*: *ibid*., 226.

Carta de Wiberto a Hildegarda: *ibid*., 223 ss.

«Pero no veo estas cosas»: *ibid*., 227.

61 *«Veo, oigo y sé»*: *ibid*.

Visiones profundas de la realidad: cf. SUDBRACK 346 s.
«Dentro de la luz»: BR 227.

62   *«Capaces de escribir algo así»*: *Hildegardi Guibertus Gemblacensis*, en PITRA 384.

Interpretación de acontecimientos preocupantes: encontramos una excepción en las misteriosas letras que un negligente sacerdote suabo halló en el lienzo del altar, y que Hildegarda interpretó como una señal de que debía cambiar su vida: VITA 99 ss. No podían faltar semejantes leyendas típicas de la hagiografía medieval.

Facultades adivinatorias: Hildegarda profetizó, por ejemplo, en el año 1158 la pronta muerte del arzobispo Arnaldo de Maguncia, que fue asesinado dos años después en Bingen, BR 46.

Llamativas consultas desde Villers: cf. PITRA 393, 397, 494.

63   *«Los hombres deben»*: LDO 21.

«Cómo se entra en la salvación»: SCIV 95.

Con seguridad no fue la primera: cf. el catálogo de visionarias y místicas desde el siglo VI al XV en DINZELBACHER 13-23.

Las visiones como cosa de hombres: *ibid.*, 226.

64   *Tendencias individualistas*: *ibid.*, 243 ss.

«Podemos ir página por página»: Maura BÖCKELER en el epílogo a su edición de *Scivias*, SCIV 392.

65   *«Señor, padre celestial»*: MATILDE DE MAGDEBURGO, *Das fließende Licht der Gottheit*, Ratisbona, 1869, 48.

«Estando frente a la cruz»: Angela de Foligno citada por SHAHAR 68.

Besar las heridas de Cristo y tenderse junto a Dios: documentación en DINZELBACHER 153.

66   *Débora*: a la juez y profetisa se le atribuye uno de los cantos guerreros de victoria más antiguos de la Biblia (Jueces 5).

Visiones de vocación en la Biblia hebrea: por ejemplo Isaías 6; Jeremías 1,4-19; Ezequiel 2.

«*El hombre, que ve esto*»: Lvm 292 s.

67 «*No como lo desea tu corazón*»: Ldo 21.

El cristianismo como experiencia de fe: cf. Schille-beeckx, Edgard, *Menschliche Erfahrung und Glaube an Jesus Christus. Eine Rechenschaft*, Friburgo, 1979, 39 ss.

68 *Visión de una paz venidera*: cf. Ldo 305 s.; Töpfer 39.

Emitir un juicio, sólo posible para quienes hayan experimentado la mística por sí mismos: un estudioso que quiera conocer el fenómeno místico sin haberlo efectivamente experimentado él mismo, es según el indólogo Frits Staal «like a blind man studying vision» (*Exploring Mysticism*, Harmondsworth, 1975, 125).

No convertir cada frase de sus escritos en un evangelio: debemos evitar actitudes simplificadoras como las del médico Gottfried Hertzka, que considera a Hildegarda meramente una «secretaria del Espíritu Santo» (*Das Wunder der Hildegard-Medizin*, Stein del Rin, 1978, 8): «El poder de Dios ha acompañado su desarrollo embrional bajo la forma de su singular don profético, estaba ciertamente afincado en su cuerpo y era inseparable de su modo de vida» (13). Sobre el particular la Iglesia es más prudente, pues ve en los escritos de Hildegarda tan sólo unas revelaciones (admitidas) de naturaleza privada, provechosas para la vida espiritual, pero en ningún caso algo obligatorio como puede serlo un dogma.

Ninguna alucinación: véase Hattemer 144 ss. Parecen necesarias más investigaciones específicas sobre las visiones de Hildegarda. Ofrecen interesantes interpretaciones por ejemplo Meier, Christel, «Die Bedeutung der Farben im Werk Hildegards von Bingen», en *Frühmittelalterliche Studien* 6, 1972, 245-355; Maurmann, Barbara, *Die Himmelsrichtungen im Weltbild des Mittelalters. Hildegard von Bingen, Honorius Ausgustodunensis und andere Autoren*, Münstersche Mittelalterschriften, vol. 33, Múnich, 1976.

Capítulo 8:
El mal latín del Espíritu Santo

69   *«Doncella noble»*: Sciv 90.
     «En aquel tiempo»: Br 165.
70   *Wezelino*: las investigaciones más recientes, sin embargo, relativizan la importancia de Wezelino. Acker (XXVII) considera, contra Schrader-Führkötter, no a Wezelino, sino a Wiberto de Gembloux como al auténtico redactor y compilador del *Riesenkodex* de Wiesbaden.
     «También esto es algo grande»: Vita 62.
71   *«Pero Él»*: véase la nota a la pág. 35.
     Vida de san Martín: Pitra 369-378.
     Blasfemia: Langius, citado entre otros en Gössmann 236.
71   *Florecimiento del latín*: Lehmann, Paul, «Die Vielgestalt des zwölften Jahrhunderts», en *Erforschung des Mittelalters. Ausgewählte Abhandlungen und Aufsätze*, vol. 3, Stuttgart, 1960, 225-246.
72   *Ascesis en el estilo literario*: la *docta ignorantia* (sabia ignorancia) pertenecía a la mejor tradición benedictina; *cf.* Leclercq 21. No debemos olvidar que la poesía medieval significaba algo muy diferente a lo que entendemos hoy día: «No se trata de arte en sentido habitual, ni de ninguna forma de reflejar el entorno, ni de la presentación de determinadas ideas o concepciones personales, y ni existe la más mínima idea de influir sobre un público que no existía. Se quiere en hacer las cosas bien, hacerlas bien ante el rey celestial. Con la elaboración más precisa, con el mejor material, en función de las más fieles tradiciones, se representa aquello que está por encima del tiempo y que sin embargo también se halla presente en todo lo terrenal» (Steinen 52).
     «Yo, que soy el Yo sin origen»: Lvm 169.
73   *«La vida yacía»*: ibid., 193.
     «El enjambre innumerable»: Ldo 84 s.

Hombres que ladran como perros: Hildegarda al papa Anastasio IV, Br 39.

74 *Trepar aún antes de haber visto la escala*: Lvm 39.

En el interior de su corazón: Hildegarda a la abadesa Hazzecha de Krauftal, Br 207.

El alma comparada con un pájaro: Ldo 121.

El lenguaje de las imágenes en los monasterios: véase Kottje/Moeller 151; Leclercq 67, 166 ss.

«*Conocimiento que ensoberbece*»: Bernardo de Claraval, *Sermones sobre el Cantar de los Cantares*, citado en Leclercq 233.

«*Comportémonos*»: Bernardo, *Sermones sobre el Cantar de los Cantares*, Leclercq 225.

«*Débil sonido de trombón*»: Hildegarda a Isabel de Schönau, véase la nota a la pág. 16.

«*Pero Él*»: véase la nota a la pág. 35.

Tercera Parte
Fuerza y debilidad de una abadesa

77 «*No temas tanto*»: Hildegarda al abad Manegoldo de Hirsau, Br 131.

Capítulo 9:
Distanciamiento de los buenos monjes

77 «*¡Sois los peores bandidos imaginables!*»: Hildegarda describe la escena en su carta a la comunidad de monjas en Rupertsberg, Br 104 ss.

78 «*Puesto que el monasterio*»: Vita 51 s.

79 *Eludir la tutela*: parece que también hubo un trasfondo político. Posteriores amigos y valedores de Hildegarda se encontraban mayoritariamente en conflicto con el

arzobispado de Maguncia y puede que tuvieran también sus reservas frente al monasterio propio de Disibodenberg. Más detalles en SEIBRICH 62 ss.

Rupertsberg: exhaustivamente en BREDE.

80   *Tumbas*: Hildegarda le dedicó a los setenta años una hermosa leyenda al virtuoso y tempranamente fallecido Ruperto, la *Vita S. Ruperti* (MIGNE PL 197, 1081-1094).

«*Cuando oí esto*»:VITA 70.

81   «*Dijeron que*»: *ibid.*

«*Apenas hubo dicho estas palabras*»: *ibid.*, 54.

Consagración de la Iglesia: el documento original más antiguo que lo prueba se encuentra en el archivo municipal de Múnich (documento de Maguncia núm. 3.187). Matías Grünewald tomó el Rupertsberg y la iglesia para la parte central –para la imagen de la natividad, por tanto– del célebre altar de Isenheim, y tomó como motivo para esbozo el burgo de Klopp en 1510; documentación en FRANKE, Hanny, «Der Rupertsberg auf dem Isenheimer Altar», en *Volk und Scholle* 7, 1929, 298-300.

82   «*Enfermó casi hasta la muerte*»:VITA 56.

«*Las donaciones hechas a ellas*»: BR 105.

«*Y además una suma de dinero no pequeña*»:VITA 56.

83   *Propiedades*: véase BREDE 80 s. El abastecimiento de agua está atestiguado por Wiberto de Gembloux, BR 233.

«*Ociosidad*»: Regla de San Benito, capítulo 48, BALTHASAR 235. La revalorización del trabajo manual, despreciado en la Antigüedad como algo propio de esclavos, es una de las principales aportaciones del monacato benedictino. La energía liberada con ello favoreció la roturación y el cultivo del paisaje cultural europeo. El auge de la burguesía y del artesanado de las ciudades en los siglos XI y XII confirió al trabajo, hasta entonces considerado como propio de siervos desclasados, un prestigio añadido y su propio *ethos*; por tanto la alta nobleza fundadora de monasterios reformadores se entrega al ideal del trabajo. *Cf.* Bosl 130 ss.

84   *«Al amor de Cristo»*: Regla de San Benito, capítulo 4, Balthasar 197 s.

       Abbatissa: Fuhrkötter, Leben 40. La denominación aparece por primera vez en el privilegio del emperador Federico I del 18 de abril de 1163.

85   *«Protege, Señor»*: citado en Moser, Bruno (ed.), *Das christliche Universum*, Múnich, 1981, 117.

       Funciones de la abadesa: documentación en Shahar 48 ss.

86   *Monasterio destruido*: durante la construcción del ferrocarril del Nahe en 1858 se destruyeron finalmente las ruinas del monasterio en la orilla izquierda del Nahe frente a Bingen; en 1956, durante el curso de unos trabajos de saneamiento en la obra de una casa en Rupertsberg fueron descubiertos y restaurados cinco arcos pertenecientes a la pared sur de la nave central.

       «Una maravillosa competición»: Br 232 s.

Capítulo 10:
Buscando a la persona que fue Hildegarda

89   *«Una mujer de ejemplaridad única»*: Juan Pablo II en su declaración al cardenal Hermann Volk de Maguncia, en ocasión del octocentenario de la muerte de Hildegarda, documentado en *L'Osservatore Romano*, edición alemana, 28 de septiembre de 1979.

       Correspondencia entre Hildegarda y Arnaldo de Tréveris: Br 51-55.

90   *«Pero yo»*: *ibid.*, 53.

       «Se apreciaba todavía»: Lvm 100.

91   *«Jamás he disfrutado»*: Vita 86 s.

92   *«Pero entonces»*: *ibid.*, 70 ss.

       «Y sin embargo»: Migne Pl 197, 420.

93   *«Prácticamente desde la niñez»*: Vita 48.

Imagen de la enfermedad: ibid., 76 ss, 87, 116.

«Oh Tú, mi Dios y Señor»: ibid., 78.

94   *«La hora de irse»: ibid.*, 77.

«Cuando vacilaba o dudada por su debilidad de mujer»: ibid., 54.

Síntomas de la enfermedad autoinducidos: cf. BERTAU 346. Las siguientes tesis defendidas por Bertau –«Hildegarda pierde su conflicto por la autoridad, comparándose como visionaria con la buscada y temida autoridad» (350); «en sus visiones conjura el poder amenazador de una nueva realidad, que se manifiesta en la cultura caballeresca del amor» (351)– muestran seguramente más las exigencias omnipotentes de la psicología que empatía alguna con la obra hildegardiana.

«Cuando por miedo a los hombres»: VITA 117.

95   *Hipersensibilidad frente a los alimentos:* FISCHER 33, 90.

«Una patología»: Schipperges en el epílogo a su traducción de LDO, 334. A este tipo de análisis pertenecen también las experiencias visionarias de C. G. JUNG.

Afecciones histéricas: HATTEMER (144) está convencido de la naturaleza histérica de los estados de enfermedad padecidos por Hildegarda por su «carácter psicógeno»; faltan, sin embargo, todos los puntos de referencia de una auténtica psicosis. Su *physis* habría sido demasiado débil para las exigencias planteadas; así resultarían comprensibles sus negativas iniciales.

Capítulo 11:
Alergia a las alabanzas y a la ascesis exagerada

97   *«Frágil ser humano»:* SCIV 89.

98   *«Nos alegramos»:* BR 33.

«Desde que supe»: ibid., 152.

«Pues lo que nosotros»: ibid., 154.

99   *«Junto con aquellos muchos»: ibid.*, 49.

«*Salve, como María*»: *ibid.*, 238.

«*Yo, temerosa y triste*»: Migne, Pl 197, 254.

100   «*Sólo con gran esfuerzo*»: Sciv 90.

«*Constantemente estoy*»: Br 276.

Docta ignorantia: véase Leclercq, especialmente 213-259. La forma de denominarse a uno mismo como *illiteratus* (iletrado) por lo general es frecuente en la literatura monástica; Dios es quien inspira al hombre para que haga algo que por sí solo no sería capaz de realizar jamás.

101   «*Un viento vino*»: Br 150.

«*Un rey poderoso*»: Hildegarda al papa Eugenio III, *ibid.*, 30 s.

«*Pero Él*»: véase la nota a la pág. 135.

«*Aquellos que quieran*»: Hildegarda a Isabel de Schönau, Br 196 s.

102   «*Existencia de servicio*»: Ldo 317.

«*Extraída de la costilla de Adán*»: Br 30.

«*Intenso amor*»:Vita 88.

103   *Alta consideración de la vida eremítica*: *cf.* Sciv 179-191 y la *Vita S. Disibodi* escrita por Hildegarda (Migne, Pl 197, 1093-1116).

Hildegarda a Hazzecha: Br 207 s.

«*Las monjas que vivían junto a ella*»:Vita 68.

Autoridad: *ibid.*, 83.

Principios democráticos: *cf.* la Regla de San Benito, capítulo 2 («Cómo debe ser el abad»), capítulo 3 («Convocatoria de los hermanos al consejo»), capítulo 63 («Sobre el orden de la comunidad»).

104   «*Determinamos que*»: Regla de San Benito, capítulo 3; Balthasar 196.

«*Éste debe saber*»: Regla de San Benito, capítulo 27, *op. cit.*, 219 s.

Preceptos para las vigilias:Regla de San Benito, capítulo 43.

105   «*Pues Dios ha creado el cielo*»: Hildegarda al abad Helmrich de St. Michael en Bamberg, Br 136.

Atención a los débiles: cf. Regla de San Benito, capítulos 34, 36, 41, 49, 53.

«Abstinencia desmedida»: LDO 134.

«La antigua serpiente»: Hildegarda a un abad desconocido, BR 185.

«El hombre debe»: LDO 214.

La vida decorosa da la felicidad: cf. entre otros *ibid.*, 104.

«Pero piensa que»: Hildegarda al abad Manegoldo de Hirsau, véase la nota a la pág. 77.

106 *Correspondencia con la maestra Tengswich*: BR 200-204.

Con aterradoras palabras: *ibid.*, 77.

«El bastón de mando»: Hildegarda a un abad desconocido, *ibid.*, 179.

«Como un viento refrescante»: LVM 108.

107 *Sin excluir a nadie*: VITA 48.

«La tierra no rechaza a la tierra»: BR 155.

«El Señor te lleva así»: *ibid.*, 188.

«¡Oh querida hija de Dios!»: *ibid.*; significativamente Hildegarda no encontrará ningún eco en la inquieta y deslumbrante Leonor de Aquitania, eje central de una cultura galante descrita como disoluta. Existe tan sólo una carta de pocas líneas reprochando la agitada inconstancia de Leonor (BR 91).

Correspondencia con Isabel de Schönau: véase LOOS, Josef, «Hildegard von Bingen und Elisabeth von Schönau», en FESTSCHRIFT 263-272; GRABMANN 470 s.

108 *El corazón que arde*: BR 196.

«Regocíjate conmigo»: *ibid.*, 197.

«Establos» y «adulterio»: *ibid.*, 126 s.

«La piedad de Dios»: *ibid.*, 127.

109 *«Cuando escribí el libro»*: VITA 72.

110 *«No se labraba pensando en Dios»*: *ibid.*

«Sí, lo apoyamos»: BR 95.

«El manantial cristalino»: *ibid.*

«Te lo suplico»: *ibid.*

«En llanto y aflicción»: *ibid.*, 96.

cuenta entre las obras principales de Hildegarda también el *Liber simplicis medicinae* y el *Liber compositae medicinae*; con estos títulos se conocieron inicialmente sus obras sobre cuestiones médicas y naturales. Todavía es necesario un análisis crítico de las fuentes. Lo limitado del material relativo a las fuentes, las contradictorias informaciones autobiográficas y lo tardío del texto de los manuscritos, no permiten aún ninguna respuesta definitiva a las cuestiones de autoría. *Cf.* MÜLLER, HEILMITTEL 9 ss.

120 *«Las hierbecillas»*: SCIV 313.

Plantas: como señala MÜLLER, HEILMITTEL 11 s., la investigación actual se enfrenta con la dificultad de que durante la Edad Media faltaban una denominación unitaria y una sistematización botánica coherente; cada autor puede entender con el mismo nombre a menudo vegetales y partes de plantas muy diferentes. Con frecuencia es útil la comparación con los escritos que nos han llegado de la Antigüedad y con las obras de los médicos y naturalistas árabes.

Frutas silvestres: sorprendentemente la medicina moderna da en este caso la razón a Hildegarda; las fresas, según se sabe hoy día, relajan los nervios, estimulan los órganos y purifican la sangre, pero también provocan urticaria y erupciones en los alérgicos.

Antigua tradición cultural germana: véase FISCHER 12, 64 s.

«Compendia la antigua sabiduría de las brujas»: WASMANN 2.

Piedras preciosas como armas milagrosas: se corresponde con el espíritu de la época, como demuestra FISCHER 71 ss. Hildegarda ha escrito un libro en concreto *Sobre las piedras*, un compendio para médicos y laicos, en que caracteriza las piedras preciosas como enemigas de las enfermedades y pone de manifiesto sus cualidades protectoras y curativas sobre todo para el corazón, los intestinos, el sistema nervioso y circu-

latorio, así como para los órganos sensoriales. Llevadas en el cuerpo o bien en forma de polvos, tinturas
e infusiones, o bien disueltas en agua, las piedras purifican el entorno inmediato. Pero las piedras también se revelan como enemigas de las malas influencias demoníacas. La petrología hildegardiana tiene
como objetivo mostrar al ser humano cómo debe
ser: limpio y espiritual. La medicina alternativa ha
redescubierto la fitoterapia; entretanto los naturópa-
tas recomiendan muy a menudo llevar o colgarse
piedras. El masaje con cristal de roca debe ayudar,
por ejemplo, contra los calambres. *Cf.* para este «renacimiento», MALIN, Lisa, *Die schönen Kräfte. Eine
Arbeit über Heilen in verschiedenen Dimensionen,* Francfort del Meno, 1986, 152-186. En la medicina del
yoga existe la antigua convicción de que los centros
anímico-espirituales pueden ser activados con piedras preciosas. Para la historia de la alegoría cristiana
de las piedras preciosas *cf.* MEIER, Christel, Gemma
Spiritalis. *Methode und Gebrauch der Edelsteinallegorese
vom frühen Christentum bis ins 18. Jahrhundert,* parte I,
Múnich, 1977. Hay una convicción teológica subyacente a esta terapia: al hombre lo amenaza y daña el
pecado, y se recupera gracias a los poderes espirituales que Dios ha puesto en las piedras.

121 *Hasta bien avanzada la Edad Moderna: cf.* FISCHER 84.
«El perro»: PHYS 131.

122 *«Las semillas»: ibid.,* 36.

Pan de centeno y una piedra preciosa: se refiere al jacinto;
ibid., 83.

Dependencia de una imagen medieval del mundo: ¡cuidado con las exageraciones complacientes! Las imágenes del mundo no son armonizables. Por ejemplo,
pese a lo que se ha llegado a afirmar, Hildegarda no
intuyó anticipadamente la ley básica de la conserva-
ción de la materia; tampoco le hacen falta pruebas

para demostrar que cumplió una función de pionera. Lo que sí es algo nuevo, sobre todo, es su simbolismo y las combinaciones que emplea.

Deudas con la Antigüedad: se da por sentado que Hildegarda no conoció directamente las obras científicas antiguas –sobre todo Plinio y el *Fisiólogo*–, sino que habría accedido a ellas a través del compilador enciclopédico Isidoro de Sevilla († 633).Véase FISCHER 39-50, 99 ss.; MÜLLER, HEILMITTEL 12 ss.

Los pájaros como símbolos de la fantasía: PHYS 123.

123 *«Cuanto se encuentra»*: véase la nota para la pág. 155.
«Tejido vivo»:TEILHARD DE CHARDIN, LOBGESANG 67.
Fórmula mágica sobre la tierra: PHYS 61.

124 *«Bendita seas»*:TEILHARD DE CHARDIN, LOBGESANG 88 s.
Todos los elementos en el hombre: CC 56. Para la doctrina de los elementos *cf.* SCHIPPERGES, Heinrich, «Ein unveröffentlichtes Hildegard-Fragment», en *Sudhoffs Archiv für Geschichte der Medizin und der Naturwissenschaften* 40, 1956, 41-77. Este fragmento, hasta ahora poco estudiado, está añadido al manuscrito berlinés del *Codex Berolin.* Lat. Qu. 674, y contiene una teoría de los elementos completa empleando el lenguaje visual de Hildegarda, aunque probablemente sea de segunda mano. Las descripciones naturales son indisociables de las especulaciones y la moral, las imágenes muestran un trasfondo religioso claro: los vientos mueven y transportan el mundo, cuyas potencias los planetas regulan, los colores se corresponden todos con los elementos. En medio de todo está el hombre, clave y sentido del universo, pero también inserto en la labilidad cósmica en tanto *homo mutatus*. Sólo con el encuentro con los elementos –la tierra como residencia del fuego del alma, el aire que contiene y nutre como imagen del espíritu, el fuego como imagen del poder vivificador de Dios– el hombre llega a captar el sentido del mundo: los ele-

mentos «se encuentran con el hombre y se convierten en interlocutores de un diálogo mundial, cuyo ámbito y cuyo marco proporcionan ellos, pero cuyo nivel y dirección lo proporciona el hombre» (75).

125 *«Ya no podemos correr más»*: Lvm 133.
«Con los mismos tormentos»: ibid.
«No [...] a la manera humana»: ibid., 146 ss.

126 *Earthscan-Institute*: Christ in der Gegenwart 37, 1985, 343.
«Para servir a los hombres»: Sciv 105.
Pruebas de armas nucleares realizas en el Pacífico sur: véase Weish, Peter, Gruber, Eduard, *Radioaktivität und Umwelt*, Stuttgart, ²1979, 29 s.

127 *«El hombre abusa»*: Ldo 65.
Sustancias tóxicas en las habitaciones de los niños: «En los cuartos infantiles hay mucho veneno escondido», noticia *ap/Reuter, Süddeutsche Zeitung* del 19 de marzo de 1986.

128 *«Todo cuanto hacen»*: Lvm 148.
Consecuencias de una guerra nuclear: véase Schell, Jonathan, *Das Schicksal der Erde. Gefahr und Folgen eines Atomkriegs*, Múnich, 1982; *Atomkriegsfolgen? Der Bericht des* Office of Technology Assessment, Baden-Baden, 1983. Desastre climático: véase por ejemplo Kerner, Dagny, Kerner, Imre, *Der Klima-Report. Globale Erwärmung, gefährdete Gebiete, Zukunftsprognosen, Verbraucherratschläge*, Colonia, 1990.
«Una conmoción súbita»: Sciv 347.

129 *«Ya no eres ningún siervo»*: Amery, Carl, *Das Ende der Vorsehung*, Reinbeck bei Hamburg, 1972, 252 s.

Capítulo 14:
¿Patrona de la medicina natural?

131 *Sobre el elixir de belleza*: cf. Schipperges, Zeichen 9 s.
Recetas sin fundamento útil: Peter Riethe en el prólogo a su traducción de *Physica*, Phys 15.

Semilla de lino contra las quemaduras: ibid., 53.

Tónico contra la artritis: ibid., 39.

Savia del corazón: BREINDL 109.

132 *Tratamiento del reuma: ibid.*, 316 ss. Hildegarda entiende bajo la denominación general de gota lo que hoy día se trata de manera diferenciada como reuma, artritis y artrosis.

Rudimentarias supersticiones: para la emergente, pero crédula, medicina natural de esta época, *cf.* GURJEWITSCH 380 s.; MÜLLER, KRANKHEIT.

Tierra de un ciruelo: PHYS 67 s.

Betónica para el mal de amores: ibid., 43 s.

Prevención frente a las plantas venenosas: MÜLLER, HEILMITTEL 13 ss.; MÜLLER, KRANKHEIT 342 s.

133 *Peste bubónica:* MÜLLER, HEILMITTEL 25; SCHIPPERGES, GARTEN, 86.

Salamandra: PHYS 140; *cf.* WASMANN 16.

«Dentro de los límites»: MÜLLER, HEILMITTEL 15.

Dosificación mesurada: cf. CC 250 s.

Receta cosmética: PHYS 18.

134 *«Para la honra y honor de éste»:* CC 260.

Energía curativa de las plantas: documentación en HAACK, Friedrich-Wilhelm, *Das Heimholungswerk der Gabriele Wittek und die Neuoffenbarungsbewegungen*, Múnich, 1985, 188.

Capítulo 15:
En lo que nos aventaja la medicina medieval

135 *«Ni he creado nada»:* LVM 33.

«¡Oh criatura endurecida!»: ibid., 34.

137 *«Velar por los enfermos»:* Regla de San Benito, capítulo 36, BALTHASAR 225.

138 *Escuela de Salerno:* la primera facultad médica de importancia en la Edad Media, con sede en Montpellier

al sur de Francia, fue fundada dos años después de la muerte de Hildegarda. Tanto en Salerno como en Montpellier se reconocen influencias árabes. Para las sorprendentes prestaciones de la medicina árabe (hospitales con sus propias secciones para enfermedades infecciones, praxis médica para estudiantes, clínicas móviles y farmacias) y la dependencia de la medicina europea de los árabes en la Edad Media, *cf.* WATT 42 ss., 67 ss.

Medicina monástica altamente desarrollada: había hospicios ya en los monasterios primitivos. Hacia 560 existía ya un manual para ayudar a los médicos monásticos, las *Instituciones divinarum et secularium lectionum* de Flavio Magno Aurelio Casiodoro. Un manuscrito de San Gall, el *Herbarius Pseudos-Apulei*, sustituía las plantas mediterráneas, tan difíciles de encontrar, por plantas locales, buen ejemplo de las bien provistas bibliotecas botánicas de los monasterios. El arzobispo Alfano I de Salerno mandó a Monte Casino como monje al especialista en drogas Constantino Africano, donde tradujo numerosas obras de medicina árabe. La medicina monástica terminó con el Concilio de Clermont del año 1130: el ejercicio de la medicina fue prohibido a los monjes, por estorbar demasiado la vida monástica; la medicina fue transferida al clero secular. Pero también el Concilio de Tours de 1163 prohibió a los médicos-sacerdotes que no vivían en los monasterios –¡antaño la mayoría de los médicos!– que ejercieran la cirugía, con la justificación de que «*Ecclesia abhorret a sanguine*» (a la Iglesia le horroriza la sangre). La cirugía, segregada de la medicina, quedó restringia a barberos, rapadores, verdugos y curanderos; *cf.* ACKERKNECHT 81.

Biblioteca del monasterio de Spanheim: *cf.* LEHRBACH 23.
Celibato para los médicos en París: véase ACKERKNECHT 79.

Practicantes, barberos y parteras: SCHIPPERGES, GARTEN 96 ss.
Mujeres que ejercían la medicina en Francfort: documentación en BECKER/BOVENSCHEN/BRACKERT 97.
Profesoras en Salerno: por norma general parece que se trataba siempre de familiares de profesores sobre el fenómeno de la distinta valoración de las cualidades de la mujer para la ciencia y la investigación en general: WALESCA-TIELSCH, Elfriede, «*Femina sapiens.* Kampf und Erfolg der Frau als Philosophin, Naturwissenschaftlerin oder Ärztin in Orient und Antike, Mittelalter, Renaissance und Neuzeit», en GÖSSMANN, Elisabeth (ed.), *Archiv für philosophie- und theologiegeschichtliche Frauenforschung*, vol. I: *Das wohlgelahrte Frauenzimmer*, Múnich, 1984, 139-166.

139 *El hospital como gran familia*: así lo formula BORST, ALLTAGSLEBEN 478.
«*Quizá el éxito más importante*»: ACKERKNECHT 84.
No sobreestimar la medicina monástica: ibid., 75 ss.

140 *Galeno nunca perjudicó al paciente*: no obstante, la funesta teoría de Galeno sobre el «*pus laudable*» (según la cual las heridas producían pus que era beneficioso para el proceso de curación) impidió el tratamiento aséptico de las heridas hasta el siglo XIX.
Teoría del equilibrio de los fluidos corporales: «La idea de que el hombre está compuesto de los mismos elementos que el universo, refleja la noción de que éste en tanto "microcosmos" es un reflejo del "macrocosmos"» (ACKERKNECHT 50).

141 *Las ciencias naturales como imagen del mundo*: para ello SCHIPPERGES, ZEICHEN 10 ss.
«*Técnica curativa*»: formulación de SCHIPPERGES, *op. cit.*, 39.
Volver a tomar en serio las concepciones antiguas: incluso ACKERKNECHT indica a propósito de la medicina psicosomática que la capacidad básica de compren-

sión de las causas y efectos de los desórdenes corporales debidos a procesos anímicos se había perdido a causa de la «sobremecanización» y la «hiperespecialización». «Es un extraño reflejo de nuestra época que la función médica primordial más importante de todos los tiempos deba ser de nuevo puesta en valor, como una nueva especialidad» (Ackerknecht 197).

142 *El sistema nervioso vegetativo se rebela*: nuevas apreciaciones indican que entre un 30 y un 70% de los pacientes están aquejados de distonías vegetativas que son causadas, por ejemplo, por sentimientos reprimidos; véase Mitscherlich, Alexander, *Krankheit als Konflikt. Studien zur psychosomatischen Medizin*, vol. I, Francfort, [6]1975, 16.

Poder curativo de la fe: véase para ello el magnífico libro de Arnold, Fritz, *Der Glaube, der dich heilt. Zur therapeutischen Dimension des christlichen Glaubens*, Ratisbona, 1983.

Capítulo 16:
La salud como deber cotidiano: Causae et curae

143 *Sobre la cuestión de la autenticidad: cf.* Heinrich Schipperges en el prólogo a su traducción alemana, Cc 39 ss. Está preparando una edición crítica del manuscrito de Copenhague.

144 *«Toda la armonía»: Causa et curae*, citado según Ritscher 208.
«*Color*»: Schipperges en Cc 87.
«*Con el hombre Dios*»: Lvm 274.
«*Que en el hombre se llama alma*»: Ldo 184; el pasaje pertenece a la interpretación del Protoevangelio de Juan 1, en que se trata sobre la Encarnación de Cristo.

145   «*Con ardiente amor*»: ibid., 166.
      «*Yo soy por completo la vida entera*»: ibid., 26
      «*Y todos los elementos*»: PHYS 15.
      «*Homo autem rebellis est*»: LVM 134.
146   «*Pensamientos contumaces*»: LDO 74.
      «*El gran médico*»: SCIV 118.
      Isidoro de Sevilla: citado en SCHIPPERGES, GARTEN 63.
147   *Paracelso*: SCIV 114 ss.
      «*Observa [...] con sumo cuidado*»: Hildegarda al Abad
      Adán de Ebrach, BR 142.
      El poder vivificador en los elementos: es por ello por lo
      que las hierbas y drogas deben ser recogidas por la
      mañana temprano, o en mayo o a comienzos del
      verano, cuando la savia corre por sus hojas. A la vis-
      ta debilitada ya puede ayudarle mucho la mera con-
      templación de verdes prados. *Cf.* MÜLLER, KRANK-
      HEIT 339.
148   «*¡Oh noble frescura!*»: SCIV 357.
      Hahnemann: véase entre otros «Ein Pfad, gesäumt von
      duftenden Kräutern», en *Der Spiegel* 49, 1985, 82-102.
149   *Misericorde atención*: exhaustivamente en SCHIPPERGES,
      BARMHERZIGKEIT.
      «*Dios te ve y te conoce*»: Hildegarda a la antigua con-
      desa palatina Gertrudis, BR 188.
      Encontrar sentido al dolor: aquí Hildegarda coincide
      con Viktor Frankl, para el que igualmente el dolor
      desempeña un papel importante en el proceso de
      desarrollo de la personalidad. La experiencia del do-
      lor posibilitaría encontrar el sentido de la propia
      existencia y descubrir el sentido de la vida más allá
      de límites externos. Véase por ejemplo FRANKL,
      Viktor E., *Der Wille zum Sinn. Ausgewählte Vorträge
      über Logotherapie*, Berna, [2]1979.
150   «*Para las enfermedades antes mencionadas*»: CC 250.
      Conocimiento moderno de la circulación sanguínea: cf.
      HURD-MEAD 183.

151 «*Los pulmones*»: Cc 167 s. *Cf.* MÜLLER, KRANKHEIT 319 s.
«*Pues un sangrado excesivo*»: Cc 253 s.

152 «*Pero también se puede*»: *ibid.*, 252.
«*También la tristeza*»: LVM 228 s.
Uso del mercurio en la terapia: véase MÜLLER, KRANK-
HEIT 326 s.

153 «*Pues así como el cuerpo del hombre*»: Cc 152 s.

154 «*Si alguien durmiera mucho*»: *ibid.*, 156.
Medicina hipocrática: véase ACKERKNECHT 59.
«*Mejor que cualquier médico*»: citado según SCHIPPER-
GES, GARTEN 247.
Virtus, non medicus: *ibid.*, 138.
«*Y de esta forma, lo que el alma más quiere*»: LDO 99.

155 *Comparación del alma con un padre de familia*: *ibid.*, 131.
«*Pues éste sólo persigue lo extremamente alto*»: *ibid.*, 99.
«*El hombre debe aspirar a ambas cosas*»: *ibid.*, 214.
«*Madre de todas las virtudes*»: SCIV 259. *cf.* también el
Ordo virtutum, LIEDER 309.
«*Pues más veces*»: LVM 88.

156 «*La medida natural*» de la castidad: LDO 309.
Consejos sobre las comidas: véase entre otros Cc 170 s.,
191 ss., 233 s.
«*El buen jugo del cereal*»: *ibid.*, 233.
«*Por el contrario no es necesario*»: *ibid.*, 166.
«*Aparece entonces como consecuencia*»: *ibid.*, 166.
«*Con doblamientos y estiramientos*»: *ibid.*, 157.
«*¡Vela por la vida!*»: véase la nota correspondiente a la
pág. 10.
No beber hasta el hartazgo: Regla de San Benito, capí-
tulo 40.

157 «*Aquel que necesite menos*»: Regla de San Benito, capítulo 34, BALTHASAR 224.

161 *«Cuando Dios»*: LDO 164.

Capítulo 17:
Enamorada de la Creación

161 *«Vamos pues»*: LVM 238.

«No podía soportar más»: SARTRE, Jean-Paul, *Der Ekel*, Reinbek bei Hamburg, 1981, 141 ss. (ed. original francesa: *La Nausée*, París, Gallimard, Soleil, 1938; trad. cast.: *La Náusea*, Oviedo, Losada, 2003). Con este estado de ánimo el entonces cardenal Ratzinger, actualmente papa Benedicto XVI, explica su propia visión del aborto, la manipulación genética y la eutanasia en los países industrializados: «El hombre se odia a sí mismo, porque se concibe como un desafortunado producto de la evolución. Por esa razón mata a los débiles, a los pobres, a los que aún no han nacido y a los moribundos». Ratzinger, en 1991 ante la asamblea de cardenales reunida en el Vaticano, citado según *Frankfurter Rundschau* del 6 de abril de 1991.

162 *«Ha hecho el mundo por amor, para regocijo»*: cf. LDO 182, LVM 82.

«Por ello la Creación»: LVM 239.

«Espejo de Su belleza»: LIEDER 226.

Miedo de la naturaleza: para la imagen medieval del mundo y la continuación del fatalismo pagano, véase GURJEWITSCH 39 s.

163 *Elredo de Rievalux*: *Speculum Caritatis* 1.I, c. 21, MIGNE, PL 195, 524.

«Teología del trabajo»: véase GURJEWITSCH 299 s. Hildegarda aconseja convincentemente al arzobispo Eberhardo de Salzburgo: convertir en una sola cosa

«tu deseo de Dios y tus esfuerzos por el pueblo», igual que Cristo ha hecho, Br 73.

164 *«Pues Él había creado el mundo»*: LDO 179. También cabría preguntarse de forma crítica si Hildegarda no allanaba demasiado las diferencias entre Dios y la Creación, como si se opusiera a la necesaria desdivinización y desmonización del Cosmos, y sobre todo obstaculizara el reconocimiento del mundo terrenal con sus propias leyes, enfatizando en exceso su función como imagen y guía de la trascendencia.

«Como la llama»: LDO 32; *cf. ibid.*, 201.

«A menudo»: *ibid.*, 177.

«El hombre abraza»: *ibid.*, 166.

«Igual que el tiempo y los números»: Hildegarda en su carta al sacerdote Werner de Kirchheim, Br 176.

165 *Paralelismos entre los meses, las edades del hombre y los estados del alma*: cf. LDO 153-163.

«Confesarse con los elementos»: así se dice en el *Scivias*, citado según Schmidt, Kirche 27.

«Yo soy por completo la vida entera»: véase la nota a la pág. 145.

«Desde lo más profundo»: antífona *Caritas abundat*, Lieder 229.

166 *El mundo se presenta*: Teilhard de Chardin, Göttlicher Bereich 155.

«Y el fuego»: *Prooemium Vitae S. Disibodi*, Pitra 352.

«En la más brillante alegría»: Sciv 346.

167 *«Purificado en estos elementos»*: Lvm 267.

«Él, el hombre, es superior»: *ibid.*, 216.

«Pero el hombre creyente»: *ibid.*, 216.

Capítulo 18:
El milagro de la sexualidad

169 *«Pues el diablo»*: Br 171. Sobre la cuestión de la autenticidad del sermón de Colonia, véase la nota a la pág. 247.

Escrito del decano de la catedral: documentado en Br 168 s.

170 *«Pues tan pronto como se manifiesta la tormenta»*: Cc 143.
«Cuando el semen»: *ibid.*, 135.

171 *Comparación con la cosecha del grano*: *ibid.*, 204.
«Ella recibe el semen»: *ibid.*, 178.
«Cuando Dios creó a Adán»: *ibid.*, 205.

172 *Sobre las relaciones homosexuales*: *ibid.*, 205.
«En la perfecta integridad»: Sciv 347.
Los santos solicitan sus cuerpos: Lvm 105.
«A reunirse»: Ldo 137.
«Ni arbitrariamente»: Sciv 101.
Desarrollo personal: en el siglo siguiente Alberto Magno será capaz —como Aristóteles— de condenar la libido como uno de las fuerzas más distanciadas del espíritu (Schipperges, Garten 47).
Sobre la cuestión de la fidelidad: cf. Sciv 101.

173 *Imitación de Cristo*: cf. *ibid.*, 104 s.
«Como un viento poderoso y cálido»: Cc 126.
«El alma envuelve»: cf. *ibid.*, 133.
«Así el ser humano»: *ibid.*, 129.
«Hasta que la razón»: *ibid.*, 130.

174 *Pecado original*: cf. *ibid.*, 125.
La sexualidad como imagen del diálogo intratrinitario: también los místicos de la cábala judía —al contrario que los sabios pero misóginos teólogos judíos de la Edad Media— valoraban la sexualidad como *unio mystica*, que reflejaba y coadyuvaba a la armonía divina. *Cf.* Krochmalnik, Daniel, «Die Frau in der Schöpfung nach der jüdischen Tradition», en *Mitteilungen des Landesverbandes der Israelitischen Kultusgemeinden in Bayern* 38 (198), 21-29.
Dios dio cumplimiento a la afectuosa añoranza del varón: véase pág. 172.
Literatura clerical: citado según Bloch 373. Hildegarda no es el único caso: Pedro Hispano († 1277), que además fue elegido Papa, calificó el acto sexual de

acción nobilísima *(opus nobilissimum)*; para una perfecta unión de la pareja sería necesaria una intensa
estimulación de los órganos sexuales (SCHIPPERGES,
GARTEN 49).

Razonabilidad de los órganos sexuales: cf. por ejemplo
Cc 135 ss.

«El poder de la eternidad»: «Pero el poder de la eternidad, que hace salir al niño del cuerpo materno, hace
también que hombre y mujer se conviertan en una
sola carne», *ibid.,* 135.

«En la eternidad»: Hildegarda al abad de Ebrach, BR 140.
Las alas del amor: cf. ibid., 141.

Capítulo 19:
Cartas y peregrinos de toda Europa

175 *«Se me antoja»:* la antigua condesa palatina Gertrudis,
     MIGNE, PL 197, 342.
176 *«Corazones retorcidos y frívolos»:*VITA 68.
     Correspondencia con el obispo Eberhardo II de Bamberg:
     documentada en BR 66-71.
     «¡Oh, pastor!»: ibid., 67.
     «Un filósofo muy escéptico»: cf. VITA 81 s.
177 *«De tanta consideración»:* citado según KRANZ, Gisbert,
     Herausgefordert von ihrer Zeit. Sechs Frauenleben, Ratis-
     bona, 1976, 33.
     Ruperto de Königstal: véase nota a la pág. 62.
     Autenticidad de las cartas: el profesor Lieven van Acker
     de la Universidad de Gante comenzó en 1991 con la
     edición crítica de la correspondencia; éste considera
     probada la falsedad de tan sólo dos cartas papales di-
     rigidas a Hildegarda (ACKER LXVII).
178 *«Conserva la calma»:* BR 145.
     «No pierdas la calma»: ibid., 211
     Carta a Hilino: ibid., 49 s.

SEXTA PARTE
El gran amor de Dios: un puñado de barro

Capítulo 20:
Una pieza banal sobre un escenario cósmico: el Libro de los méritos de la vida

«*Vanas palabras*»: ibid., 91.

«*Pues si yo*»: ibid.

«*Si yo no puedo poseer lo hermoso*»: ibid., 135.

«*Me rijo por mi propio orden*»: ibid., 223.

189 «*Cuanto más te enfureces*»: ibid., 136.

«*Yo extiendo*»: ibid.

«*Reverentia*»: cf. ibid., 223.

«*Yo me siento*»: ibid., 143.

190 *En toda la Edad Media*: todavía en el *Roman de la Rose* del siglo XIII hacen su aparición la avaricia, la codicia, la envidia y la tristeza como figuras alegóricas. Sobre la pervivencia del motivo de la *psicomachia* cf. LIEBE-SCHÜTZ 35 ss. ¡Sin embargo en Hildegarda falta por completo el rígido esquema de las cuatro virtudes cardinales o de los siete pecados capitales!

191 «*El Dios magnífico y fuerte*»: LVM 266.

«*Otra vida*»: ibid., 31.

«*En la oscura noche*»: ibid.

192 «*Antes prefiero*»: ibid., 34 s.

«*Pues no me gusta*»: ibid., 35.

«*Con su amargo odio*»: ibid., 166.

«*Tantos hay que me hablan*»: ibid., 183.

«*Pero ¿quién ha sido el que te ha hecho?*»: ibid.

193 «*Pues cuando un hombre*»: ibid., 125.

«*Te gustan demasiado*»: ibid., 93.

«*Desgraciada de mí*»: ibid., 228.

194 «*Me llevo al corazón el florecimiento*»: ibid.

195 «*Homo in mundo*»: ibid., 153.

Las leyes del cielo y la tierra: cf. ibid., 119.

Juicio Final: cf. ibid., 272

Dante como simbolista: véase por ejemplo B. DEMPF 472 ss.

El purgatorio: por ejemplo en LVM 67, 70, 74, 77 ss. (¡una representación completamente diferente en LDO 192 ss.!)

Infierno: cf. LVM 269.

«*Una especie de espejo*»: *ibid.*, 285.

196 *Ordo virtutum*: exhaustivamente en el capítulo 25 de este libro, 235-238.

Capítulo 21:
El hombre en la rueda de los mundos: el Libro de las obras divinas

197 *Rueda*: para el simbolismo medieval, entre otros véase Röhrig, Floridus, *Rota in medio rotae*, Klosterneuburg 1965; Karl Weinhold, *Glücksrad und Lebensrad*. *Abhandlungen der Preussischen Akademie der Wissenschaften*, Berlín 1892.

Liber divinorum operum: en el códice de Gante aparece con el título *De operatione Dei (Sobre la obra de Dios)*.

Vita integra: Ldo 26.

«*De entre todos los planes*»: *ibid.*, 27.

198 «*De tal manera es*»: *ibid.*, 168.

«*Los hombres deben*»: *ibid.*, 21.

Datación: cf. Schrader-Führkötter.

199 «*Dios ha conformado*»: Ldo 152.

200 «*Blanda y fértil tierra*»: *ibid.*, 128.

Dientes: *ibid.*, 111 s.

Pies: *ibid.*, 180.

Función del alma: cf. *ibid.*, 86, 93 ss.

Aquel que confíe en su Dios: así lo resume en su traducción Schipperges (*op. cit.*, 49).

201 *Conflicto entre el cuerpo y el alma*: cf. Ldo 87, 100, 131.

«*Poder vivificante*»: *ibid.*, 91.

«*Chispa viva*»: *ibid.*, 120.

«*El alma habita*»: *ibid.*, 131. Para Hildegarda el alma no reside en una parte concreta del cuerpo, sino que ¡se encuentra en cada rincón del mismo!

202 *Crítica concreta de los tiempos*: el convencimiento de vivir en los últimos días del mundo es característico de la Edad Media. «Ahora es el momento de considerar cómo también nosotros hemos de ver llegado nuestro final» afirma el canto de Annón, escrito en Siegburg el año de la muerte de Hildegarda (BORST, ALLTAGSLEBEN 41 s.)

Dignatarios eclesiásticos: cf. LDO 293 ss.

Derrota del Anticristo: cf. ibid., 313 ss.

«Celo de Dios»: cf. ibid., 197 ss.

«Y nuevamente»: ibid., 317.

Capítulo 22:
La ternura de una herida de Dios

203 «*Pero quizá también puede ser así*»: GRASS, Günter, *Die Rättin*, Darmstadt, Neuwied, 1986, 364 s. (trad. cast.: *La ratesa*, Madrid, Alfaguara, 1999).

204 «*Entonces la llama*»: SCIV 149.

«*No hay nada*»: LVM 194.

205 «*He aquí el hombre*»: SCIV 219.

Pella de barro que ha sido alzada: cf. LDO 262.

Una época de paz: cf. ibid., 300 s. De manera muy diferente a las profecías apocalípticas sobre emperadores, Hildegarda no vincula la llegada de esta gloriosa era con ningún príncipe de la paz; cf. TÖPFER 37, 41 s. para lo referente a su escepticismo frente a las concepciones filosóficas de Dios, véase también WIDMER 227 s.

«*Padre, pues yo*»: LDO 313.

«*Tú, pobre hijo*»: SCIV 364; este diálogo conforma un preámbulo a su *Ordo virtutum*.

206 *Heridas*: cf. SCIV 232, 193.

«*Abrazo de amor maternal*»: ibid., 157.

Amistad solícita: véase también la carta de Hildegarda al abad Adán de Ebrach, BR 140 ss.

Dios acoge a las criaturas en sus brazos: carta de Hildegarda a los monjes de Zwiefalten, Br 126.

El beso del Creador: cf. Lvm 286 s.

«*Bienaventurado aquel beso*»: Bernardo de Claraval, *Sup. Cant.* 8, 9; citado en Leclercq 259.

«*El beso es la señal*»: Bernardo de Claraval, *Sup. Cant.* 8,6; citado Leclercq 259.

207 «*Quien comprenda la verdad*»: *ibid.*

El viaje a los infiernos del caballero Owen: cf. Cambridge Medieval History, vol.VI, Cambridge, 1925, 137.

Sigewiza: véase págs. 117 s.

«*Por la bondad*»: Hildegarda al abad Gedolfo de Brauweiler, citado en Vita 110 s. El biógrafo recuerda finalmente a Job, mediante el cual Dios «venció a Satán, para que éste supiera: nadie tendrá poder sobre Dios» (115).

208 «*Pues, aun siendo Dios*»: Ldo 197. ¡En el *Scivias* (251 s.) el celo de Dios tenía un rostro «terrible»!

«*A unos los lleva*»: Ldo 30.

209 «*Pues si alguna vez el hombre*»: Lvm 45.

210 «*La luz dice*»: Br 35.

Justicia temible: Sciv 221.

«*Dime pues*»: *ibid.*, 106.

211 *Narcisismo*: el pecado de Lucifer consistió en haber olvidado su relación con el origen. *Cf.* Schmidt, Hildegard, 139 ss.

«*Pero cuando el hombre no pide*»: Sciv 143.

«*Él te ha conferido el mejor tesoro*»: *ibid.*, 317. Para la definición del hombre como criatura razonable, véase también Lvm 225.

Una fe intelectualizada no basta: cf. Rozumek 46, 56.

212 *La alegría de la casa paterna del cielo*: Ldo 145.

Fe pura: ibid., 133.

Capítulo 23:
Anticuada y pertinaz individualista

213 *«Fenómeno»*: FISCHER 12.
《*Original*》: DEMPF 262.
Cosmologías y filosofías de la naturaleza: cf. SCHIPPER-GES, ZEICHEN 33 ss.

214 *Recepción de Aristóteles*: véase WATT 70 ss.
Litterati en el Alto Rin: véase THUM 140 ss.

215 *Comportamiento humano y estado de los elementos*: cf. LIEBESCHÜTZ 124 ss.
Circulación sanguínea y cursos fluviales: ibid., 89 ss.
Los planetas y los vientos: ibid., 77 ss.
Suposición de Liebeschütz: ibid., 159.
Contraargumentación de Schipperges: SCHIPPERGES, MENSCHENBILD 8 s. El propio Liebeschütz relativiza sus conclusiones: nadie consideraría la obra hildegardiana sólo como una «actualización de la Antigüedad». Los motivos antiguos que aparecen en sus imágenes serían «únicamente materia prima literaria, con los que enriquecer su vida de contenido espiritual. El poder rector de la totalidad va más allá del contenido teológico, que quiere mostrarse de manera coherente y sistemática» (LIEBESCHÜTZ 39 s.)

216 *Simbolistas*: Barbara Newman ve el mundo espiritual hildegardiano caracterizado por el gran paradigma femenino de Eva, de María, de la Madre Iglesia y sobre todo de la «numinosa figura» de la sagrada sabiduría y del amor, que equivalen a una teofanía. Hildegarda sería la primera pensadora cristiana que se habría ocupado «de la mujer seria y positivamente». Pero «habría formulado sus pensamientos dentro de la gama de símbolos cristianos tradicionales [...]» (NEWMAN XVII).
«Los hay que vuelan»: JERICÓ, *Sermón de la ascensión* n. 5. MIGNE, PL 185, 156.

Teología monástica: exhaustivamente tratado en LE-
CLERQ, especialmente 11 ss., 231 ss., 241 ss.

217 «*No es mediante la disputa*»: BERNARDO DE CLARAVAL,
De consideratione V, 32. MIGNE, PL 182, 808.

Teología bíblica de Ruperto: cf. Hans WOLTER en JEDIN
III/2, 54; DEMPF 233 ss.; LECLERCQ 241, 248. Hildegarda, igual que Ruperto, tiene una visión positiva de
la Encarnación, querida por Dios eternamente, y no
mera consecuencia del pecado (véase pág. 204 de este
libro). En ella, no obstante, encontramos poco de la
crítica radical que hace Ruperto contra el clero, el
cual había abandonado la pobreza de Cristo para en-
redarse en asuntos mundanos, contra la cristiandad
corrompida, contra los señores que ejercen su latro-
cinio y contra la violencia de los reyes apoyada por
sus acciones criminales (ARDUINI 491 ss.).

Anselmo de Havelberg: cf. DEMPF 241 ss.

Otón de Frisinga: cf. entre otros LAMMERS, Walter (ed.),
Geschichtsdenken und Geschichtsbild im Mittelalter,
Darmstadt, 1961.

Honorio de Autun: De animae exsilio et patria. MIGNE,
PL 172, 1241-1246.

218 *El espíritu de la antigua vida eremítica*: pertinentes sim-
patías de Hildegarda por el fenómeno caracterizan su
biografía de Disibodo (véase pág. 103 de este libro).

Damas de la nobleza: véanse págs. 259 s. de esta edición.

Orden jerárquico de la Iglesia: para ello véase también
MÜLLER, Gerhard Ludwig, «Carisma und Amt. Die
heilige Hildegard von Bingen in der Auseinandersetzung mit dem kirchlichen Amt», en *Catholica* 34,
1980, 279-295.

Simbolismo del árbol de la vida: cf. WIDMER 29 ss. Es
apreciable su valoración de Hildegarda como primer
exponente de la mística femenina alemana.

219 *Simbolismo de la luna: ibid.*, 116 ss.

El lenguaje bíblico de Herrada de Landsberg: cf. THUM 298 ss., 314 s.; GILLEN, Otto, *Ikonographische Studien zum* Hortus deliciarum *der Herrad von Landsberg*, Berlín, 1931.

220 *«Todo el mundo visible»*: HUGO DE SAN VÍCTOR, *Eruditio didascalica*, citado según SCHIPPERGES, GARTEN 251.

Bernardo Silvestre: De Mundi Universitate, ed. por Carl Sigmund BARACH y Johann WROBEL, Innsbruck, 1876, reedición Francfort del Meno, 1964.

La caída del ángel: cf. SCIV 98 ss.

Huevo místico: en una antiquísima tradición el huevo con sus diferentes capas refleja la composición del universo con sus elementos particulares; cf. el esquema de CLAUSBERG 65 (ilustración 21).

221 *Salvación de la Sinagoga*: Hildegarda define la Iglesia —surgida del costado de Cristo, es decir, de su amor hasta la muerte, y edificada permanentemente sobre sus miembros por obra del Espíritu Santo en el bautismo— como instrumento para la Salvación de todo el mundo (LDO 206 ss.) y como cuerpo místico de Cristo (SCIV 179 ss.) Es un anticipo en cuanto al contenido del Concilio Vaticano II, que define la Iglesia como «el sacramento, es decir, señal e instrumento para la unión más íntima con Dios, así como para toda la humanidad» (*Constitución Dogmática Lumen Gentium*, art. 1) cf. también SCHMIDT, KIRCHE; SCHMIDT, HILDEGARD 149 ss.

El respeto por el laico inteligente: en la imagen hildegardiana de la Iglesia, no sólo los clérigos participan de ella; también los laicos «apoyan» y «engalanan» la Iglesia (SCIV 190). A la edificación de la Iglesia pertenecen asimismo la razón y la capacidad de discernimiento, para que le cristiano atento a su tradición «también la valore correctamente con su inteligencia» (LDO 238). *Cf.* para ello SCHMIDT, KIRCHE 22 ss.

«Pues yo no he aprendido»: BR 227.

Capítulo 24:
El diablo no sabe cantar: Hildegarda como compositora

223 *Los capiteles de Cluny*: cf. DUBY, KUNST 159.

Combinaciones numéricas: cf. *ibid.*, 137. El arquitecto de Cluny, el monje Gunzo, es descrito como el «salmista más perfecto», y los «números perfectos», 1, 3, 9, 27 determinan las proporciones del gran pórtico, y el número 7 hace lo propio con las proporciones del ábside.

Repertorium hymnologicum: cf. LECLERCQ 264. Por otra parte, sólo en el siglo XI los sencillos cantos monásticos –que hasta el momento habían simbolizado la clara sencillez de la fe– se complicaron melódicamente y entonces también se cantaron con polifonía. La polifonía y la escritura de notas eran entonces invenciones aún muy nuevas.

224 *«De un aire atravesado completamente por la luz»*: SCIV 351.

«Y su sonido»: *ibid.*, 366.

«Con el sonido del trombón»: *ibid.*, 368.

«Se dice»: BR 43.

Carta a los prelados de Maguncia: *ibid.*, 236 ss.

225 *«Entonces aquellos que»*: *ibid.*, 240.

226 *«Para que no tema»*: *ibid.*, 108.

Música para Disibodo: cf. Antiphona, Responsorium y Sequentia *De Sancto Disibodo*, LIEDER 245 ss.

«¿Es que no habrá habido docenas?»: DRINKER 121.

Música femenina en los monasterios: véase *ibid.*, 113-122.

227 *«Sin la instrucción humana»*: VITA 66.

Educación en la Edad Media: cf. DUBY, KUNST 148 s.

«Sonidos maravillosos»: CC 62.

«Una voz»: LDO 169.

«Cuando sonó la palabra»: *ibid.*, 171.

228 *Música celestial para la salvación*: cf. SCIV 154.

«Anima hominis»: LVM 210.

«*Superna symphonia*»: citado en Ritscher 192.

Regazo de María: citado en *ibid.*

«*Symphonia harmoniae caelestium revelationum*»: Lvm 27.

«*Strepitus diaboli*»: Lieder 302.

229 «*¡Cuán maravillosa!*»: antífona O *quam mirabilis, ibid.*, 279.

«*Oh Dios eterno*»: antífona O *aeterne Deus, ibid.*, 215.

«*Lucida materia*»: antífona *De Sancta Maria, ibid.*, 218.

«*In feminea forma*»: de otra antífona *De Sancta Maria, ibid.*, 218.

230 «*O clarissima Mater*»: responsorium *De Sancta Maria, ibid.*, 216.

María como aurora: cf. ibid., 219, 221, 227.

Deslumbrante piedra preciosa: cf. ibid., 219.

«*Fons saliens*»: antífona *De Sancta Maria, ibid.*, 218.

«*Frondes virga*»: de otra antífona *De Sancta Maria, ibid.*, 220.

Lirio de brillante blancura: cf. ibid., 223.

Adorno del cielo y Eva: cf. ibid., 222.

«*O virga ac diadema*»: *ibid.*, 224.

Todavía hoy interpretado: sobre todo por las benedictinas de la abadía de Santa Hildegarda en Eibingen, pero también por conjuntos especializados en música antigua; *cf.* las grabaciones recomendadas en el apartado «Más Recomendaciones sobre lecturas y música».

«*Oh tallo y diadema*»: traducción de la secuencia «*O virga ac diadema*», *ibid.*, 225 ss.

231 «*Florecientes rosas*»: responsorium *De martyribus, ibid.*, 249.

«*Seguidores del poderoso león*»: antífona *De confessoribus, ibid.*, 251.

«*Quienes protegéis a las gentes*»: responsorium *De angelis, ibid.*, 237. Sobre esto, véase además Schipperges, Heinrich, «Die Engel im Weltbild Hildegards von Bingen», en FROMM, Hans, HARMS, Wolfgang, RUBERG, Uwe, *Verbum et Signum*. Zweiter Band. *Beiträge zur mediävistischen Bedeutungsforschung, Studien zu Semantik und Sinntradition im Mittelalter*, Múnich, 1975, 99-117. Para la cuestión de la autenticidad de los cantos, *cf.* SCHRADER-FÜHRKÖTTER; se apoyan en el manuscrito hoy día conservado en el monasterio de Dendermonde (Codex 9), que Hildegarda regaló en 1175 al monasterio de Villers. Como suplemento a su traducción alemana de los cantos, M. Immaculata RITSCHER ha presentado además un *Informe crítico sobre Hildegarda de Bingen: los cantos* (Salzburgo, 1969).

232 *Melismas y registros musicales*: ejemplos en RITSCHER 205 ss.

    «En el empleo de formas»: DRONKE 70.

233 *Detalles de la interpretación libre*: *cf.* la introducción de Joseph SCHMIDT-GÖRG a la edición alemana de LIEDER 9-16

    Secuencias: *cf.* DRONKE 71 ss.; SCHMIDT-GÖRG, Joseph, «Die Sequenzen der heiligen Hildegard», en *Studien zur Musikgeschichte des Rheinlandes, Festschrift zum 80. Geburtstag von Ludwig Schiedermair (Beitrag zur Rheinischen Musikgeschichte* Heft 20), Colonia, 1956, 109-117. Semejantes son, por ejemplo, los cantos de Notker el Tartamudo (Notker Balbulus) o secuencias recientemente descubiertas procedentes de la España mozárabe.

Capítulo 25:
La representación de un misterio entre cielo e infierno:
Ordo virtutum

235 *«Jugoso y carnal»*: Alois Rummel en el *Rheinischer Merkur/Christ und Welt* del 10 de septiembre de 1982.

«*Una corriente siempre inagotable*»: Heinrich von Lüttwitz, en *Die Welt* del 17 de mayo de 1982.

236 *Ordo virtutum*: también en el *Scivias*, donde las *virtutes* ya hacen su aparición del libro III antes de la visión final (aquí construyen una ciudad, en el *Ordo* hacen un cuerpo), las fuerzas cósmicas llevan el ropaje de figuras alegóricas. En 1970 apareció una edición crítica del texto a cargo de Peter DRONKE en Oxford University Press.
«*¿Quiénes son aquéllas?*»: LIEDER 301.
«*La palabra de Dios*»: *ibid.*, 301.

237 «*El gran médico*»: *ibid.*, 311.
«*Llena de piedras preciosas*»: *ibid.*, 315.
«*Ah, no sé*»: *ibid.*, 303.
«*Tú, necio*»: *ibid.*, 303 ss.
«*Desertora*»: *ibid.*, 309.
«*Pobre hija*»: *ibid.*, 311.
«*¡Oh fuente viva!*»: *ibid.*, 311.

238 «*La rappresentazione di anima e di corpo*»: fechada en 1600. Cavalieri es considerado el representante más antiguo del modo recitativo, que ayudó a preparar el desarrollo de la ópera.
«*El drama litúrgico más antiguo*»: HOZESKI 251.

SÉPTIMA PARTE
Mujer fuerte en una Iglesia de hombres

241 «*Entre las innumerables trampas*»: LEFÈVRE 82.

Capítulo 26:
Los viajes de predicación: reconviniendo al clero

242 «*Por encima de todo*»: VITA 101.
«*Entretanto me fue mostrado*»: *ibid.*, 117.

243 *Solicitud del clero de Colonia:* cf. ACKER VII ss., L. Éste cree posible que aquí fueran reelaboradas a posteriori las reflexiones generales de Hildegarda.

Sínodo de Limoges: cf. BLOCH 110.

Malos pastores: cf. el sermón de Colonia, BR 170 s.

Prelados negligentes: cf. el sermón de Tréveris, *ibid.,* 167.

244 *Pedro de Amiens:* cf. HAGENMEYER, Heinrich, *Peter der Eremit. Ein kritischer Beitrag zur Geschichte des 1. Kreuzzugs,* Leipzig, 1879.

Enrique de Lausana: cf. MANSELLI, Raoul, «Il monaco Enrico», en *Studi sulle eresie del secolo XII,* Roma, 1953, 45-67.

Cátaros: cf. BORST, KATHARER.

Mujeres como encabezando la comunidad: documentación en WERNER, Ernst, Pauperes Christi. *Studien zu social-religiösen Bewegungen im Zeitalter des Reformpapsttums,* Leipzig, 1956, 184.

Confinar a los ángeles: cf. BORST, KATHARER 182.

245 *Indicio de una sociedad:* así por ejemplo GURJEWITSCH 281.

«Pues tú, malvado mundo»: Noggerus citado según THUM 275.

Ivo de Chartres: citado según MOLLAT 100.

Bernardo de Claraval: citado según MUNRO/SELLERY 412. Sobre la crítica en la literatura contemporánea contraria al lujo, véase asimismo BUMKE I, 207; THUM 267 ss.

246 *Rebeliones:* véase MOLLAT 79.

Levantamiento contra el obispo de Maguncia: con más detalle en THUM 35.

«Sin báculo»: LDO 293.

Almas miserables: cf. *ibid.,* 288.

Sacerdotes envilecidos: cf. *ibid.,* 293.

«No entonan cantos»: *ibid.*

«Los maestros»: BR 167.

«Os he destacado»: *ibid.,* 169 s. Sobre si esta frase fue realmente pronunciada o no en Colonia, véase la nota a la pág. 242.

247 *Devota solicitud*: documentada en *ibid.*, 168 s.

«Tanto como hayamos aún»: LDO 297.

248 *«Mi rostro»*: BR 176.

Una era de paz en lugar del fin del mundo: cf. para esto
TÖPFER 34 ss.

Renacimiento de la antigua dignidad imperial: sobre la
profecía histórica de los simbolistas alemanes, véase
THUM 426 ss., frente a la visión hildegardiana de unos
poderes papal e imperial que se desmoronan.

«Igual que al principio»: Hildegarda en su sermón de
Colonia, MIGNE, PL 197, 251-252.

249 *«Pero me di cuenta»*: VITA 116.

Capítulo 27:
Entre el coraje cívico y la contemporización

251 *«Oh, tú, ceniza»*: BR 38.

Solicita indulgencia ante el Papa: véase nota de la pág. 210.

«Naturaleza obesa»: véase nota a la pág. 12.

«Voraz azor»: véase nota a la pág. 12.

Impíos: cf. BR 40.

Prelados de Maguncia: cf. *ibid.*, 236 ss.

«Furtivos abrazos»: *ibid.*, 213.

252 *«Pues el mundo»*: *ibid.*, 217.

«Gobernando»: *ibid.*, 90.

«Huye de él con decisión»: *ibid.*, 91.

253 *Escrito de agradecimiento al emperador Barbarroja*: probablemente la carta en *ibid.*, 84 s.

Espejos de príncipes: BUMKE II, 383 ss.

«Cuídate»: BR 86.

254 *«Él que es dice»*: *ibid.*

Acciones de castigo de las tropas imperiales: el cisma se
prolongó dieciocho años, hasta que el emperador
Barbarroja en 1177 se reconcilió en un acto melo-
dramático con el papa Alejandro III en Venecia.

«*Nunc squalidum*»: ACKER 74.

«*Flaqueza femenina*»: LVM 196.

255 *Sistematización del acto sexual: cf.* CC 208 s.

«*Pues el ardor*»: *ibid.*, 208.

«*Y así la mujer*»: LDO 126.

256 *Ésta cubre*»: *ibid.*, 126.

Su debilidad hizo posible el mundo: cf. LVM 193.

Fuente de sabiduría: cf. BR 50.

Énfasis de las cualidades positivas de la mujer. cf. BECKER/
BOVENSCHEN/BRACKERT 102 ss.

257 «*No se manchara lo más mínimo durante el desarrollo de
un acto tan frívolo*»: en una biografía de santa Ida de
Herfeld, citado según DUBY, FRAU 42.

«*Un juez*»: FELDMANN 333.

Representación: cf. LDO detrás de la pág. 16, una representación parecida en el *Scivias* procedente del códice de Rupertsberg puede verse en la edición alemana SCIV, ilustración 1.

258 *Tritemio de Sponheim: De viris illustribus Germaniae,* Maguncia, 1495.

«*Pero ahora*»: véase la nota a la pág. 92.

Capítulo 28:
La crisis de la sociedad masculina: de cenicienta a diosa

259 *La región del Rin*: más detalle en THUM 293 ss.

260 «*Si los hombres vieran*»: citado según LEFÈVRE 83.

Posibilidades laborales: en la Alta Edad Media las mujeres tenían acceso a casi todos los oficios; junto con
el comercio, estaba atestiguada su presencia en alrededor de doscientas profesiones, desde 1300 existían gremios propios de mujeres. Sólo en el siglo XV
se apartó a las mujeres de casi todos los gremios y
oficios.

Derecho de ciudadanía a través del marido: cf. ENNEN 92 ss.

Ambigua lírica trovadoresca: ejemplos en Bumke II, 464 ss.

«Si he de decir la verdad»: Stricker, *El honor de las mujeres*, citado según la obra arriba mencionada, 451.

261 *Grupos de lectura*: cf. Borst, Alltagsleben 521; Thum 332 ss.

Precauciones ante la poesía áulica: véase sobre todo Duby, Frau 9 ss.; 81 ss.

Reglas del amor cortés: más exhaustivamente en Bumke II, 503 ss.; Duby, Frau, 48 ss., 81 ss.

262 *Valoración de la mujer y el matrimonio*: se puede discutir si el culto mariano y el amor cortés elevaron a la mujer a «una imagen determinante de gran calado social tanto para el hombre como para la mujer» (Bosl 142). Pero que tengan que existir «rasgos matriarcales» en la sociedad del siglo XII parece ciertamente excesivo.

263 *«La apóstol de los apóstoles»*: Abelardo, *Epistola VII*. Migne, Pl 178, 246.

La más alta bendición de Dios: antífona *De Sancta Maria*, Lieder 219.

«Como una estrella matutina ascendente»: Sciv 164.

Tendencias discriminatorias: ejemplos entre otros autores Schipperges, Garten 46 ss.

Monasterios dúplices: Roberto de Arbrissel, muerto en torno a 1117, incluso había transferido el gobierno de toda la congregación de un monasterio dúplice a una gran abadesa, y con la justificación de que también Cristo crucificado había encomendado a su discípulo favorito a la tutela de la Madre de Dios (cf. Jedin III/1 522 s.).

263 *Rechazo de Abelardo*: cf. Abelardo, *Epistola VIII*. Migne, Pl 178, 260-262.

264 *Espejo de Su belleza*: Secuencia *O virga ac diadema*, Lieder 227.

Madre de todas las criaturas: ibid., 227.

«*Opus alterum per alterum*»: Ldo 164.

«*Sin la mujer*»: *ibid.*, 164.

265 «*¡Volved de nuevo, señora, a vuestra rueca!*»: citado en Ennen 119.

Capítulo 29:
Una reformadora conservadora: cuanta mayor antigüedad, mejor

267 *El amor al prójimo y el amor a Dios:* cf. Ldo 28.

268 «*Con el estandarte*»: Hildegarda en 1147 a Bernardo, Br 25.

«*Pues el gobierno*»: Sciv 260. Sin embargo, parece que hay una crítica subyacente en la comparación que hace Hildegarda del poder espiritual con el gran poder temporal y con la pequeña luz celestial (Ldo 224).

«*Como niños bondadosos*»: Sciv 263.

El castigo del infierno para los vendedores de cargos eclesiásticos: cf. Widmer 241 s.

269 «*Espoleados por una salvaje rabia*»: Br 34.

Mejor cuanta mayor sea la antigüedad: según formula Widmer 240.

Los privilegios de la nobleza se tambalean: para ello véase Thum 284 ss.

270 «*Muy contumaz*»: Br 201.

«*¿Qué hombre reuniría?*»: *ibid.*, 203.

«*Cayendo los de la clase superior*»: *ibid.*

271 «*Pues es bueno*»: *ibid.*

Dualismo cátaro: cf. Müller, Häresien 174 s., 182 ss.

Forma Dei: citado según Widmer 235.

Pogromos antijudíos: véase Overath 304 ss.

272 *La Sinagoga junto al altar.* cf. Sciv 136 ss y aquí la ilustración 8.

La Sinagoga como comienzo: ¡también en una capilla del monasterio de Cluny están representados los apóstoles sobre los hombros de los profetas (SCHMIDT, KIRCHE 8)!

Participa de la salvación en medio de las sombras: cf. WIDMER 7 ss.

«Mater incarnationis»: SCIV 136.

Las persecuciones son obra del diablo: cf. LDO 203.

«Sin embargo, su mano sostendrá»: ibid., 273.

La salvación al final de los tiempos: cf. SCIV 138 s.

OCTAVA PARTE
Una malograda doctora de la Iglesia

Capítulo 30:
Últimos combates y una muerte bastante corriente

Capítulo 31:
Una figura simbólica redescubierta

283 *Excesos histéricos*: ejemplos del siglo XII –de Normandía y Oxford– en SOUTHERN 295 s.

Irrupciones de personas desesperadas: para el desarrollo del culto, véase SIMON 371 ss. Cuando la iglesia de Eibingen fue destruida por un incendio en 1932, valerosos ciudadanos rescataron las reliquias en medio de las llamas y con grave riesgo de sus vidas. Hoy se encuentran en una capilla fundada por los monjes de María Laach en la reconstruida iglesia.

284 *La directora de coro Sofía*: cf. SIMON 372.

Mezza de Vecha: ibid.

Gebenón de Eberbach: *Speculum Futurorum Temporum sive Pentachronon*, edición parcial en PITRA 483-488. ¡Se han conservado más de cincuenta manuscritos!

Canonización secuestrada: exhaustivamente en HINKEL 385 ss.

285 *Tela de altar*: cf. HINKEL 387 s.

Los estudiosos de la naturaleza ni siquiera mencionan sus trabajos: Al menos parece que Alberto Magno la conoce. Este autor y también Tomás de Aquino se apoyaban para su imagen simbólica del mundo en la tipología de las fases de la vida. Documentación en BURGGRAF 41 ss.

«De la que se cuenta»: citado en JÜRGENSMEIER, Friedhelm, «St. Hildegard *prophetissa teutonica*», en FESTSCHRIFT, 273-393, y aquí en la pág. 288.

Goethe: cf. SCHIPPERGES, ZEICHEN 112.

Virchow: cf. ibid., 13.

286 *Migne*: más información en el repertorio bibliográfico.

Recuperación de Hildegarda en la filosofía: cf. BURGGRAF 44 ss.

287 *Interés por Hildegarda en Japón*: cf. LAUTER, Werner, «Hinweise auf Hildegard von Bingen in Japan», en FESTSCHRIFT, 433-438.

Iniciativa de la Federación de Mujeres: en relación con la reunión anual de 1979 en Bad Honnef. La pertinente misiva dirigida al entonces presidente de la Conferencia Episcopal alemana, cardenal Joseph Höffner, está documentada en *Renovatio* 35 (1979), 146-148. *Catalina de Siena y Teresa de Ávila*: exhaustivamente en FELDMANN 44-85, 300-343.

«Las visiones de Hildegarda»: *Renovatio, op. cit.*, 147.

288 *Impasibles obispos*: Después de su asamblea plenaria de primavera de 1987 en Stapelfeld los obispos alemanes dieron a conocer que la asamblea en pleno iba a solicitar a la Sede Apostólica la canonización de Hildegarda, venerada en toda la Iglesia como beata; al mismo tiempo solicitaron que fuera nombrada doctora de la Iglesia. *Cf.* el servicio de prensa de la Conferencia Episcopal alemana, documentación 3/87 del 13 de marzo de 1987.

«Mujer de ejemplaridad única»: véase la nota a la pág. 89.

BIBLIOGRAFÍA

Se ha registrado aquí la bibliografía básica y los títulos citados más frecuentemente. Referencias bibliográficas específicas, así como títulos mencionados sólo una vez, se encontrarán en el apartado «Fuentes y referencias bibliográficas».

ACKER, Lieven van (ed.), *Corpus Christianorum, Continuatio medievales XCI: Hildegardis Bingensis Epistolarium. Pars Prima I-XC,* Turnhout, 1991.

ACKERKNECHT, Erwin H., *Geschichte der Medizin,* Stuttgart, [3]1977 (las dos primeras ediciones se titulaban *Kurze Geschichte der Medizin.* Trad. ingl.: *A short history of medicine,* Baltimore, Johns Hopkins University Press, 1982).

ARDUINI, Maria Lodovica, «Biblische Kategorien und mittelalterliche Gesellschaft: *potens* y *pauper* bei Rupert von Deutz und Hildegard von Bingen (XI. bzw. XII. Jh.)», en ZIMMERMANN, Albert (ed.), *Soziale Ordnungen im Selbstverständnis des Mittelalters,* zweiter Halbband (Miscelanea Medievalia 12/2), Berlín, Nueva York, 1980, págs. 467-497.

BALTHASAR, Hans Urs VON, *Die grossen Ordensregeln,* Einsiedeln, [5]1984.

BECKER/BOVENSCHEN/BRACKERT = BECKER, Gabriela, BOVENSCHEN, Silvia, BRACKERT, Helmut *et al., Aus der Zeit*

der Verzweiflung. Zur Genese und Aktualität des Hexenbildes,
Francfort del Meno, ³1980.

BERNHARD, BOTSCHAFT = *Bernhard von Clairvaux: Die
Botschaft der Freude,* editado por LECLERQ, Jean, traducido
por monjes de la abadía cisterciense Wettingen-Mehrerau.
serie «Klassiker der Meditation», Zúrich, Einsiedeln, Colonia, 1977 (las obras de san Bernardo de Claraval pueden
consultarse en castellano, DÍAZ RAMOS, G. (ed.), *Obras
completas de San Bernardo,* Madrid, Biblioteca de Autores
Cristianos, 1953).

—, MIGNE, PL = *S. Bernardi, Clarae-Vallensis Abbatis primi,
Opera omnia,* ed. Johannes MABILLON, cuatro tomos, MIG-
NE, Jacques-Paul, *Patrologiae cursus completus,* Ser. Lat. 182-
185, París, 1862/63.

BERNHART, Joseph, «Hildegard von Bingen», en *Archiv für
Kulturgeschichte* 20, 1930, págs. 249-260.

BERTAU, Karl, *Deutsche Literatur im europäischen Mittelalter,
Band I: 800-1197,* Múnich, 1972.

BLOCH, Marc, *Die Feudalgesellschaft,* Francfort del Meno,
Viena, Berlín, 1982 (ed. original francesa: *La société féodale,*
París, Albin Michel, 1939; trad. cast.: *La sociedad feudal,* Ma-
drid, Akal, 1987).

BORST, ALLTAGSLEBEN = BORST, Otto, *Alltagsleben im Mittelalter,* Francfort del Meno, 1983.

—, KATHARER = BORST, Arno, «Die Katharer», en *Schriften
der Monumenta Germaniae Historica* 12, Stuttgart, 1953.

BOSL, Karl, «Armut, Arbeit, Emanzipation. Zu den Hin-
tergründen der geistigen und literarischen Bewegung vom

11. bis zum 13. Jahrhundert», en SCHULZ, Knut (ed.), *Beiträge zur Wirtschafts- und Sozialgeschichte des Mittelalters, Festschrift für Herbert Helbig zum 65. Geburtstag*, Colonia, Viena, 1976, págs. 128-146.

BREDE, Maria Laetitia, «Die Klöster der heiligen Hildegard Rupertsberg und Eibingen», en FESTSCHRIFT, págs. 77-94.

BUMKE I und II = BUMKE, Joachim, *Höfische Kultur. Literatur und Gesellschaft im hohen Mittelalter*, vol. 1 y 2, Múnich, 1986 (trad. ingl.: *Courtly culture: literature and society in the High Middle Ages*, Woodstock y Nueva York, The Overlook Press, 2000).

BURGGRAF, Jutta, *Elemente eines modernen heilpädagogischen Konzepts in den Werken Hildegards von Bingen und Juan Luis Vives' als Repräsentanten des Mittelalters und der Renaissance*, tesis doctoral, Colonia, 1979.

CLAUSBERG, Karl, *Kosmische Visionen. Mystische Weltbilder von Hildegard von Bingen bis heute*, Colonia, 1980.

DEMPF, Alois, *Sacrum Imperium. Geschichts- und Staatsphilosophie des Mittelalters und der politischen Renaissance*, Múnich, ³1962 (trad. ital.: *Sacrum imperium: la filosofía della storia e dello stato nel medioevo e nella rinascenza política*, Florencia, 1988).

DINZELBACHER, Peter, «Vision und Visionsliteratur im Mittelalter», en *Monographien zur Geschichte des Mittelalters*, tomo 23, Stuttgart, 1981.

DUBY, FRAU = DUBY, Georges, *Die Frau ohne Stimme. Liebe und Ehe im Mittelalter*, Berlín, 1989 (ed. original francesa: *Mâle Moyen Âge: De l'amour et autres essais*, París, Flammarion, 1988; trad. cast.: *El amor en la Edad Media*, Madrid, Alianza, 1988, reed. 2000).

—, Kunst = Duby, Georges, *Die Kunst des Mittelalters. Band I: Das Europa der Mönche und Ritter 980-1140*, Génova, Stuttgart, 1981 (ed. original francesa: *Le Temps des cathédrales. L'Art et la société (980-1420)*, París, Gallimard, 1976; trad. cast.: *La época de las catedrales: arte y sociedad, 980-1420*, Madrid, Cátedra, 1993).

Durant, Will, *Das frühe Mittelalter. Kulturgeschichte der Menschheit*, vol. 6, Francfort del Meno, Berlín, Viena, 1981 (ed. original norteamericana: *The Story of Civilization*, vol. 11, Nueva York, Simon and Schuster, 1935-1975; trad. cast.: *La edad de la fe: Historia de la civilización medieval (cristiana, islámica y judaica) desde Constantino a Dante (325-1300)*, Buenos Aires, Suramericana, 1956).

Drinker, Sophie, *Die Frau in der Musik. Eine soziologische Studie*, Zúrich, 1955 (trad. ingl.: *Music and Women*, Nueva York, The Feminist Press at the City of New York, 1995).

Dronke, Peter, *Die Lyrik des Mittelaters. Eine Einführung*, Múnich, 1973 (ed. original inglesa: *The Medieval Lyric*, Londres, Hutchinson, 1968; trad. cast.: *La lírica en la Edad Media*, Barcelona, Crítica, 1995; de interés para el lector sin duda, del mismo autor, *Las escritoras de la Edad Media,* Barcelona, Crítica, 1995, ed. original inglesa: *Women writers of the Middle Ages*, Cambridge, Cambridge University Press, 1984).

Elz, Monika zu, *Hildegard*, Friburgo, Basilea, Viena, 1963.

Ennen, Edith, *Frauen im Mittelalter*, Múnich, [3]1987 (trad. ital.: *Le donne nel medioevo*, Bari, Laterza, 1991).

FELDMANN, Christian, *Gottes sanfte Rebellen. Grosse Heilige der Christenheit*, Friburgo, Basilea, Viena, ²1987.

FESTSCHRIFT = «Hildegard von Bingen 1179-1979. Festschrift zum 800. Todestag der Heiligen», en BRÜCK, Anton P. (ed.), *Quellen und Abhandlungen zur mittelrheinischen Kirchengeschichte*, Band 33, Maguncia, 1979.

FISCHER, Hermann, «Die heilige Hildegard von Bingen. Die erste deutsche Naturforscherin und Ärtzin. Ihr Leben und Werk», en *Münchener Beiträge zur Geschichte und Literatur der Naturwissenschaften und Medizin*, Heft 7/8, Múnich, 1927.

FRANK, Isnard Wilhelm, *Kirchengeschichte des Mittelalters (Leitfaden Theologie 14)*, Dusseldorf, 1984 (trad. cast.: *Historia de la Iglesia Medieval*, Barcelona, Herder, 1988).

FÜHRKÖTTER, Adelgundis, «Hildegard von Bingen. Kosmische Schau», en SUDBRACK, James, WALSH, Josef (eds.), *Grosse Gestalten christlicher Spiritualität*, Wurzburgo, 1969, págs. 135-151.

FÜHRKÖTTER, LEBEN = FÜHRKÖTTER, Adelgundis, «Hildegard von Bingen. Leben und Werk», en FESTSCHRIFT, págs. 31-54.

GÖSSMANN, Elisabeth, «Hildegard von Bingen», en GRESCHAT, Martin (ed.), *Gestalten der Kirchengeschichte, Band 3: Mittelalter I*, Stuttgart, Berlín, Colonia, Maguncia, 1983, págs. 224-237.

GRABMANN, Martin, *Mitttelalterliches Geistesleben. Abhandlungen zur Geschichte der Scholastik und Mystik*, Múnich, 1926 (trad. cast.: *Filosofía medieval*, Barcelona, Labor, 1928, reed. 1949).

GRUNDMANN, Herbert, *Religiöse Bewegungen im Mittelalter. Untersuchungen über die geschichtlichen Zusammenhänge zwischen der Ketzerei, den Bettelorden und der religiösen Frauenbewegung im 12. und 13. Jahrhundert und über die geschichtlichen Grundlagen der deutschen Mystik*, reimpreso con el anexo «Neue Beiträge zur Geschichte der religiösen Bewegungen im Mittelalter», Hildesheim, ²1961 (trad. ital.: *Movimenti religiosi nel Medioevo: richerche sui nessi storici tra l'eresia, gli Ordini mendicanti e il movimento religioso femminile nel XII e XIII secolo e sui presupposti storici della mistica tedesca*, Bolonia, Nuova, 1980).

GURJEWITSCH, Aaron J., *Das Weltbild des mittlalterlichen Menschen*, Múnich, 1982 (trad. cast.: GURIÉVICH, Aarón, *Las categorías de la cultura medieval*, Madrid, Taurus, 1990).

HATTEMER, Margarete, «Gesichte und Erkrankung der Hildegard von Bingen. Ein pathographischer Versuch», en *Hippokrates* 3, 1930/1931, págs. 125-149.

HILDEGARD VON BINGEN, BR = *Briefwechsel*. Nach der ältesten Handschriften übersetzt und nach den Quellen erläutert von Adelgundis FÜHRKÖTTER, Salzburgo, 1965.

— CC = *Heilkunde. Das Buch von dem Grund und Wesen und der Heilung der Krankheiten*. Nach den Quellen übersetzt und erläutert von Heinrich SCHIPPERGES, Salzburgo, 1957.

— LDO = *Welt und Mensch. Das Buch* De Operatione Dei. Aus dem Genter Kodex übersetzt und erläutert von Heinrich SCHIPPERGES, Salzburgo, 1965.

— LIEDER. Nach dem Handschriften herausgegeben von BARTH, Pudentiana, RITSCHER, M. Immaculata, SCHMIDT-GÖRG, Joseph, Salzburgo, 1969.

— Lvm = *Der Mensch in der Verantwortung. Das Buch der Lebensverdienste* (Liber vitae meritorum). Nach den Quellen übersetzt und erläutert von Heinrich Schipperges, Salzburgo, [2]1985.

— Migne, Pl = *S. Hildegardis Abbatissae Opera omnia.* Migne, Jacques-Paul, *Patrologiae cursus completus.* Ser. Lat. 197, París, 1882.

— Pitra = *Analecta Sanctae Hildegardis Opera Spicilegio Solesmensi parata,* Pitra, Johannes B. (ed.), *Analecta Sacra,* Tomus VIII, Montecassino, 1882.

— Phys = *Naturkunde. Das Buch von dem inneren Wesen der verschiedenen Naturen in der Schöpfung.* Nach den Quellen übersetzt und erläutert von Peter Riethe, Salzburgo, 1959.

— Sciv = *Wisse die Wege. Scivias.* Nach dem Originaltext des illuminierten Rupertsberger Kodex der Wiesbadener Landesbibliothek ins Deutschen übertragen und bearbeitet von Maura Böckeler, Salzburgo, [8]1987.

—Vita = *Das Leben der heiligen Hildegard von Bingen.* Herausgegeben, eingeleitet und übersetzt von Adelgundis Führkötter (Serie «Heilige der ungeteilten Christenheit»), Dusseldorf, 1968.

Hinkel, Helmut, «St. Hildegards Verehrung im Bistum Mainz», en Festschrift, págs. 385-411.

Hozeski, Bruce W., «Hildegard of Bingen's *Ordo virtutum*: the earliest discovered liturgical morality play», en *American Benedictine Review* 26, 1975, págs. 251-259.

Jedin III/1 y III/2 = Jedin, Hubert (ed.), *Handbuch der Kirchengeschichte, vol. III, Die mittelalterliche Kirche. Erster*

Halbband: Vom kirchlichen Frühmittelalter zur gregorianischen Reform, Friburgo, Basilea,Viena, 1966; *Zweiter Halbband:Vom kirchlichen Hochmittelalter bis zum Vorabend der Reformation*, Friburgo, Basilea,Viena, 1968 (ed. original inglesa: *A Handbook of Church History*, Londres, Burns Oates, 1965; trad. cast.: *Manual de Historia de la Iglesia*, Barcelona, Herder, 1980).

KOCH, Josef, «Der heutige Stand der Hildegard-For-schung», en *Historische Zeitschrift* 186, 1958, págs. 558-572.

KOTTJE/MOELLER = KOTTJE, Raymund, MOELLER, Bernd (eds.), *Ökumenische Kirchengeschichte*, vol. II: *Mittelalter und Reformation*, Maguncia, Múnich, [2]1978.

LAUTER, Werner, *Hildegard-Bibliographie.Wegweiser zur Hildegard-Literatur*, dos tomos, Alzey, 1970/1984.

LECLERQ, Jean, *Wissenschaft und Gottverlangen. Zur Mönchstheologie des Mittelalters*, Dusseldorf, 1963 (ed. original francesa: *L'Amour des lettres et le désir de Dieu: Initiation aux auteurs monastiques du Moyen-Âge*, París, Cerf, reed. 2008; trad. cast.: *Cultura y vida cristiana: iniciación a los autores monásticos medievales*, Salamanca, Sígueme, 1965).

LEFÈVRE,Yves, *Histoire mondiale de la femme*, vol. 2, París, 1966.

LEHRBACH, Heike, *Katalog zur internationalen Ausstellung «Hl. Hildegard von Bingen 1179-1979» aus Anlass des 800. Todestages der Heiligen*, hrsg. von der Stadt Bingen am Rhein und dem Museumspädagogischen Zentrum des Römisch-Germanischen Zentralmuseums, Maguncia, 1979.

MOKROSCH/WALZ = MOKROSCH, Reinhold,WALZ, Herbert, *Kirchen- und Theologiegeschichte in Quellen*. Band II *Mittelalter*, Neukirchen,Vluyn, 1980.

MOLLAT, Michel, *Die Armen im Mittelalter*, Múnich, 1984.

MÜLLER, HÄRESIEN = MÜLLER, Gerhard, «Die heilige Hildegard im Kampf mit Häresien ihrer Zeit. Zur Auseinandersetzung mit den Katharern», en FESTSCHRIFT, págs. 171-188.

—, HEILMITTEL = MÜLLER, Irmgard, *Die pflanzlichen Heilmittel bei Hildegard von Bingen*, Salzburgo, 1982.

—, KRANKHEIT = MÜLLER, Irmgard, «Krankheit und Heilmittel im Werk Hildegards von Bingen», en FESTSCHRIFT, págs. 311-349.

MUNRO/SELLERY = MUNRO, Dana C., SELLERY, George C. (eds.), *Medieval Civilization. Selected studies from European authors*, Nueva York, 1926.

NEWMAN, Barbara, *Sister of Wisdom. St. Hildegard's theology of the feminine*, Los Ángeles, Berkeley, 1987.

OVERATH, Joseph, «Die Juden in der Welt Hildegards von Bingen», en *Trierer Theologische Zeitschrift* 87, 1978, págs. 304-312.

RITSCHER, M. Immaculata, «Zur Musik der heiligen Hildegard von Bingen», en FESTSCHRIFT, págs. 189-210.

ROZUMEK, Angela, *Die sittliche Weltanschauung der hl. Hildegard von Bingen (1098-1179). Eine Darstellung der Ethik des* Liber vitae meritorum, Eichstätt, 1934.

SCHIPPERGES, BARMHERZIGKEIT = SCHIPPERGES, Heinrich, «Barmherzigkeit als Heilmittel bei Hildegard von Bingen», en *Festschrift für Erna Lesky zum 70. Geburtstag*, ed. por Kurt GANZINGER *et al.*, Viena, 1981, págs. 97-103.

—, «Diätetische Lebensführung nach der *Regula Benedicti* bei Hildegard von Bingen», en *Arzt und Christ* 26, 1980, págs. 87-97.

—, GARTEN = SCHIPPERGES, Heinrich, *Der Garten der Gesundheit. Medizin im Mittelalter*, Múnich, Zúrich, 1985 (trad. cast.: *El jardín de la salud*, Barcelona, Laia, 1987).

—, MENSCHENKUNDE = SCHIPPERGES, Heinrich, «Menschenkunde und Heilkunst bei Hildegard von Bingen», en FESTSCHRIFT, págs. 295-310.

—, ZEICHEN = SCHIPPERGES, Heinrich, *Hildegard von Bingen. Ein Zeichen für unsere Zeit*, Francfort del Meno, 1981.

SCHMIDT, HILDEGARD = SCHMIDT, Margot, «Hildegard von Bingen als Lehrerin des Glaubens. *Speculum* als Symbol des Tranzendenten», en FESTSCHRIFT, págs. 95-157.

—, KIRCHE = SCHMIDT, Margot, «Die Kirche: "Eine Erde der Lebendigen". Zum Kirchenbild bei Hildegard von Bingen», en *Aktuelle Information*, 16, ed. a cargo de la Abteilung Öffentlichkeitsarbeit im Bischöflichen Ordinariat de Maguncia, sin fecha (1980).

SCHRADER/FÜHRKÖTTER = SCHRADER, Marianna, FÜHRKÖTTER, Adelgundis, «Die Echtheit des Schrifttums der heiligen Hildegard von Bingen. Quellenkritische Untersuchungen», en *Archiv für Kulturgeschichte*, Beiheft 16, Colonia, Graz, 1956.

SEIBRICH, Wolfgang, «Geschichte des Klosters Disibodenberg», en FESTSCHRIFT, págs. 55-75.

SHAHAR, Shulamith, *Die Frau im Mittelalter*, Königstein/Ts., 1981.

SIMON, Adelheid, «Die Reliquien der heiligen Hildegard und ihre Geschichte», en FESTSCHRIFT, págs. 371-383.

SOUTHERN, Richard W., *Kirche und Gesellschaft im Abendland des Mittelalters*, Berlín, Nueva York, 1976.

STEIN, Wolfram VON DEN, *Der Kosmos des Mittelalters. Von Karl dem Grossen zu Bernhard von Clairvaux*, Bern, Múnich, 1959.

SUDBRACK, Josef, «Meditieren und schauen. Hildegard von Bingen und unsere Daseinserfahrung», en *Geist und Leben* 52, 1979, págs. 336-353.

TEILHARD DE CHARDIN, GÖTTLICHER BEREICH = PIERRE TEILHARD DE CHARDIN, *Der göttliche Bereich. Ein Entwurf des inneren Lebens*, Werke Band I, Olten, Friburgo, 1962 (ed. original francesa: *Le Milieu Divin*, París, Seuil, 1957; trad. cast.: *El Medio divino. Ensayo de vida interior*, Madrid, Trotta, 2008).

—, MENSCH = PIERRE TEILHARD DE CHARDIN, *Der Mensch im Kosmos*, Múnich, 1959 (ed. original francesa: *Le Phénomène Humain*, París, Seuil, 1955; trad. cast.: *El fenómeno humano*, Madrid, Revista de Occidente, 1958; reed. en Madrid, Taurus, 1971).

—, LOBGESANG = PIERRE TEILHARD DE CHARDIN, *Lobgesang des Alls*, Olten, Friburgo, 1964 (ed. original francesa: *Hymne de l'univers*, París, Seuil, 1961; trad. cast.: *Himno del Universo*, Madrid, Trotta, 2004).

THUM, Bernd, *Aufbruch und Verweigerung. Literatur und Geschichte am Oberrhein im hohen Mittelalter. Aspekte eines geschichtlichen Kulturraums*, Waldkirch en Breslau, 1980.

TÖPFER, Bernhard, *Das kommende Reich des Friedens. Zur Entwicklung chiliastischer Zukunftshoffnungen im Hochmittelalter*, Berlín, 1964.

WASSMANN, Erich, *Die hl. Hildegard von Bingen als Naturforscherin*, Kempten, Múnich, 1914.

WATT, W. Montgomery, *Der Einfluss des Islam auf das europäische Mittelalter*, Berlín, 1988 (ed. original ingl.: *The influence of Islam on medieval Europe*, Edimburgo, Edinburgh University Press, 1972).

WIDMER, Bertha, *Heilsordnung und Zeitgeschehen in der Mystik Hildegards von Bingen, Basler Beiträge zur Geschichtswissenschaft*, Band 52, Basilea, Stuttgart, 1955.

MÁS RECOMENDACIONES SOBRE
LECTURAS Y MÚSICA

Quien desee profundizar en la variada obra hildegardiana más allá de los límites de esta biografía tendría que familiarizarse con alguno de los volúmenes de publicación alemana aparecidos en la editorial salzburguesa Otto Müller (la lista detallada está en el repertorio bibliográfico). También será útil la consulta de la edición de textos de Hildegarda de Bingen, seleccionados y comentados por Heinrich SCHIPPERGES, publicados por la editorial Walter en la serie *Gotteserfahrung und der Weg in die Welt*. Menos recomendable parece la lectura de libritos populares, antologías de citas literarias, faltos de criterio y sistematización. [*N. del T.*: Los lectores españoles que lo deseen pueden acceder a las siguientes traducciones de la obra de HILDEGARDA DE BINGEN: *Concert de l'harmonia de les revelacions celestes: oemes visionaris i de lloança* (traducción de Gabriel de la S. T. SAMPOL), Barcelona, Abadia de Montserrat, 1997; *cf.* asimismo PAWLIK, Manfred, *El arte de sanar de santa Hildegarda: compendio del saber médico de la Edad Media*, Gerona, Tikal, 1997 (que recoge la traducción del *Causae et curae*); *O Desfile das virtudes: Ordo virtutum* (edición, traducción y notas de Xosé Carlos SANTOS PAZ), La Coruña, Universidad de La Coruña, 1999; *Scivias: conoce los caminos*, traducción de Antonio CASTRO ZAFRA y Mónica CASTRO, Madrid, Trotta, 1999; *Sinfonía de la armonía de las revelaciones celestiales*; traducción de María Isabel FLISFISCH, Madrid, Trotta, 2003.]

Una visión más cercana al marco social y cultural de Hildegarda se encontrará en el tomo VI de la obra *Kultur-*

geschichte der Menschheit, escrita por Will DURANT, y disponible en varias ediciones. [*N. del T.*: La edición original es en lengua inglesa, *The Age of Faith*, Nueva York, Simon and Schuster, 1950; hay traducción española, *La edad de la fe: Historia de la civilización medieval (cristiana, islámica y judía) desde Constantino a Dante (325-1300)*, Buenos Aires, Sudamericana, 1956.]

Igualmente recomendable es la obra de BORST, Otto, *Alltagsleben im Mittelalter*, disponible en edición de bolsillo. [*N. del T.*: esta obra no ha sido traducida aún al castellano, igualmente útil puede ser la lectura de AZNAR VALLEJO, Eduardo, *Vivir en la Edad Media*, Madrid, Arco/Libros, 1999.] La obra sobre teología monástica de Jean LECLERQ, *Wissenschaft und Gottverlangen* (desgraciadamente hoy descatalogada, pero accesible en las bibliotecas públicas), se ocupa mejor que ninguna otra de la realidad teológica y espiritual en la que vivió Hildegarda. [*N. del T.*: La edición original es francesa, *L'Amour des lettres et le désir de Dieu : Initiation aux auteurs monastiques du Moyen-Âge*, París, Cerf, reedición de 2008; el lector de lengua española puede acceder a *Cultura y vida cristiana: iniciación a los autores monásticos medievales*, Salamanca, Sígueme, 1965, así como a la obra del mismo autor *Espiritualidad occidental, Fuentes*, Salamanca, Sígueme, 1967.]

Una buena selección de textos escritos por teólogos y escritoras místicas que han sido citados en este libro se encontrará en el volumen II *(Das Mittelalter)* de la serie *Quellen geistlichen Lebens*, a cargo de Gisbert GRESHAKE y Josef WIESMAYER, publicado por la editorial Grünewald. [*N. del T.*: El lector español puede consultar la obra de FERNÁNDEZ, Clemente, *Los filósofos medievales. Selección de Textos*, 2 vol., Madrid, B. A. C., 1996; igualmente útil CIRLOT, Victoria, *La mirada del interior: escritoras místicas y visionarias en la Edad Media*, Barcelona, Martínez Roca, 1999; *id.*, *Hildegarda de Bingen y la tradición visionaria de Occidente*, Barcelona, Herder, 2005.]

La obra musical hildegardiana está registrada en excelentes grabaciones de disco y cedé: el conjunto internacional Sequentia, por ejemplo, interpreta las antífonas, responsorios y cantos de alabanza procedentes de los finales hímnicos del *Scivias* en el cedé *Hildegard von Bingen: Symphoniae*, que apareció en RCA/harmonia mundi.